PEAK PERFORMANCE

Brad Stulberg | Steve Magness

DAS PERFEKTE MINDSET

PEAK PERFORMANCE

DAS PERFEKTE MINDSET

Absolute Spitzenleistung erreichen mit den neuesten wissenschaftlichen Erkenntnissen

Brad Stulberg | Steve Magness

Bibliografische Information der Deutschen Nationalbibliothek
Die Deutsche Nationalbibliothek verzeichnet diese Publikation in der Deutschen Nationalbibliografie. Detaillierte bibliografische Daten sind im Internet über https://dnb.de abrufbar.

Für Fragen und Anregungen
info@m-vg.de

Wichtiger Hinweis
Ausschließlich zum Zweck der besseren Lesbarkeit wurde auf eine genderspezifische Schreibweise sowie eine Mehrfachbezeichnung verzichtet. Alle personenbezogenen Bezeichnungen sind somit geschlechtsneutral zu verstehen.

7. Auflage 2026

Türkenstraße 89
80799 München
Tel.: 089 651285-0

Redaktion: Matthias Michel
Korrektorat: Manuela Kahle
Umschlaggestaltung in Anlehnung an das Cover des Originals, by Rodale creative director Amy C. King
Satz: Satzwerk Huber, Germering; Andreas Linnemann
Druck: CPI
Printed in the EU

ISBN 978-3-95972-212-4

ANMERKUNG DES VERLAGES

Dieses Buch ist ein Referenzwerk, kein medizinisches Fachbuch. Die darin enthaltenen Informationen dienen dazu, fundierte Entscheidungen über die eigene Gesundheit zu treffen. Es ersetzt keine Behandlungen, die Ihnen von Ihrem Arzt verschrieben wurden. Sollten Sie davon ausgehen, ein gesundheitliches Problem zu haben, raten wir Ihnen, kompetenten medizinischen Rat einzuholen.

Die Informationen in diesem Buch dienen als Ergänzung, nicht als Ersatz, zu sachgerechten Trainingsübungen. Alle Formen von Übungen stellen ein inhärentes Risiko dar. Die Autoren und der Verlag raten dazu, mit Bedacht auf die eigene Sicherheit vorzugehen und die eigenen Grenzen zu kennen und zu akzeptieren.
Bevor Sie die Übungen in diesem Buch durchführen, überprüfen Sie die Funktionsfähigkeit Ihres Equipments und gehen Sie kein Risiko ein, das Ihr Level an Erfahrung, Fähigkeit und Fitness übersteigt.

Die Übungs- und Diätpläne in diesem Buch sind nicht als Ersatz für medizinisch verschriebene Übungsprogramme und Diäten bzw. spezifische Ernährungspläne gedacht. So wie bei allen Übungs- und Diätplänen sollten Sie, bevor Sie damit anfangen, mit Ihrem Arzt besprechen, ob diese für Sie geeignet sind.

Wenn im Buch bestimmte Unternehmen, Organisationen oder Autoritäten genannt werden, bedeutet dies nicht, dass die Autoren oder der Verlag diese befürworten. Genauso wenig bedeutet die Nennung bestimmter Unternehmen, Organisationen oder Autoritäten, dass diese das vorliegende Buch, die Autoren oder den Verlag unterstützen.

STIMMEN ZU PEAK PERFORMANCE

»Ein faszinierendes Buch über das Erreichen von Spitzenleistungen und die Vermeidung von Burnout. Stulberg und Magness haben mit den Besten gearbeitet, waren selbst Spitzenperformer und kombinieren ihren reichhaltigen Erfahrungsschatz mit den neuesten wissenschaftlichen Fakten, um praktische Tipps für einen nachhaltigen Erfolg zu bieten.«

Adam Grand, Autor der New-York-Times-Bestseller »Nonkonformisten: Warum Originalität die Welt bewegt« und »Geben und Nehmen«

»Brad Stulberg und Steve Magness haben einen wichtigen Leitfaden geschrieben, wie man erfolgreich und glücklich sein und das Meiste aus sich und seinem Leben machen kann.«

Arianna Huffington, Autorin von »Die Neuerfindung des Erfolgs« und »Die Schlaf-Revolution«.

»Brad Stulberg und Steve Magness verstehen es wie niemand sonst, die Forschung über Hochleistungen verständlich zu erklären. Ich bezweifle, dass jemand *Peak Performance* lesen kann, ohne den Drang zu verspüren, etwas davon auf das eigene Leben anzuwenden.«

David Epstein, Autor des New-York-Times-Bestsellers »The Sports Gene«

»Brad Stulberg ist mein Lieblingsautor zu gesundheitlichen und wissenschaftlichen Themen, und Steve Magness ist ein sehr aufmerksamer Coach, der schon viele Champions betreut hat. Sie sind das perfekte Team, um uns einige universelle Prinzipien zu zeigen, mit denen wir auf gesunde und nachhaltige Weise das Meiste aus uns herausholen können.«

Amy Cuddy, Autorin des New-York-Times-Bestsellers »Dein Körper spricht für dich«

»Was tun Spitzenperformer eigentlich, um an die Spitze zu kommen? Brad Stulberg und Steve Magness verraten es uns. In *Peak Performance* lernen Sie, Stress mit anderen Augen zu sehen, Ihr Selbst zu transzendieren und vieles mehr, das Ihnen helfen wird, besser zu werden, als Sie sich jemals hätten vorstellen können.«

Daniel H. Pink, Autor des New-York-Times-Bestsellers »Drive: Was Sie wirklich motiviert«

»Viel von dem, was in diesem Buch steht, fällt bei mir auf fruchtbaren Boden. Mit ihren praktischen Empfehlungen, die sich sowohl in einem beruflichen als auch in einem sportlichen Umfeld anwenden lassen, zeichnen Brad und Steve ein umfassendes Bild von Spitzenleistungen und wie man sie erreicht.«

Dick Costolo, CEO von Chorus, ehemaliger CEO von Twitter

»Brad Stulberg gehört zu meinen Lieblingsautoren, der über zwei meiner Lieblingsthemen schreibt: körperliche und geistige Leistungsfähigkeit. In diesem Buch geht es um beides.«

Ryan Holiday, Bestsellerautor von »Dein Ego ist dein Feind. So besiegst du deinen größten Gegner«

»*Peak Performance* ergründet die Geheimnisse der menschlichen Selbstoptimierung mithilfe wissenschaftlicher Erkenntnisse und praktischer Erfahrungen der weltbesten Sportler, Künstler und Denker, und zeigt damit einen Weg auf, wie man seine Einschränkungen überwinden und sein Leistungsvermögen freisetzen kann, um es – und das ist vielleicht am wichtigsten – langfristig zu erhalten. Dieses Buch ist ein absolutes Muss für jeden, der sein Potenzial ausschöpfen will, um die beste Version seiner Selbst zu werden!«

Rich Roll, Autor von »Finding Ultra« und »Das Plantpower-Kochbuch«

»Brad Stuhlberg ist einer der begnadetsten Wissenschaftsautoren unserer Zeit und versteht es wie kein anderer, faszinierende Erkenntnisse verständlich zu erklären und konkrete Handlungsstrategien daraus abzuleiten. *Peak Performance* bietet nachvollziehbare Einblicke in die aktuelle Forschung über menschliche Spitzenleistungen. Dieses Buch ist ein Muss für jeden, der sein Können verbessern, seine Grenzen überwinden und seine Komfortzone verlassen will.«

Kelly McGonigal, Dozentin für Psychologie an der Stanford University und Autorin von »Bergauf mit Rückenwind« und »The Upside of Stress«

»Was haben hervorragende Künstler, Spitzensportler und brillante Denker gemeinsam? Mehr als Sie denken! Brad Stulberg und Steve Magness gelingt in ihrem bahnbrechenden Buch das Kunststück, die verborgenen Muster aufzudecken, die disziplinübergreifend zu Höchstleistungen führen.«

Alex Hutchinson, Autor der Kolumne »Sweat Science« in Runner's World und Autor von »Which Comes First: Cardio or Weights?«

»*Peak Performance* ist eine Pflichtlektüre für jeden, der im Leben erfolgreich sein will – egal in welchem Bereich. Das Buch identifiziert auf anschauliche und unterhaltsame Weise die Fähigkeiten und Gewohnheiten erfolgreicher Menschen und zeigt uns, was wir tun können, um den Erfolg zu erzielen, nach dem wir streben. Ich freue mich darauf, mein neu erworbenes Wissen im Laufsport und in anderen Bereichen in die Praxis zu setzen.«

Kara Goucher, Marathonläuferin und zweimalige Teilnehmerin der Olympischen Spiele

»*Peak Performance* ist inspirierend, informativ und eine Pflichtlektüre für jeden, der sich selbst optimieren will. Ich werde dieses Buch in den nächsten Jahren sicher immer wieder zur Hand nehmen.«

Matt Billingslea, Schlagzeuger der Taylor Swift Band

»Brad und Steve enthüllen die Geheimnisse der weltbesten Performer und helfen uns dadurch, unsere eigenen Ziele effektiver zu verfolgen. *Peak Performance* ist eine Pflichtlektüre für jeden: für Sportler, Kreative und sicher auch für Unternehmer. Dieses Buch eignet sich für jeden, der seine Fähigkeiten verbessern und auf ein höheres Niveau bringen will.«

Dr. Bob Kocher, Partner bei Venrock Capital, beratender Professor an der Stanford School of Medicine und ehemaliger Sonderberater des US-Präsidenten zu Gesundheitsfragen

»Wir fragen uns doch alle, warum manche Menschen erfolgreich sind und manche nicht. Es scheint ein Rätsel zu sein. *Peak Performance* bietet Einblicke in die gängigen Praktiken von Innovatoren, untermauert diese mit wissenschaftlichen Fakten und zeigt uns, welchen Nutzen wir haben, wenn wir sie in unserem eigenen Leben anwenden.«

David Goss, emeritierter Professor für Mathematik an der Ohio State University

»Als ich *Peak Performance* las, stellte ich verblüfft fest, dass es wissenschaftliche Fakten gibt, die meine eigenen Erfahrungen bestätigen, die ich im Laufe meiner Karriere als Profisportler gemacht habe, um meine Fähigkeiten zu maximieren. Die Leser werden über Brads und Steves überraschende Erkenntnisse sicher staunen und in der Lage sein, ihren sportlichen Ehrgeiz so zu kanalisieren, dass sie ihre eigene Spitzenleistung erreichen können.«

Ryan Hall, US-Rekordhalter im Halbmarathon

»*Peak Performance* erkundet die Förderung kreativer Schöpferkraft, die selbst für mich rätselhaft bleibt – obwohl ich mir größte Mühe gebe, sie auszuschöpfen. Ich denke, es ist klar, dass Stulberg und Magness auf etwas wirklich Wichtiges gestoßen sind.«

Emil Alzamora, international bekannter Bildhauer

INHALT

Für Caitlin, Mutter, Vater, Lois und Eric
Für Mutter, Vater, Emily und Phillip
Und allen Forschern und Performern,
deren hervorragende Arbeit die Grundlage dieses Buch bildet.
Sie gaben uns die Einzelteile, aus denen wir ein großes Ganzes
geschaffen haben.

VORWORT
Ist es möglich, nachhaltige Spitzenleistungen zu erzielen, ohne sich gesundheitlich zu schaden?

Im Sommer 2003 saß ein talentierter 18-Jähriger nervös auf der Rasenfläche neben den acht Bahnen im Aufwärmbereich des Sportstadions und wartete auf den letzten Aufruf, an die Startlinie zu treten. Bei der Veranstaltung handelte es sich nicht um einen gewöhnlichen Highschool-Wettkampf oder eine U20-Meisterschaft, sondern um das Prefontaine Classic, dem Kronjuwel der Leichtathletik. Einige Tage zuvor saß derselbe Achtzehnjährige noch im Physikunterricht und dachte an seinen Schwarm Amanda. Jetzt war er von den besten Läufern der Welt umgeben und fragte sich, wie gut er im bevorstehenden Meilenlauf abschneiden würde.

Als er mit wachsender Unruhe beobachtete, wie die Stars der Szene – darunter der Olympiamedaillengewinner Bernard Lagat – ihre üblichen Rituale ausführten, versuchte er, sich auf andere Gedanken zu bringen, indem er auf seinem Game Boy spielte; was außer ihm sonst niemand tat. Einige Minuten später, als die Sportler vom Aufwärmbereich zur Startlinie gerufen wurden, musste er sich allerdings von *Super Mario Bros* losreißen. Als er das vollbesetzte Hayward Field auf dem Campus der University of Oregon betrat – ein Mekka für Läufer –, versuchte er, sich zu beruhigen, indem er ständig das Mantra »Nicht hochsehen, nicht hochsehen« wiederholte. So kam es, dass sein Haarschopf und nicht sein Gesicht landesweit auf NBC zu sehen war. Bevor ihm klar wurde, dass er direkt neben Kevin Sullivan stand, der bei den letzten Olympischen Spielen den fünften Platz belegt hatte, tönte sein Name durch die Lautsprecher. Jede Illusion von Gelassenheit zerplatzte wie eine Seifenblase. Eine Welle der Nervosität durchströmte ihn. Das wenige Essen in seinem Magen drohte aufzusteigen. »Scheiße. Gleich geht's los«, dachte er sich, als der Starter seine Pistole hob. »Bloß nicht kotzen.«

Vier Minuten und eine Sekunde später war alles vorbei. In dieser kurzen Zeit wurde er über die Meilendistanz der sechstschnellste Highschool-Schüler in der Geschichte der Vereinigten Staaten, der damals schnellste Highschool-Schüler über eine Meile im Bundesstaat und der fünftschnellste U20-Läufer der Welt. Er lieferte sich ein Kopf-and-Kopf-Rennen mit dem College-Studenten und Superstar Alan Webb, der die Meile in 3:53 Minuten lief und einige Zeit später den US-Rekord von 3:46 aufstellte. Er traf eine Armlänge nach dem Olympioniken Michael Stember im Ziel ein und überholte den damaligen US-Champion über eine Meile, Seneca Lassiter, der das Rennen abbrach, weil er in der letzten Runde von einem Schüler überholt wurde. Er galt nun mit einem Schlag als aufsteigender Stern der Läuferszene.

Trotzdem war die Enttäuschung groß, weil er die magische Vier-Minuten-Grenze nicht unterboten hatte. Als die offizielle Durchsage der Ergebnisse erfolgte, zeigte NBC einen drahtigen, völlig erschöpften Teenager, der sein Gesicht in seinen Händen verbarg. Als die erste Woge der emotionalen Ergriffenheit nachgelassen hatte, konnte er sich jedoch nicht nehmen und sonnte sich ein wenig in seiner hart erarbeiteten Zufriedenheit. Er dachte sich: »Ich bin 18 Jahre alt und nehme am wichtigsten Lauf der USA teil; die vier Minuten werde ich sicher bald knacken.« Die NBC-Moderatoren lobten die Leistung des Schülers. »Es ist schon außergewöhnlich, dass ein Jugendlicher so diszipliniert trainieren kann«, sagten sie. Wenn sie nur wüssten.

Um dieses Leistungsniveau zu erreichen, war mehr als bloß Talent und harte Arbeit nötig. Diejenigen, die ihn kannten, hätten ihn alle mit einem Wort beschrieben: zwanghaft. Das war das einzige Wort, das auf ihn zutraf. Freunde und Familie wiederholten es so oft, dass man es leicht für abgegriffen und klischeehaft hätte halten können. War es aber nicht.

Sein Alltag verlief gleichförmig und war ausschließlich auf seine sportlichen Ziele ausgerichtet. Er stand um 6 Uhr morgens auf, lief 15 Kilometer, ging zur Schule, absolvierte sein Krafttraining und lief um 18 Uhr weitere 15 Kilometer. Um sich nicht zu verletzen oder krank zu werden, ernährte er sich gesund und ging etliche Stunden vor seinen Freunden zu Bett. Sein Leben war geprägt von Willenskraft und Selbstbeherrschung.

Er bestand darauf, sich immer an seinen Trainingsplan zu halten und sein Pensum von 100 Meilen auch dann zu laufen, wenn er auf einer einwöchigen Kreuzfahrt war – er lief dann auf der 160-Meter-Bahn auf dem Oberdeck, bis nicht die Erschöpfung, sondern Schwindel ihn zum Aufhören zwang. Er lief trotz tropischer Stürme, Hitzewarnungen und familiärer Notfälle. Weder Mensch noch Natur konnte ihn von seinem Workout abhalten. Sein Trainingszwang machte sich auch in seinem Liebesleben bzw. Mangel desselben bemerkbar. Längst überfällig sind Entschuldigungen an seine damalige Freundin, mit der er Schluss machte, weil seine Laufleistung während der Beziehung nachließ, obwohl sie natürlich nichts damit zu tun hatte. Seine Zwanghaftigkeit zeigte sich auch jedes Wochenende, als er regelmäßig um 22 Uhr im Bett lag und darauf verzichtete, auf Partys zu gehen und Mädchen kennenzulernen. Mit anderen Worten: Er war alles andere als ein durchschnittlicher Jugendlicher. Andererseits läuft ein durchschnittlicher Jugendlicher die Meile auch nicht in vier Minuten. Er hatte den nötigen Ehrgeiz: eine unerschütterliche, felsenfeste Entschlossenheit, alles zu tun, was in seiner Macht stand, um seine Ziele zu erreichen. Und das machte sich langsam bezahlt.

Er war einer der schnellsten dokumentierten 18-Jährigen der Welt und einer der schnellsten Schüler an einer Highschool in der Geschichte des Laufsports. Er erhielt Stipendienangebote für beinahe jede Universität in den USA, von Athletik-Bastionen wie Oregon bis zu Kaderschmieden wie Harvard. In seinen Träumen sah er die Olympischen Spiele; Medaillen und seinen Siegeszug durch die Welt. Und sie waren alle realistisch.

Einige Jahre später, am anderen Ende des Landes in Washington DC, bereitete sich ein junger Mann auf seinen ersten Arbeitstag vor. Er eilte aus dem Haus, nachdem er seine übliche Morgenroutine verrichtet hatte – Zähne putzen, rasieren, duschen, anziehen und das Haus verlassen –, komprimiert auf zwölf Minuten. Dieser Ablauf war nicht immer so schnell gewesen. Aber nach zwei Jahren bei der renommierten Unternehmensberatung McKinsey & Company hatte er es geschafft, die Prozessoptimierung, die er bereits erfolgreich an Fortune-500-Unternehmen angewendet hatte, auf sein eigenes Leben zu übertragen.

Nichts Überflüssiges. Keine Freizeit. Alles war perfekt aufeinander abgestimmt. Der einzige Haken seines hocheffizienten Morgenrituals war, dass er dadurch ins Schwitzen kam, was durch den schmal geschnittenen Anzug und die schwüle Hitze im sommerlichen Washington DC nur verstärkt wurde.

Die ersten zehn Minuten seines Spaziergangs zur Arbeit waren von einem einzigen Gedanken geprägt: Hör auf zu schwitzen. Er war es nicht gewohnt, einen Anzug zu tragen, der wegen der Kleiderordnung in seinem neuen Job aber obligatorisch war. Er würde seinen Ablauf ändern müssen: Entweder mehr Zeit einplanen oder kälter duschen. Vielleicht auch beides. Logisches Analysieren lag ihm. In den vergangenen Monaten hatte er ein Modell entwickelt, das die ökonomische Auswirkung der US-Gesundheitsreform prognostizieren konnte, die ziemlich weitreichend und komplex war und eine Reihe von Branchen in Aufruhr versetzen würde. Sein Modell hatte sich den Weg zur Beltway gebahnt, und Experten, die oft doppelt so alt waren wie er, hielten ihn für verdammt gut. Dieser Ruf half ihm zweifellos dabei, seinen neuesten Coup zu landen.

Als er die Pennsylvania Avenue erreichte, ging ihm aber etwas anderes durch den Kopf als die Frage, welche Variable seiner morgendlichen Routine er als Erstes verändern musste. »Heilige Scheiße«, dachte er, als er an der Hausnummer 1600 eintraf, dem Weißen Haus. Dort würde er für den prestigeträchtigen National Economic Council arbeiten, der den US-Präsidenten in Fragen zum Gesundheitswesen beriet.

Der Weg ins Weiße Haus wurde dem jungen Mann durch eine Kombination aus guter DNA und harter Arbeit möglich – zwei Merkmale, die den meisten außergewöhnlichen Menschen eigen sind. Er schnitt in seiner frühen Kindheit im IQ-Test sehr gut ab, erzielte dabei aber keine außergewöhnlichen Werte: Seine verbale Intelligenz war ausgezeichnet, seine mathematischen und räumlichen Fähigkeiten waren aber höchstens durchschnittlich. Er arbeitete sich an der Universität die Finger wund und widmete sich lieber der Philosophie, Wirtschaft und Psychologie als Alkohol und Studentenpartys. Obwohl er gut genug war, um in einem kleineren, weniger bekannten College Football zu spielen, beschloss er, die renommierte University of Michigan zu besuchen und sich nur auf seine akademische Laufbahn zu konzentrieren.

Sein erfolgreich absolviertes Studium machte die Anwerber der prestigeträchtigen Unternehmensberatung McKinsey & Company hellhörig. Bei McKinsey erwarb er sich schnell den Ruf des Überfliegers. In der wenigen Zeit, die ihm am Ende seiner über 70-Stunden-Woche übrig blieb, feilte er an seiner Redegewandtheit und las das *Wall Street Journal*, die *Harvard Business Review* und Bücher über Betriebs- und Volkswirtschaft. Seine Freunde bezeichneten ihn oft scherzhaft als »Spaßbremse«. Er arbeitete sich die Hacken ab, aber sein Beruf machte ihm Spaß. Bei McKinsey stieg er schnell auf und wurde mit prestigeträchtigeren Projekten beauftragt: Es dauerte nicht lange, bis er den Geschäftsführern von milliardenschweren Konzernen beratend zur Seite stand. Im Winter 2010 wurde er darum gebeten, das genannte Modell zu konzipieren, um die Auswirkungen der US-Gesundheitsreform zu prognostizieren – eine gewaltige Aufgabe. Stellen Sie sich vor, Sie müssten 50 Variablen berücksichtigen, die miteinander interagieren und sich ständig verändern, und dann die Frage beantworten: »Sagen Sie uns, was passieren wird, und stellen Sie das in dieser Tabelle dar.«

Er legte los und arbeitete härter als je zuvor. Er bekam massive Schlafprobleme, weil er die Nächte durcharbeitete oder, wenn er im Bett lag, an seine Arbeit dachte. Er fror ständig an Händen und Füßen. Die Ärzte sagten ihm, dass er unter Stress litt, obwohl sie sich nicht sicher sein konnten; die Behandlungsgespräche erfolgten ausschließlich telefonisch – er hatte keine Zeit für eine richtige Untersuchung während der normalen Praxiszeiten.

Aber er erfüllte die an ihn gestellte Aufgabe, und sein Modell funktionierte. Es war effektiv und ausgeklügelt. Versicherungsgesellschaften und Krankenhäuser benutzen es im ganzen Land. Es funktionierte sogar so gut, dass das Weiße Haus anrief und ihn fragte, ob er dabei helfen könne, das Gesetz anzuwenden. Er war nur noch wenige Berichte von einem Treffen mit dem US-Präsidenten entfernt. Seine Freunde, die zuvor gewitzelt hatten, dass er eine »Spaßbremse« sei, witzelten jetzt, dass er eines Tages vielleicht selbst Präsident der Vereinigten Staaten sein würde. In einer Welt, in der viel auf dem Spiel stand und Probleme schnell gelöst werden mussten, war er ein aufsteigender Stern. In wenigen Monaten würde er seinen 24. Geburtstag feiern.

Vielleicht fragen Sie sich mittlerweile: Wer sind diese beiden bemerkenswerten jungen Männer, und wie kann ich so erfolgreich sein wie sie? Aber das ist nicht die Geschichte, die wir hier erzählen wollen.

Der Highschool-Läufer rannte nie schneller als an jenem Sommertag im Prefontaine Classic. Und der erfolgreiche Berater ging weder in die Politik noch wurde er Geschäftsführer eines bekannten Unternehmens. Er verließ das Weiße Haus und wurde nie wieder befördert. Sowohl der Läufer als auch der Berater strahlten sehr hell, bis sie ein Leistungsplateau erreichten, gesundheitliche Probleme bekamen und ihre Motivation verloren. Diese Geschichten sind keine Seltenheit. Sie können überall und jedem passieren. Wir, die Autoren dieses Buchs, sind der Läufer (Steve) und der Berater (Brad).

Als wir uns einige Jahre später kennenlernten und uns bei dem einen oder anderen Bier unsere Lebensgeschichte erzählten, erkannten wir, dass wir uns ziemlich ähnlich waren. Damals fingen wir beide unser zweites Leben an: Steve als Trainingswissenschaftler und angehender Coach für Ausdauersportler, und Brad als aufstrebender Autor. Wir brachen zu neuen Horizonten auf und konnten nicht anders, als uns fragen: Würden wir diesmal unser höchstes Leistungsniveau erreichen und alte Fehler vermeiden können?

Aus der Zwei-Personen-Selbsthilfegruppe wurde eine enge Freundschaft, die auf dem gemeinsamen Interesse an der Wissenschaft der Leistungsoptimierung beruhte. Wie wurden neugierig: Ist es möglich, nachhaltige Spitzenleistungen zu erzielen, ohne sich gesundheitlich zu schaden? Falls ja, wie? Was ist das Geheimnis? Gibt es bestimmte Grundprinzipien, auf denen jede hervorragende Leistung beruht – und wenn ja, welche? Wie können Menschen wie Sie und wir diese Prinzipien nutzbringend anwenden?

Diese Fragen beschäftigten uns, und deshalb taten wir das, was jeder Wissenschaftler und Journalist getan hätte. Wir gingen die einschlägige Fachliteratur durch und sprachen mit zahlreichen hervorragenden Performern aus den unterschiedlichsten Bereichen, die über die verschiedensten Fähigkeiten verfügen – unter anderem Mathematiker, Wissenschaftler,

Künstler und Athleten –, um Antworten zu finden. Und wie so viele andere verwegene Ideen, die bei einigen Gläsern Alkohol entstanden, war dieses Buch geboren.

Ist es möglich, nachhaltige Spitzenleistungen zu erzielen, ohne sich gesundheitlich zu schaden? Falls ja, wie? Was ist das Geheimnis? Gibt es bestimmte Grundprinzipien, auf denen jede hervorragende Leistung beruht – und wenn ja, welche? Wie können Menschen wie Sie und wir diese Prinzipien nutzbringend anwenden?

Wir können Ihnen nicht versprechen, dass die Lektüre dieses Buches Ihnen helfen wird, bei den Olympischen Spielen eine Goldmedaille zu gewinnen, das nächste Meisterwerk zu schaffen oder eine bahnbrechende mathematische Theorie zu entwickeln. Leider spielt bei allen diesen Dingen auch die genetische Veranlagung eine wichtige Rolle. Wir können Ihnen aber garantieren, dass Ihnen dieses Buch helfen wird, Ihre natürlichen Neigungen und Talente zu fördern, damit Sie Ihr Potenzial nachhaltig auf gesundheitlich unbedenkliche Weise maximieren können.

EINLEITUNG
Große Erwartungen

Fangen wir mit einer einfachen Frage an. Haben Sie jemals Leistungsdruck verspürt? Wenn sie mit Nein antworten, sind Sie wahrscheinlich ein Meister der Meditation, der auf Knopfdruck einen zenartigen Trancezustand erreicht. Oder vielleicht ist Ihnen alles ziemlich egal. In beiden Fällen können Sie mit diesem Buch vermutlich nichts anfangen. Aber wenn Sie mit Ja geantwortet haben, dann geht es Ihnen so wie jedem anderen Menschen auf dieser Welt. Also lesen Sie weiter!

Ob in akademischer, beruflicher, künstlerischer oder sportlicher Hinsicht – in irgendeinem Bereich haben die meisten von uns früher oder später einmal den Wunsch verspürt, besser zu werden. Es gehört zu den befriedigendsten menschlichen Erfahrungen, sich ein Ziel zu setzen, das außerhalb unserer Komfortzone liegt, und es systematisch zu verfolgen. Und das ist auch gut so. Dieser Ehrgeiz ist eine gute Sache, weil wir in unserer heutigen Zeit praktisch keine andere Wahl haben.

Dieses Buch befasst sich größtenteils damit, wie Sie Ihre Leistung verbessern können. Aber wir sollten zuerst der Frage nachgehen, warum das überhaupt ein erstrebenswertes Ziel ist.

Wachsender Druck

Die Messlatte für menschliche Leistungsfähigkeit ist höher als je zuvor. Jede Woche werden neue sportliche Rekorde aufgestellt. Die Zulassungsvoraussetzungen für College-Studenten steigen. Aggressiver Wettbewerb und Konkurrenzdenken sind in nahezu jedem Bereich der Weltwirtschaft üblich. In seinem Buch *Der Kampf um die Arbeitsplätze von morgen* schreibt Jim Clifton, dass uns ein »globaler Kampf um gute Arbeitsplätze« bevorsteht. Es wäre eine Sache, wenn ein verärgerter Angestellter diese Aussage in seinem Blog macht. Aber Clifton ist alles andere als das. Er ist Vorsitzender und Geschäftsführer von Gallup, dem weltweit führenden Marktforschungsunternehmen, das für seine rigorosen, strengsten wissenschaftlichen Anforderungen entsprechenden Umfragen in hohem Ansehen steht.

Die Messlatte für menschliche Leistungsfähigkeit ist höher als je zuvor.

Clifton erklärt, dass die neuesten Gallup-Umfragen zeigen, dass der globale Wettbewerb einen Mangel an »guten Arbeitsplätzen« hervorgebracht hat. Dies habe seiner Meinung nach dazu geführt, dass »eine wachsende Zahl von Menschen weltweit im Elend lebt, geprägt von Hoffnungslosigkeit und Entbehrungen, und dass sie auf eine gefährliche Weise unglücklich sind.«

Clifton beschreibt ein beängstigendes Szenario; doch leider hat er recht. Daten belegen, dass der Konsum von Antidepressiva in den USA in den letzten zehn Jahren um 400 Prozent gestiegen ist und mehr Amerikaner als je zuvor unter Angststörungen leiden. Obwohl diese Zustände genetisch bedingt sein können, werden sie wahrscheinlich auch durch die Umgebung begünstigt, in der wir leben – der Welt, die Clifton beschreibt.

Um zu verstehen, warum wir in einer solchen Welt angelangt sind, reicht es aus, einen Blick auf die elektronischen Geräte zu werfen, die wir tagtäglich benutzen. Indem sie uns mit einigen Tipp- und Wischbewegungen die ganze Welt eröffnet, bietet uns die digitale Technologie nahezu grenzenlosen Zugang zu aufstrebenden Talenten. Die Anzahl der Personen, die für einen Job verfügbar sind, und die Orte, von denen aus dieser Job erledigt werden kann, haben dramatisch zugenommen. Dan Schwabel, Experte für Personalfragen und Autor des *New-York-Times*-Bestsellers *Promote Yourself* erklärt: »Das ist nicht die Berufswelt, die es noch vor zehn Jahren gab. Der Druck ist hoch. Und sie ist insofern sehr wettbewerbsorientiert, als es überall auf der Welt Menschen gibt, die Ihre Arbeit für deutlich weniger Geld machen würden; was wiederum dazu führt, dass Sie sich stärker ins Zeug legen müssen.« Und in zehn Jahren werden wir nicht nur mit anderen Menschen im Wettbewerb stehen, sondern auch mit übermenschlichen Spezies, die niemals müde werden und wenig Pflege und Wartung brauchen.

Im Wettstreit mit Maschinen

Der Einsatz von Computern, Robotern und anderen Formen der künstlichen Intelligenz setzt den Menschen und seine Leistungsfähigkeit zunehmend unter Druck. Das passiert oft auf so subtile Weise, dass wir es gar nicht bemerken. Indem sie zum Beispiel immer höher entwickelte Technologien benutzen, um die Notwendigkeit von Räumlichkeiten, Inventar und Verkaufspersonal zu eliminieren, können Unternehmen wie Amazon ihre Betriebskosten senken. Das gibt ihnen die Möglichkeit, so ziemlich alles zu verkaufen, was wir uns wünschen, und zwar zu deutlich reduzierten Preisen. Aber solche großen Online-Händler haben einen Nachteil: Sie machen extrem viele Arbeitsplätze überflüssig.

Der Aufstieg von Amazon führte zum Niedergang und schließlich zur Insolvenz ihrer Konkurrenz, in den USA allen voran der traditionsreichen Buchhandelskette Borders. Zu ihren besten Zeiten hatte Borders um die 35.000 Angestellten. Das sind viele verlorene Arbeitsplätze. Der beängstigendste Teil dieser Geschichte ist, dass Amazon heute viel mehr verkauft als nur Bücher, und das Unternehmen überlegt sich mittlerweile, ob es fast alle seine Artikel mit mechanischen Dronen, also ohne menschliche Zusteller, ausliefern kann. Sind Sie immer noch von Ihrer Prime-Mitgliedschaft überzeugt?

Der Einsatz von Computern, Robotern und anderen Formen der künstlichen Intelligenz setzt den Menschen und seine Leistungsfähigkeit zunehmend unter Druck.

Aber es sind nicht nur Arbeitsplätze in Handel und Verkauf, in denen die Maschinen den Menschen allmählich obsolet machen. Dr. Zeynep Tufekci,

Professorin an der University of North Carolina, untersucht die sozialen Auswirkungen von Technologie und schreibt hierzu: »Die Maschinen werden immer klüger, und sie besetzen immer mehr Stellen.« Im Laufe des letzten Jahrzehnts haben Maschinen gelernt, gesprochene Sprache zu verarbeiten, menschliche Gesichter zu erkennen, Mimik zu deuten, Persönlichkeitstypen zu klassifizieren und sogar Gespräche zu führen.

Tufekci steht mit ihrer Sorge über die eskalierende Auswirkung der Technologie auf uns Menschen nicht alleine da. Einige der klügsten Köpfe der Welt geben ihr recht. Der im März 2018 verstorbene Physiker Stephen Hawking, das Universalgenie Elon Musk, der Google-Forschungsleiter Peter Norvig und andere unterzeichneten einen offenen Brief, in dem sie Forscher dazu auffordern, bei der Entwicklung neuer künstlicher Intelligenz äußerste Sorgfalt walten zu lassen. Hawking sagte der BBC: »Einfache Formen der künstlichen Intelligenz haben sich als sehr nützlich erwiesen. Aber ich denke, dass die Entwicklung einer voll ausgereiften künstlichen Intelligenz das Ende der Menschheit bedeuten könnte.«

In diesem Buch geht es nicht um Endzeitszenarien, in denen wir uns mit Maschinen im Krieg befinden. Aber in gewisser Weise tobt dieser Krieg bereits. Um mit den Maschinen mitzuhalten, werden wir unser Können verbessern müssen. Es führt kein Weg daran vorbei.

Im Wettstreit gegeneinander

1954 gelang es Sir Roger Bannister als erstem Menschen, die Meile (1,609 km) unter vier Minuten zu laufen, was viele damals für nahezu unmöglich hielten. Kurz nachdem er die Ziellinie überquerte, meinte Bannister: »Ärzte und Wissenschaftler sagten, dass es unmöglich wäre, die Vier-Minuten-Grenze zu unterbieten, und dass man den Versuch nicht überleben würde. Als ich von der Laufbahn aufstand, nachdem ich hinter der Ziellinie zusammengebrochen war, nahm ich daher an, dass ich tot sei.«

Heute unterbieten jedes Jahr mehr als zwanzig Amerikaner die Vier-Minuten-Grenze. Wenn man auch Athleten in anderen Ländern berücksichtigt, darunter Laufnationen wie Kenia und Äthiopien, spekulieren Experten, dass jedes Jahr Hunderte von Menschen die Meile in unter vier Minuten laufen. Manche Läufer absolvieren in diesem Tempo sogar Intervalltraining. Verrückt ist das neue Normal. Werfen Sie nur einen Blick auf den aktuellen Meilenrekord von 3:43 Minuten, den Hicham El Guerrouj 1999 aufgestellt hat. Sir Roger hätte da noch nicht einmal die Zielgerade erreicht.

In fast allen Sportarten, in denen wir gegen die Stoppuhr kämpfen, erreichen Highschool-Athleten heute regelmäßig Zeiten, die vor einem halben Jahrhundert noch Weltrekorde gewesen wären. Dieser Trend zur Leistungssteigerung ist auch in Teamsportarten erkennbar. 1947 betrug die Durchschnittsgröße eines Profi-Basketballspielers 1,93 Meter. Heute liegt sie bei zwei Metern. Es sind nicht nur genetisch vorbestimmte körperliche Eigenschaften wie die Körpergröße, die zugenommen haben, sondern auch die spielerischen Fähigkeiten. Wenn Sie die Aufzeichnung eines Basketballspiels aus den 1950er-Jahren ansehen, werden Sie feststellen, dass selbst die Point Guards – die Spieler mit dem besten Ballhandling – fast ausschließlich mit ihrer dominanten Hand gedribbelt haben. Heute scheint fast jeder Spieler auf dem Court mit beiden Händen gleich gut dribbeln zu können.

In fast allen Sportarten, in denen wir gegen die Stoppuhr kämpfen, erreichen Highschool-Athleten heute regelmäßig Zeiten, die vor einem halben Jahrhundert noch Weltrekorde gewesen wären.

Wie und warum ist das passiert? So wie in der traditionellen Marktwirtschaft gibt es auch im Sport durch das Aufkommen eines internationalen Talentpools mehr Menschen, die einerseits die idealen genetischen Voraussetzungen für einen spezifischen Sport besitzen und andererseits auch bereit sind, ihr Leben dem Streben nach Höchstleistungen zu widmen. Wenn man dann noch ein verbessertes, auf den neuesten wissenschaftlichen Erkenntnissen beruhendes Training hinzunimmt und durch optimale Ernährung und Erholungsmethoden ergänzt, kann man leicht verstehen, wie die 16 Sekunden Differenz zwischen El Guerrouj und Bannister zustande kommen.

Ein gestiegener Leistungsdruck ist in allen Bereichen allgegenwärtig. Hinsichtlich dieser Tendenz ist kein Ende in Sicht, und wenn Stephen Hawking recht hat, stehen wir noch am Anfang dieser Entwicklung. Es sollte uns daher nicht weiter verwundern sein, dass viele Menschen weder Kosten noch Mühen scheuen, sich in dieser rauen Welt einen Vorteil zu verschaffen.*

Große Bemühungen

Waren Sie jemals in einem Laden, der Nahrungsergänzungsmittel anbietet? Falls ja – und wenn es Ihnen so geht wie mir –, dann haben Sie sich vielleicht gefragt, wer diese ganzen Pillen, Pulver und Shakes kauft. Wenn man sich die Verkaufszahlen ansieht, scheint die Antwort klar zu sein: So ziemlich jeder. Obwohl nur ein kleiner Teil der Weltbevölkerung an einem Mineralien- oder Vitaminmangel leidet und Supplemente tatsächlich benötigt, liegt der weltweite Branchenumsatz jedes Jahr regelmäßig bei über 100 Milliarden Dollar.

Noch erstaunlicher sind die fantastisch anmutenden Behauptungen vieler Hersteller erfolgreicher Supplemente und verwandter Produkte. Nehmen wir zum Beispiel ein Produkt namens *Neuro Bliss* – ein Getränk, das angeblich stresslindernd wirken und die körperliche und geistige Leistungsfähigkeit unterstützen soll. Eine Flasche kostet zwei Dollar. Auf der Webseite des Unternehmens steht: »In unserer schnelllebigen Welt helfen Ihnen Neuro-Getränke, wettbewerbsfähig zu bleiben«. Allerdings sind wir bislang auf keine wissenschaftlichen Belege gestoßen, die die Wirksamkeit des Getränks bestätigen. *Neuro Bliss* ist und bleibt trotzdem ein beliebtes Produkt, das sich gut verkauft. Die Konsumenten wollen sich verzweifelt einen Vorteil verschaffen – egal in welcher Form –, auch wenn keine Beweise dafür existieren, dass es einen solchen Vorteil überhaupt gibt. Leider ist diese Art

* Es wäre nachlässig, in diesem Zusammenhang das Thema Doping nicht zu erwähnen bzw. die illegale Verwendung leistungssteigernder Medikamente. Leider hat Doping für das Erreichen allzu vieler Spitzenleistungen eine Rolle gespielt; darauf werden wir im Laufe dieses Buches noch näher eingehen. Die allgemeine Tendenz zur Leistungssteigerung ist in allen Sportarten aber viel zu groß, um sie allein dem Doping zuzuschreiben.

von Verzweiflung oft der erste Schritt auf einem gefährlichen Weg, der zum Missbrauch verschreibungspflichtiger Medikamente führt, die zum Zweck der Leistungssteigerung eingenommen werden.

Es war die Klausurphase an einer großen Universität, und einer Studentin – nennen wir sie Sara – fiel etwas auf, das ihre Nervosität angesichts der Prüfungen verschlimmerte. Immer mehr Kommilitonen, gegen die ihre Leistung gemessen wurde, nahmen Adderall. Dieses Medikament wird eigentlich verwendet, um die Aufmerksamkeitsdefizit-/Hyperaktivitätsstörung (ADHS) zu behandeln oder die krankhafte Unfähigkeit, sich konzentrieren zu können. Adderall besteht unter anderem aus den Stimulanzien Levoamphetamin und Dextroamphetamin und ist letztendlich eine gemäßigte Version der harten Droge Speed.

Obwohl viele Experten glauben, dass nur zwischen 5 und 6 Prozent der US-Bevölkerung tatsächlich an ADHS leiden, zeigen die Daten der Centers for Disease Control and Prevention (CDC), dass sich die Zahl der Betroffenen mittlerweile verdoppelt hat, das heißt, dass etwa 11 Prozent der amerikanischen Jugendlichen eine entsprechende Diagnose erhielten. Aber aus Saras Sicht nahm fast jeder auf dem Campus Adderall, ganz gleich ob er an ADHS litt oder ein Rezept für das Medikament hatte.

Was war geschehen? Laut WebMD, das vermutlich viele College-Studenten benutzen, um eine für Laien verständliche Beschreibung von Medikamenten und ihrer Wirkung zu finden, »erhöht Adderall die Fähigkeit, aufmerksam zu sein, sich zu konzentrieren, konzentriert zu bleiben und Ruhe zu bewahren«. Angesichts dieser Vorteile scheinen bekannte Nebenwirkungen wie Appetitlosigkeit, Magenkrämpfe, Übelkeit, Kopfschmerzen, Schlaflosigkeit und Halluzinationen in den Hintergrund zu treten. Diese Studenten, die nicht an ADHS litten, verwendeten Adderall wie ein Dopingmittel fürs Gehirn, um sich ihren Kommilitonen gegenüber einen Vorteil zu verschaffen. Dieser Medikamentenmissbrauch bei Studenten ist vergleichbar mit der Einnahme von Steroiden im Sport; hier wurden Medikamente ursprünglich eingesetzt, um Erkrankungen zu behandeln, doch heute greifen gesunde Personen verbotenerweise darauf zu, die sich einen körperlichen Vorteil verschaffen wollen. Manche Forscher schätzen, dass 30 Prozent der Studenten Stimulanzien wie Adderall benutzen, obwohl keine medizinische Indikation vorliegt. Es ist nicht weiter überraschend, dass der Missbrauch von Adderall in Phasen von hohem Stress am geläufigsten ist, zum Beispiel bei Prüfungen. Zahllose Studenten berichten, dass das Medikament die Erschöpfung reduziert, während es das Leseverständnis, die Aufmerksamkeit, Kognition und Gedächtnisleistung erhöht.

Im Rahmen eines investigativen Berichts hat CNN vor einiger Zeit Studenten, die Adderall nehmen, darum gebeten, von ihren Erfahrungen mit dem Medikament zu erzählen. Die Antworten klingen wie aus einer Fernsehwerbung:

- »Irgendwie denke ich gar nicht daran, dass es verboten ist. Ich finde es nicht weiter schlimm, weil das Medikament so verbreitet und einfach anzuwenden ist.«
- »Ich fühle mich sehr fit und wach und bin bereit für die Herausforderungen, die sich mir stellen.«
- »Ich bin nach nur wenigen Stunden schon auf Seite 15 meiner Hausarbeit … und bin sehr zuversichtlich, dass sie gut ist.«

Kein Wunder, dass sich Sara unter Druck gesetzt fühlt. »Ich werde es nicht nehmen, weil es meiner Meinung nach Betrug ist, aber es greift um sich – und zwar massiv«, sagt sie. Es wäre schon schlimm genug, wenn der Medikamentenmissbrauch im Streben nach einem Wettbewerbsvorteil auf die Universität beschränkt wäre, aber dieser Trend scheint auch in der Berufswelt Verbreitung zu finden. Dr. Kimberly Dennis ist medizinische Leiterin eines Drogenzentrums in der Nähe von Chicago. Sie sagt, dass ihr ein dramatischer Anstieg des Missbrauchs von Medikamenten wie Adderall bei Berufstätigen im Alter zwischen 25 und 45 Jahren aufgefallen ist, die wie die Studenten danach streben, jeden noch so kleinen Vorteil zu nutzen.

Elizabeth ist eine solche Berufstätige. Gegenüber der *New York Times* erklärte sie: »Das ist auch nötig – wenn man im Überlebenskampf mit den Besten, Klügsten und Erfolgreichsten mithalten will.« Als Elizabeth dabei war, eine innovative Firma für Gesundheitstechnologie zu gründen, stellte sie fest, dass Fleiß und harte Arbeit allein nicht ausreichten. Sie hatte das Gefühl, dass sie noch mehr Zeit aufwenden musste, und der Schlaf stand ihr dabei im Weg. Deshalb griff sie zu Adderall. »Freunde von mir, Leute, die in der Finanzbranche und an der Wall Street tätig sind, sind Wertpapierhändler, die um fünf Uhr morgens anfangen und dann schon topfit sein müssen – die meisten von ihnen nehmen Adderall. Man kann nicht träge sein ... und so geht es in den meisten Firmen zu, die ich kenne und in denen ehrgeizige junge Leute arbeiten – es herrscht dort eine gewisse Leistungserwartung.«

Dr. Anjan Chatterjee, Leiter der neurologischen Abteilung im Pennsylvania Hospital und Autor von *The Aesthetic Brain* hält die Verwendung von Medikamenten zur Steigerung der Produktivität am Arbeitsplatz für eine »problematische Zukunft«. Er prognostiziert, dass Amerikaner noch länger arbeiten und sich noch weniger Urlaub nehmen werden. »Warum nicht Medikamente einnehmen, um sich wacher zu fühlen, besser zu konzentrieren und diese lästige Zeitverschwendung namens Schlaf auf ein Minimum zu reduzieren?«

Obwohl es wie eine düstere Prognose wirkt, ist Chatterjee nicht der einzige, der so denkt. Ein anderer Experte, der seine Meinung teilt, ist Erik Parens, Verhaltensforscher am Hastings Center, einem Institut für Bioethik. Er sagt, dass der um sich greifende Missbrauch von Stimulanzien in den USA einfach ein Symptom des modernen Lebens sei: Man ist rund um die Uhr erreichbar, an sein E-Mail-Postfach gekettet und muss heute eine bessere Leistung abliefern als gestern. Aber das heißt nicht, dass diese Lebensweise oder der Missbrauch der Stimulanzien, der dafür erforderlich ist, eine gute Sache ist. Wir werden bald lernen, dass die Arbeit, die man mit oder ohne Medikamente abliefert, ohne ausreichende Entspannung im besten Fall suboptimal und im schlechtesten Fall gefährlich ist. Eine Kultur, die ihre Mitglieder dazu treibt, das Gesetz zu brechen und zu betrügen, nur um wettbewerbsfähig zu bleiben, ist nicht gut – oder langfristig erfolgreich.

Eine Kultur, die ihre Mitglieder dazu treibt, das Gesetz zu brechen und zu betrügen, nur um wettbewerbsfähig zu bleiben, ist nicht gut.

Wenn Chatterjee und andere Experten über Doping am Arbeitsplatz reden, ziehen sie oft Parallelen zum Sport: Beide Bereiche sind extrem wettbewerbsorientiert, es steht viel auf dem Spiel, die Umgebung stellt den Sieg um jeden Preis an oberste Stelle, und selbst der kleinste Vorteil kann zu hohen Erträgen führen. Wenn die Arbeitswelt sich wirklich in dieselbe Richtung bewegt wie der Profisport, ist das für alle eine schlechte Nachricht.

Größer, schneller, stärker – aber um welchen Preis?

Home-Run-Rekorde, das gelbe Trikot des Tour-de-France-Siegers und olympische Medaillen sind Ausdruck beinahe übermenschlicher Leistungen. Leider haben sich viele dieser Leistungen als genau das herausgestellt: als übermenschlich. Sie sind Illusionen, die durch pharmakologische und medizinische Maßnahmen unterstützt werden, die es nur in den besten Krankenhäusern gibt. Obwohl weniger als 2 Prozent der Dopingsünder entlarvt werden, legt die Forschung nahe, dass 40 Prozent der Spitzensportler illegale Substanzen einnehmen, um ihre Leistung zu steigern. Über ein Viertel der Athleten, die wir im Fernsehen bewundern, werfen also verbotene Pillen ein.

Sie denken vielleicht, dass das Problem nur im Spitzensport existiert. Das ist nicht der Fall. Auch College-, Highschool- und Freizeitsportler betreiben Doping. Eine Umfrage der Partnership for Drug-Free Kids aus dem Jahr 2013 ergab, dass 11 Prozent der befragten Highschool-Schüler im Vorjahr mindestens einmal synthetisches menschliches Wachstumshormon (HGH) eingenommen hatten. Führen Sie sich das nur einmal vor Augen: 11 Prozent der Teenager spritzen sich eine künstliche Variante des stärksten menschlichen Hormons in ihre noch nicht voll entwickelten Körper. Das einzige, was noch verstörender ist, ist vielleicht die Tatsache, dass sich die Schüler dabei ein Beispiel an ihren Eltern nehmen.

Das ist bedauerlich, entspricht aber leider allzu oft den Tatsachen. Immer mehr ehrgeizige Freizeitsportler – vor allem Männer und Frauen mittleren Alters, die bei Läufen, Radrennen und Triathlon-Events in ihrer Altersgruppe gewinnen wollen – werden der Einnahme leistungssteigernder Medikamente überführt. Das Problem ist mittlerweile so groß geworden, dass die Dachverbände dieser Sportarten selbst für Freizeitsportler Drogentests anordnen. David Epstein, ein angesehener investigativer Journalist, befasste sich intensiv mit dem Missbrauch leistungssteigernder Medikamente bei Amateuren.

Was er feststellte, ist besorgniserregend: Er berichtet, dass in diesem Zusammenhang geschätzte 120 Milliarden Dollar ausgegeben werden; bei den Käufern handelt es sich überwiegend um Männer mittleren Alters, die unter der Hand Steroide kaufen. Wenn die Baby-Boomer mit ihrem hohen Einkommen und dem Wunsch, jung und wettbewerbsfähig zu bleiben, in die Jahre kommen, wird dieser Markt noch weiter wachsen. Epstein bringt die Situation in der Überschrift seines Berichts auf den Punkt: »Everyone's Juicing« (»Jeder entsaftet«).

Die Konsequenzen, die aus diesem übersteigerten Leistungsdenken resultieren, können nicht überbetont werden. Außergewöhnliche Leistungen, die früher Bewunderung hervorgerufen hätten, stoßen mittlerweile auf Argwohn. Immer wenn jemand etwas Großartiges leistet, ob an der Universität, am Arbeitsplatz oder auf dem Spielfeld, müssen wir uns fragen, ob es dabei mit rechten Dingen zugegangen ist. Wie Dr. Michael Joyner, Performance-Experte an der Mayo Clinic, sagt: »Wir leben in einer Welt, in der alle außergewöhnlichen Leistungen suspekt scheinen.« Wie bedauerlich dieser Zustand in kultureller Hinsicht auch sein mag, auf einer individuell-persönlichen Ebene sehen die Dinge noch schlimmer aus. Das gilt vor allem für Leute wie die Studentin Sara, die ihre Gesundheit und ihren Anstand nicht aufs Spiel setzen will und in die Prüfung geht, ohne vorher ein Medikament eingenommen zu haben. Infolgedessen sind Leute wie Sara gezwungen, ihre Leistung auf natürlichem Wege auf ein extrem hohes Maß zu steigern. Und allzu oft fällt das Ergebnis schlecht aus.

Burnout

Eine Umfrage von 2014, an der über 2.600 Unternehmen in 90 Ländern weltweit teilnahmen, ergab, dass für die meisten Arbeitgeber der »überforderte Angestellte« mittlerweile ein großes Problem darstellt. Angestellte kontrollieren – vermutlich aus Angst davor, dass sie immer erreichbar sein müssen, weil es sonst jemand anders sein wird – etwa 150-mal am Tag ihr Smartphone. Und wenn sie mit einer Wischbewegung das Startmenü ihres Handys öffnen, werden sie von einer überwältigenden Menge an Informationen erschlagen. Eine Studie fand heraus, dass über die Hälfte der Büroangestellten glauben, dass sie die kritische Grenze erreicht haben: Sie können einfach nicht noch mehr Informationen verarbeiten und geben an, sich deswegen demoralisiert zu fühlen.

So vergeblich unsere Anstrengungen auch sein mögen, wir haben immer den Drang, mithalten zu müssen. Dieser Drang ist vor allem unter Amerikanern weit verbreitet. Nur ein Drittel der amerikanischen Angestellten geben an, dass sie eine richtige Mittagspause machen (das heißt ihren Schreibtisch verlassen). Die anderen 66 Prozent ziehen es vor, während der Arbeit schnell etwas zu essen oder ganz darauf zu verzichten. Amerikaner arbeiten aber nicht nur beim Mittagessen, sondern auch beim Abendessen, nachts und an den Wochenenden. In einem Paper mit dem angemessenen Titel »Americans Work Too Long (And Too Often at Strange Times)" – »Amerikaner arbeiten zu lange (und zu oft zu seltsamen Zeiten)« – zeigten Daniel Hamermesh und Elena Stancanelli, dass 27 Prozent der Amerikaner regelmäßig zwischen 22 Uhr und 6 Uhr arbeiten und dass 29 Prozent auch an den Wochenenden in der einen oder anderen Form arbeiten.

Amerikanische Angestellte schuften beinahe einen Tag mehr pro Woche.

Es wäre eine Sache, wenn wir unsere Arbeitswut dadurch kompensieren, dass wir längere Pausen machen, um uns zu erholen und neue Energie zu tanken. Aber das ist nicht der Fall. Im Durchschnitt lassen amerikanische Angestellte am Ende jedes Jahres fünf Urlaubstage ungenutzt verstreichen. Wenn man diese mitrechnet, wie Gallup es 2014 gemacht hat, besteht die typische amerikanische Arbeitswoche nicht aus 40, sondern aus 47 Stunden. Oder anders ausgedrückt: Amerikanische Angestellte schuften beinahe einen Tag mehr pro Woche. So gesehen ist es nicht wirklich schockierend, dass 53 Prozent der amerikanischen Angestellten angeben, sich ausgebrannt zu fühlen.

Ununterbrochene hektische Arbeit führt nicht nur zur völligen Erschöpfung; sie schadet auch der Gesundheit. Ein extremes Beispiel ist der 21-jährige Moritz Erhardt, ein Praktikant bei der Bank of America Merrill Lynch, der nach 72 Stunden ununterbrochener Arbeit tot in seiner Dusche aufgefunden wurde. Laut einer Autopsie starb er an einem epileptischen Anfall, der möglicherweise durch Erschöpfung ausgelöst wurde. Kurz nach Erhardts tragischem Tod legte Goldman Sachs, ein anderes bekanntes Investmentunternehmen, eine Obergrenze für die Anzahl der Stunden fest, die ein Praktikant pro Tag arbeiten darf: 17 Stunden.

Weniger extrem als Erhardts tragischer Tod, aber wesentlich geläufiger, sind die Fälle, in denen ein übertrieben hohes Arbeitspensum und ständige Anspannung zu Angst, Depression, Schlaflosigkeit, Übergewicht, Unfruchtbarkeit, schlechten Blutwerten, kardiovaskulären Erkrankungen und vielen anderen biophysischen Konsequenzen führt, die sowohl die Lebensqualität als auch die Lebenserwartung beeinträchtigen. Die Ironie ist, dass Burnout nicht nur bei Managern und Unternehmern gängig ist, sondern auch bei Personen, die im Gesundheits- oder Bildungswesen tätig sind und es daher eigentlich besser wissen müssten. Studien haben ergeben, dass über 57 Prozent der auszubildenden Ärzte und bis zu 46 Prozent der ausgebildeten Ärzte die Kriterien für Burnout erfüllen. Andere Untersuchungen belegen, dass auch über 30 Prozent der Lehrer an Burnout leiden.

Der scheinbar im Hamsterrad gefangene Angestellte, der von 9 bis 17 Uhr am Schreibtisch sitzt, beneidet vielleicht die Flexibilität und Freiheit eines Künstlers oder Schriftstellers, aber Flexibilität und Freiheit sind nicht die Allheilmittel für Burnout, für die wir sie halten. Beinahe jeder Künstler hat im Laufe seiner Karriere schon einmal ein kreatives Burnout erlitten.

Burnout kommt bei Künstlern häufig vor, weil die Leidenschaft sowohl ein Segen als auch ein Fluch ist. Ein Segen, weil die Leidenschaft – wie Platon im 4. Jahrhundert vor Christus bemerkt hat – »der Kanal ist, durch den wir die größten Segnungen erhalten« und neue, kreative und inspirierte Arbeit hervorbringen. Aber wenn man der Leidenschaft nicht Einhalt gebietet, kann sie eine selbstzerstörerische Wirkung entfalten.

Arbeitswut, Perfektionismus, Hypersensitivität, Kontrollzwang und eine hohe Erwartungshaltung sind typische Merkmale großer Künstler, und sie sind alle mit kreativitätsbedingtem Burnout verbunden. Wenn man noch den finanziellen Druck dazu nimmt, seinen Lebensunterhalt durch Kunst verdienen zu müssen, scharfe Kritik, soziale Vergleiche und die Isolation, die während des kreativen Schaffens oft unumgänglich ist, wird leichter verständlich, warum so viele Künstler an Burnout oder Schlimmerem leiden. Die Forschung zeigt, dass Menschen in kreativen Berufen besonders zu Angstzuständen, Depression, Alkoholismus und Selbstmord neigen.

Ein anderer Bereich, in dem innerer Ehrgeiz und äußerer Druck oft aufeinanderprallen, ist Sport, wo Burnout einer der Hauptgründe dafür ist, warum viele – Jugendliche, Amateure und Profisportler – den Sport an den Nagel hängen. Athleten treiben sich so oft an, ohne sich eine Pause zu nehmen, dass es sogar einen medizinischen Fachbegriff dafür gibt: Übertrainingssyndrom. Hierbei wird das Zentralnervensystem überfordert, was eine negative biologische Kettenreaktion auslöst. Das Übertrainingssyndrom führt schließlich zu tiefer Erschöpfung, Müdigkeit, Verletzung und Leistungsabbau. So sagt der Körper: »Mir reicht's – ich kann nicht mehr.« Eine Art Zwangsabschaltung des überlasteten Systems.

Übertrainingssyndrom klingt wie etwas, das man um jeden Preis vermeiden sollte, vor allem wenn man mit seinem Körper seinen Lebensunterhalt verdient. Trotzdem geben über 60 Prozent der Läufereliten, dass sie im Laufe ihrer Karriere mindestens einmal übertrainiert gewesen sind. Es ist nicht verwunderlich, dass es nicht nur Elitesportler sind, die der Versuchung unterliegen, mehr zu tun als das, was ihnen ihr Körper sagt: Auch 30 bis 40 Prozent der Highschool- und Amateursportler waren mindestens einmal in ihrer sportlichen Laufbahn übertrainiert.

30 bis 40 Prozent der Highschool- und Amateursportler waren mindestens einmal in ihrer sportlichen Laufbahn übertrainiert.

Mittlerweile sollte klar sein, dass der Leistungsdruck aus allen Richtungen einwirkt. Infolgedessen überarbeiten sich immer mehr Menschen so weit, dass ihre Leistung wieder abfällt und sich der übermäßige Einsatz fast nicht mehr lohnt. Manche greifen zu leistungssteigernden Medikamenten, riskieren ihre Gesundheit und ihren Ruf, während sie ethische Regeln und das Gesetz brechen. Soll das wirklich die neue Erfolgsformel in der heutigen Gesellschaft sein? Es muss einen besseren Weg geben. Und wie sich herausstellt, gibt es den auch. Der Rest dieses Buchs befasst sich damit, diesen Weg zu erforschen.

Ein besserer Weg

In den letzten Jahren hatten wir das Privileg, uns intensiv mit den Praktiken von Spitzenperformern auseinanderzusetzen, die die verschiedensten Talente besitzen und aus den verschiedensten Bereichen stammen. Wir haben Personen, die nicht nur ihre besten Leistungen abrufen können, sondern die auch zu den besten ihres Fachs zählen, untersucht, befragt, beobachtet und in manchen Fällen auch mit ihnen zusammengearbeitet. Dabei stellten wir fest, dass diese Spitzenperformer hinsichtlich ihrer Gewohnheiten deutliche Parallelen aufwiesen. Ob jemand versucht, sich für die Olympischen Spiele zu qualifizieren, bahnbrechende mathematische Theorien zu entwickeln oder ein Kunstwerk zu erschaffen – viele Prinzipien, auf denen ein gesunder, nachhaltiger Erfolg beruht, sind gleich.

Diese Prinzipien – die bewährt, sicher, ethisch vertretbar und legal sind – werden seit Jahrhunderten von hervorragenden Performern verwendet. Aber erst jetzt gibt es faszinierende wissenschaftliche Erkenntnisse, die erklären, warum diese Prinzipien funktionieren. So ist es jedem möglich, seine Spitzenleistung zu erreichen. Dieses Buchs widmet sich nachfolgend der ausführlichen Untersuchung dieser Prinzipien und vereint Anekdoten mit wissenschaftlichen Fakten, damit Sie, liebe Leser, konkrete evidenzbasierte und praktische Tipps erhalten, wie Sie Ihre Leistung verbessern können.

Auf unserem Weg zu einem besseren Verständnis der Wissenschaft und Kunst der Leistungsfähigkeit ist es erforderlich, Verbindungen zwischen traditionell abgegrenzten Bereichen herzustellen. Hierdurch gewinnen wir viele aufschlussreiche Erkenntnisse. Mit den Worten von Eric Weiner, Autor und Innovationsexperte, entstehen Durchbrüche, wenn »man die Willkürlichkeit seines eigenen [Bereichs] erkennt und sich der Möglichkeit der Möglichkeit nicht verschließt. Sobald man erkennt, dass es einen anderen Weg gibt, um X zu tun oder Y zu betrachten, öffnen sich alle Arten von neuen Kanälen«. Daran werden wir denken, wenn wir im Laufe dieses Buchs zeigen, was Künstler von Sportlern, Intellektuelle von Künstlern und Sportler von Intellektuellen lernen können.

Ob jemand versucht, sich für die Olympischen Spiele zu qualifizieren, bahnbrechende mathematische Theorien zu entwickeln oder ein Kunstwerk zu erschaffen – viele Prinzipien, auf denen ein gesunder, nachhaltiger Erfolg beruht, sind gleich.

Wir werden zeigen, wie Sie Ihre Fähigkeit stärken können, komplexe kognitive Probleme zu lösen, so wie Sie Ihren Körper durch Hanteltraining stärken können – die weltbesten Denker und die weltbesten Kraftdreikämpfer folgen demselben Prozess, um Wachstum zu bewirken. Wir untersuchen den Einfluss von Routine und Umwelt und erklären, wie und warum das Aufwärmen vor einer Veranstaltung für Spitzensportler, Künstler und Vortragsredner ähnlichen Gesetzmäßigkeiten folgt und effektiv ist. Wir gehen auch auf das Thema Mode ein und benutzen die Wissenschaft, um zu erklären, wie nicht nur Genies von gestern, wie Albert Einstein, sondern auch Genies von heute, wie Mark Zuckerberg, nicht viel darum geben. Wir erkunden, warum so viele große Performer nach einer bahnbrechenden Leistung – einem innovativen Kunstwerk, einem preisgekrönten Roman oder einem neuen Weltrekord – ihre Erfolge Kräften zuschreiben, die jenseits ihres Einflusses liegen, und ihnen dafür danken: ob es sich nun um die Familie, Gott oder eine andere höhere Macht handelt.

Wenn wir unsere Aufgabe gutgemacht haben, werden Sie am Ende des Buchs genau wissen:

- Auf welchem wissenschaftlich erwiesenen Zyklus Wachstum und Entwicklung beruht.
- Wie Ihnen feste Gewohnheiten dabei helfen können, produktiv zu sein und Spitzenleistungen zu erzielen.
- Wie Sie die Macht des Zwecks nutzen können, um Ihre Leistung zu steigern.

Sie werden aber vor allem in der Lage sein, diese Konzepte für Ihre eigenen Ziele zu nutzen, wie auch immer diese gestaltet sein mögen. Um Ihnen dabei zu helfen, werden Sie im Laufe des Buchs kurze Kästen mit der Überschrift »Praxistipps« finden. Diese Abschnitte dienen der Zusammenfassung wichtiger Punkte und geben Ihnen Anregungen dafür, wie Sie diese in Ihrem eigenen Leben umsetzen können.

ABSCHNITT 1

DIE WACHSTUMS-GLEICHUNG

1

DAS GEHEIMNIS DES NACHHALTIGEN ERFOLGS

Denken Sie bitte einen Moment darüber nach, was nötig ist, damit ein Muskel wie Ihr Bizeps stärker wird. Wenn Sie versuchen, eine Hantel zu heben, die zu schwer ist, schaffen Sie vermutlich nicht einmal eine Wiederholung. Und selbst wenn Sie sie schaffen, riskieren Sie möglicherweise eine Verletzung. Wenn Sie aber eine Hantel nehmen, die zu leicht ist, werden Sie kaum oder gar keine Fortschritte sehen; Ihr Bizeps wächst dadurch nicht. Sie brauchen die goldene Mitte: Ein Gewicht, das Sie gerade noch stemmen können und dazu führt, dass Sie am Ende Ihres Workout zwar erschöpft und verausgabt, aber unverletzt sind. Aber die Bestimmung eines solchen optimalen Gewichts ist nur die halbe Miete. Wenn Sie jeden Tag, vielleicht sogar mehrmals am Tag, ohne längere Erholungsphasen immer wieder Hanteln stemmen, werden Sie mit größter Wahrscheinlichkeit ausbrennen. Wenn Sie aber nur sporadisch trainieren und sich fordern, werden Sie auch nicht viel stärker. Der Schlüssel zu einem stärkeren Bizeps – und wie wir noch sehen werden, gilt dies nicht nur in körperlicher, sondern auch in kognitiver oder emotionaler Hinsicht – ist ein ausgewogenes Verhältnis zwischen Stress und Entspannung. Stress + Entspannung = Wachs-

> *Stress + Entspannung = Wachstum. Diese Gleichung ist immer gültig, und dabei spielt es keine Rolle, welche Art von »Muskel« Sie zum Wachsen bringen wollen.*

tum. Diese Gleichung ist immer gültig, und dabei spielt es keine Rolle, welche Art von »Muskel« Sie zum Wachsen bringen wollen.

Periodisierung

In der Trainings- und Sportwissenschaft wird dieser Zyklus aus Stress und Entspannung oft als Periodisierung bezeichnet. Stress – und damit meinen wir nicht den Streit mit Ihrem Partner oder Vorgesetzten, sondern einen Stimulus wie das Heben einer schweren Hantel – stellt für den Körper eine Herausforderung dar, die er in manchen Fällen nicht bewältigen kann. Darauf folgt in der Regel ein leichter Leistungsabfall; denken Sie nur daran, wie kraftlos sich Ihre Arme nach einem harten Hanteltraining anfühlen. Aber nach der Belastung geben Sie Ihrem Körper Zeit, damit er sich entspannen und erholen kann. Dies hat zur Folge, dass er sich anpasst und stärker wird, wodurch Sie künftig in der Lage sind, eine etwas schwerere Hantel zu heben. Mit der Zeit sieht der Zyklus wie folgt aus:

1. Isolieren Sie den Muskel oder die Fähigkeit, die Sie entwickeln möchten.
2. Setzen Sie ihn bzw. sie unter Stress.
3. Entspannen und erholen Sie sich, damit eine Anpassung eintreten kann.
4. Wiederholen Sie den Vorgang – und belasten Sie den Muskel oder die Fähigkeit diesmal etwas mehr als beim letzten Mal.

Spitzenathleten nutzen diesen Zyklus voll aus, um ihre Leistungen zu verbessern. Im Mikrozyklus wechseln sie zwischen harten Trainingstagen (Intervalle bis zum Muskelversagen und Eintreten völliger Erschöpfung) und leichten Trainingstagen (langsamer Dauerlauf) ab. Die besten Athleten nehmen ihre Erholung – zum Beispiel die Zeit, die sie auf dem Sofa und im Bett verbringen – genauso wichtig wie ihre Workouts auf der Laufbahn oder im Kraftraum. Im Mesozyklus lassen sie auf einen harten Trainingsmonat oft eine leichte Woche folgen. Sie gestalten ihre Saisons so, dass sie nur an wenigen wichtigen Veranstaltungen teilnehmen, auf die Phasen der physischen und psychischen Regeneration folgen. Die Tage, Wochen, Monate, Jahre und die gesamte Karriere von Spitzensportlern spiegeln den ständigen Wechsel von Stress und Entspannung dar. Wenn man es nicht schafft, das richtige Maß zu finden, riskiert man eine Verletzung oder Burnout (zu viel Stress, zu wenig Entspannung) oder man wird selbstgefällig und erreicht ein Plateau (zu wenig Stress, zu viel Entspannung). Wenn man es aber schafft, das richtige Maß zu finden, hat man die besten Voraussetzungen für eine lange, erfolgreiche Karriere.

Nachhaltige Leistung

Als Deena Kastor 1996 ihren Abschluss an der University of Arkansas machte, war sie eine gute Hochschulsportlerin, die allerdings nie einen größeren Sieg errungen hatte. Sie erhielt zwar mehrere All-American-Auszeichnungen und stand mehrmals auf dem Siegerpodest, aber die US-Hochschulmeisterschaft lag immer knapp – einige Sekunden, um genau zu sein – außer Reichweite. Das hielt Kastor jedoch nicht davon ab, sich voll und ganz dem Laufsport zu verschreiben. Nach ihrem Studium lernte sie den legendären Lauftrainer Joe Vigil kennen, der ihr ein Höhentraining verordnete, das sie zuerst in Alamosa, Colorado, und schließlich in Mammoth Lakes, Kalifornien, absolvierte. Dort trainierte Kastor 2.700 Meter über dem Meeresspiegel, um ein Leistungsniveau zu erreichen, das ihre frühen Erfolge an der Universität um Längen übertraf.

Das Trainingstagebuch, das Kastor zu ihren besten Zeiten führte, lässt sich mit nur einem Wort umschreiben: außergewöhnlich. Ein 38-Kilometer-Lauf auf einer Höhe von 2.000 Metern; mehrere Meilenläufe in einem Tempo, das die meisten Leute für einen 100-Meter-Sprint einschlagen würden; und ihre Lieblingsdisziplin, viermal zwei Meilen im mörderischen Tempo von 5 Minuten pro Meile, alles auf der höchstgelegenen Strecke in Mammoth Lakes. Diese beeindruckenden Workouts machen nur einen kleinen Teil von Kastors Laufpensum aus. Am Ende jeder Woche notierte sie in der rechten unteren Ecke ihres Trainingstagebuchs die »insgesamt gelaufenen Meilen«. Die Zahl betrug fast immer zwischen 110 und 140 Meilen (177 und 225 km). Ein solches Pensum scheint außergewöhnlich hoch zu sein, aber für Kastor war es ganz normal. Und gerade deshalb erzielte sie beeindruckende sportliche Erfolge.

Deena Kastor ist die mit Abstand bekannteste amerikanische Läuferin, und das aus gutem Grund. Sie gewann die olympische Bronzemedaille im Marathon und erreichte bei vielen größeren US-Läufen gute Platzierungen. Sie hält den US-Rekord im Marathon und lief die 42 Kilometer in nur 2:19 Stunden, was einer Geschwindigkeit von 3:20 Minuten pro Kilometer entspricht. Stellen Sie sich vor, Sie müssten einen Kilometer in diesem Tempo zurücklegen, und zwar 42-mal in Folge. Vielleicht noch bemerkenswerter ist der Marathon, den sie im Alter von 42 Jahren bestritt und für den sie 2:27 Stunden benötigte (3:30 Minuten pro Kilometer). Kastor läuft also selbst in der W45-Klasse noch wahnsinnig schnell. Und obwohl sie gelegentlich gegen 10 oder 20 Jahre jüngere Konkurrentinnen verliert, läuft sie immer noch in der vorderen Gruppe mit und liefert sich oft Kopf-an-Kopf-Rennen mit Frauen, die ihre Töchter sein könnten – und die sie regelmäßig schlägt.

Wenn man Kastor fragt, wie sie es schafft, ihr hohes Leistungsniveau über einen dermaßen langen Zeitraum aufrechtzuhalten, erhält man eine Lektion in Sachen Periodisierung. Kastor weist zwar umgehend darauf hin, dass sie ein hartes Training absolviert, erwähnt aber gleichzeitig die anschließende Entspannung: »Die Steigerungen, die ich in den letzten Jahren erzielt habe, sind nicht auf mein Training selbst zurückzuführen, sondern auf die anschließende Erholung«, erklärte sie 2009 der Zeitschrift *Competitor.* »Jedes Workout greift das Weichgewebe an und belastet den Körper enorm. Die Maßnahmen, die man zwischen den Workouts ergreift, bewirken die Fortschritte und den Kraftaufbau, die nötig sind, um das nächste Ziel in Angriff zu nehmen.«

Kastor sagt, dass sie schon früh erkannt hat, dass hartes Training allein nicht ausreicht. Sie bezeichnet ihre Workouts sogar als den einfachen Teil. Was sie von ihrer Konkurrenz abhebt, das geheime Wundermittel, das ihr dabei geholfen hat, in den letzten 25 Jahren so schnell und weit zu laufen, ist ihre Erholung: die 10 bis 12 Stunden Schlaf pro Nacht; ihre gewissenhafte Ernährung; ihre wöchentlichen Massagen und Dehneinheiten. Es sind also die Dinge, die sie tut, wenn sie nicht trainiert, die ihre erstaunlichen Laufleistungen ermöglichen. Stress macht Entspannung erforderlich, und Ent-

Stress macht Entspannung erforderlich, und Entspannung trägt zum Stressabbau bei.

spannung trägt zum Stressabbau bei. Kastor beherrscht die Inputs und weiß genau, wie viel Stress sie verträgt und wie viel Entspannung sie benötigt. Daher ist ihr Output – über viele Jahre hinweg stetige Fortschritte und überragende Leistungen – nicht allzu überraschend.

Die besten Performer folgen dem Zyklus aus Stress und Entspannung

Kastor mag eine Ausnahmeerscheinung sein, aber ihre Geschichte veranschaulicht die Forschungsarbeit Stephen Seilers. Kurz nach seiner Promotion im Fach Physiologie zog Seiler 1996 von den USA nach Norwegen. Als er dort eintraf, fiel ihm etwas auf, das ihn irritierte: Bei Trainingsläufen hielten Skilangläufer, die der Weltelite angehörten, vor einer Steigung an und *gingen* diese hinauf. Seiler stutzte. Warum nahmen einige der weltbesten Ausdauersportler ihr Training dermaßen lax?

Seiler suchte Inge Bråten auf, den Trainer der norwegischen Skilanglauf-Nationalmannschaft, der hinter dem Training von Legenden wie dem achtfachen Olympiasieger Bjørn Dæhlie stand. Er fragte Bråten, ob er sich nur einbildete, dass die Athleten in ihrem Training langsam bergauf gingen, und falls nicht, was es damit auf sich hatte. Bråten erklärte Seiler lapidar, dass die Langläufer erst kürzlich hart trainiert hatten und deswegen an jenem Tag eine leichte Übungseinheit anstand.

Als Seiler das hörte, musste er an ein Paper denken, in dem die Behauptung aufgestellt wurde, dass kenianische Läufer einen Großteil ihres Trainings im Schneckentempo liefen. Als Seiler es noch einmal durchging, las er, dass die Kenianer sehr anstrengende mit sehr leichten Läufen abwechselten. In diesem Augenblick erkannte er, dass die besten Sommer- und Wintersportler der Welt anscheinend ein sehr ähnliches Trainingskonzept verfolgten. Wie es sich für einen guten Wissenschaftler gehört, machte er sich gleich daran, seine Hypothese zu testen.

Seiler untersuchte das Training von Spitzensportlern der unterschiedlichsten Ausdauerdisziplinen, darunter Läufer, Skilangläufer, Schwimmer und Radfahrer. Er stellte fest, dass das Training unabhängig von der Sportart oder der Nationalität ungefähr demselben Ablauf folgte. Die besten Athleten der Welt hielten sich nicht an die Maxime »Ohne Fleiß kein Preis« und absolvierten weder ein hochintensives Intervalltraining (HIIT), wie es in vielen Fitnesszeitschriften propagiert wird noch ein willkürlich zusammengestelltes »Workout des Tages«. Sie wechselten vielmehr systematisch zwischen sehr intensiven Blöcken, leichtem Training und Erholung ab, auch wenn das bedeutete, dass sie einen Hügel *langsam* bergauf gehen mussten. Seiler stellte fest, dass der kontinuierliche Fortschritt und die sportliche Entwicklung von Weltklasse-Athleten die logische Konsequenz aus Stress und Entspannung waren.

Intellektuelle und kreative Entwicklung

Etwa zur selben Zeit, als Seiler die Gemeinsamkeiten internationaler Spitzenathleten analysierte, erforschte ein anderer Wissenschaftler die Gemeinsamkeiten der größten Künstler und Denker der Welt. Dieser Forscher war Mihaly Csikszentmihalyi (ausgesprochen »Tschik-sent-mi-hai«), ein Wegbereiter der positiven Psychologie, der für seine Gedanken über Glück, Sinn und optimale Leistung bekannt geworden ist. Csikszentmihalyi hat den mittlerweile geläufigen Begriff des »Flow« eingeführt, mit dem der Zustand der völligen Vertiefung und selbstvergessenen Ausübung einer Aktivität bezeichnet wird.

Die klügsten Köpfe verbringen ihre Zeit entweder damit, ihrer Aktivität mit wilder Intensität nachzugehen oder sich vollständig zu regenerieren und zu erholen.

Weniger bekannt als seine Arbeit über den Flow, aber genauso aufschlussreich, ist seine Untersuchung der Kreativität. Csikszentmihalyi führte über 50 Jahre hinweg Hunderte von Interviews mit Genies, die ihr Tätigkeitsfeld grundlegend verändert haben. Er sprach mit Erfindern, Künstlern und Pulitzer-Preisträgern. So wie Seiler feststellte, dass die besten Ausdauersportler der Welt dazu neigen, sehr ähnlichen Trainingsgrundsätzen zu folgen, stellte Csikszentmihalyi fest, dass dasselbe auf kreative Genies zutraf: Die klügsten Köpfe verbringen ihre Zeit entweder damit, ihrer Aktivität mit wilder Intensität nachzugehen oder sich vollständig zu regenerieren und zu erholen. Dieser Ansatz, so entdeckte er, verhindert nicht nur ein kreatives Burnout und kognitive Erschöpfung, sondern führt auch zu neuen Ideen und Entdeckungen (wir befassen uns in Kapitel 4 ausführlicher damit, warum das der Fall ist). Csikszentmihalyi dokumentierte einen Prozess, der fachübergreifend bei fast allen großen intellektuellen und kreativen Performern auf gleiche Weise abläuft:

1. Vorbereitung: intensive Auseinandersetzung mit ihrer Arbeit bei hoher, nicht nachlassender Konzentration
2. Reifung: eine Phase der Entspannung und Erholung, in der sie nicht an ihre Arbeit denken
3. Einsicht: das Auftreten eines »Aha«- oder »Heureka«-Erlebnis – das Aufkommen neuer Ideen und Denkansätze

Kommt Ihnen dieser Ablauf bekannt vor? Die Maßnahmen, die intellektuelle und kreative Genies ergreifen, um sich geistig weiterzuentwickeln, ähneln der Periodisierung, die Spitzensportler anwenden, um sich körperlich weiterzuentwickeln. Vielleicht ähneln sich Muskeln und Geist doch mehr, als wir denken. Unserem Geist geht es wie den Muskeln – auch er kann müde und antriebslos werden.

PRAXISTIPPS

- Wechseln Sie bei Ihren wichtigsten Aktivitäten zwischen Stress und Entspannung ab.
- Machen Sie im Laufe des Tages kurze Arbeitspausen.
- Legen Sie »freie Tage«, lange Wochenenden und Urlaube strategisch so, dass sie auf hohen Stress folgen.
- Finden Sie heraus, wann Ihre Arbeit üblicherweise nachlässt. Wenn Sie diesen Punkt finden, legen Sie kurz vorher eine Pause ein.

Der mentale Muskel

Mitte der 1990er-Jahre revolutionierte der Sozialpsychologe Dr. Roy Baumeister, der damals an der Case Western Reserve University lehrte, unsere Sichtweise auf den menschlichen Geist und sein Leistungsvermögen. Baumeister wollte das allseits bekannte Problem ergründen, warum wir uns mental »müde« fühlen, nachdem wir uns mit einer komplexen Fragestellung befasst haben. Oder warum wir während einer Diät wesentlich wahrscheinlicher im Laufe des Abends kulinarischen Versuchungen erliegen, obwohl wir ihnen tagsüber noch widerstehen konnten. Baumeister wollte also verstehen, weshalb unsere Geisteskraft und Willensstärke nachlassen.

Als Baumeister sich daran setzte, dieses Rätsel zu lösen, benötigte er nicht die neueste und ausgefeilteste Hirnscan-Technologie. Einige Kekse und Radieschen reichten völlig aus.

In einem einfachen und doch sehr raffinierten Experiment baten Baumeister und seine Kollegen 67 Erwachsene in einen Raum, in dem es nach Schokoladenkeksen duftete. Nachdem die Teilnehmer Platz genommen hatten, wurden die frisch gebackenen Kekse hereingebracht. Als den Testpersonen das Wasser im Mund zusammenlief, wurde es spannend: Die eine Hälfte der Studienteilnehmer durfte die Kekse essen, die andere Hälfte hingegen nicht. Um die Situation zu verschärfen, bekam die zweite Gruppe Radieschen vorgesetzt, von denen sie sich bedienen konnten. Wie Sie sich vorstellen können, fiel den Keksessern der erste Teil des Experiments sehr leicht. Sie ließen sich das süße Gebäck schmecken. Die Radieschenesser hingegen taten sich schwer. »Sie [die Radieschenesser] zeigten ein eindeutiges Interesse an den Keksen, was sogar so weit ging, dass sie sehnsüchtig den Teller betrachteten und teilweise sogar die Kekse in die Hand nahmen, um an ihnen zu riechen«, schreibt Baumeister. Es war nicht einfach, den Keksen zu widerstehen.

Diese Feststellung scheint nicht gerade bahnbrechend zu sein. Natürlich fällt es schwer, frischen, duftenden Keksen zu widerstehen! Aber im zweiten Teil des Experiments wurde die Sache interessanter, weil sich die Radieschenesser weiterhin plagten. Nachdem beide Gruppen aufgehört hatten, die Kekse bzw. Radieschen zu essen, wurden alle Teilnehmer dazu aufgefordert, ein scheinbar lösbares Problem zu lösen, das tatsächlich aber unlösbar war. (Das Experiment war zugegebenermaßen grausam, vor allem für die Radieschengruppe.) Im Durchschnitt hielten die Radieschenesser etwas länger als 8 Minuten durch und unternahmen 19 Anläufe, um das Problem zu lösen. Die Keksesser hielten hingegen 20 Minuten durch und gaben erst nach 33 Versuchen auf. Wie lässt sich dieser große Unterschied erklären?

Weil die Radieschenesser ihren »mentalen Muskel« bzw. ihre Willenskraft durch den Verzicht auf die Kekse erschöpft hatten, die Keksesser aber nicht – sie hatten ihre »Reserven« noch nicht angegriffen und für die Lösung des Problems daher mehr Energie zur Verfügung.

Baumeister führte zahlreiche Variationen dieser Studie durch und kam jedes Mal auf dasselbe Ergebnis. Die Subjekte, die dazu gezwungen waren, ihren mentalen Muskel anzustrengen – um Keksen zu widerstehen, ein schweres Rätsel zu lösen oder schwere Entscheidungen zu treffen –, schnitten bei einer anschließenden Aufgabe, die ebenfalls mentale Energie kostete, schlechter ab als die Mitglieder einer Kontrollgruppe, die zuerst eine einfache Aufgabe erhielten (zum Beispiel frische Kekse essen).

Keksen widerstehen ist ein gefährliches Spiel

Es scheint, als hätten wir für alle Handlungen, die die Kognition und Selbstbeherrschung betreffen, einen einzigen »Vorrat« an Geisteskraft. Wenn man dazu aufgefordert wird, seine Gefühle unter Stress zu unterdrücken – beispielsweise indem man beim Betrachten eines Films seine Entrüstung oder sein Mitgefühl nicht zum Ausdruck bringen darf –, wird man anschließend bei einer Vielzahl unverwandter Aufgaben Probleme bekommen und sich beispielsweise sehr schwertun, Süßigkeiten zu widerstehen oder Informationen im Arbeitsgedächtnis abzuspeichern. Doch es gibt noch mehr Konsequenzen. Selbst körperliche Herausforderungen (zum Beispiel die Ausführung einer Übung wie der »Hocke an der Wand«) können darunter leiden, dass der mentale Muskel

Wir haben für alle Handlungen, die die Kognition und Selbstbeherrschung betreffen, einen einzigen »Vorrat« an Geisteskraft.

zuvor erschöpft worden ist. Die Forschung hat gezeigt, dass die körperliche Leistungsfähigkeit durch geistige Erschöpfung beeinträchtigt wird, obwohl die betreffende Person physisch erholt ist. Oder anders ausgedrückt: Die Grenzen zwischen physischer und psychischer Erschöpfung sind fließend und nicht annähernd so definiert wie wir annehmen.

In einer Studie mit dem hintersinnigen Titel »Hungry for Love: The Influence of Self-Regulation on Infidelity« (»Hunger nach Liebe: Der Einfluss der Selbstregulation auf Untreue«) interagierten 32 College-Studenten, die in einer festen Beziehung waren, über einen Chatroom mit einer andersgeschlechtlichen Person (das heißt einem Forscher, der den Lockvogel spielte). Vor diesem Chat war die eine Hälfte der Testpersonen gezwungen worden, frisch gebackenen Schokoladenkeksen zu widerstehen, während sich die andere Hälfte davon bedienen konnte. Wie Sie sich vielleicht vorstellen können, gaben die Probanden, die keine Kekse essen durften, der anderen Person ihre Telefonnummer viel bereitwilliger und ließen sich sogar auf eine Verabredung zum Kaffeetrinken ein. Die Autoren der Studie kamen zu dem Schluss, dass »eine geschwächte Selbstkontrolle ein möglicher Grund für die Zunahme von Seitensprüngen ist, die heutzutage in festen Beziehungen begangen werden«. Sie sollten es sich also zweimal überlegen, ob sie Ihren Partner oder Ihre Partnerin dazu bewegen wollen, das eine oder andere Pfund abzunehmen. (Aber das wussten Sie wahrscheinlich ohnehin.)

Ein Blick in Ihr müdes Gehirn

Wissenschaftler sind vor einiger Zeit davon abgerückt, das Konzept des mentalen Muskels nur mithilfe von Keksen und Radieschen zu untersuchen, und verwenden dafür mittlerweile moderne bildgebende Verfahren. Was sie herausfanden, war ziemlich faszinierend. Sie führten an Personen mit einem erschöpften mentalen Muskel eine fMRT-Untersuchung durch (die zeigt, was im Gehirn passiert) und stellten fest, dass ein müdes Gehirn auf besondere Weise arbeitet. Wenn der Testperson ein als ansprechend empfundenes Bild gezeigt wurde, beispielsweise ein saftiger Cheeseburger, oder sie darum gebeten wurde, ein schwierigeres Problem zu lösen, ließ sich eine erhöhte Aktivität in Hirnbereichen feststellen, die mit emotionalen Reaktionen in Verbindung stehen (speziell die Amygdala und der orbitofrontale Cortex), während die Aktivität im präfrontalen Cortex nachließ, der für rationales Denken zuständig ist. Andere Experimente zeigten, dass die Aktivität im präfrontalen Cortex vollständig zum Erliegen kam, wenn sich die Testperson in Selbstbeherrschung üben musste. Es ist also kein Wunder, dass es uns in geistig erschöpftem Zustand schwerfällt, komplexe Probleme zu lösen und willensstark zu bleiben, und wir uns lieber Zeichentrickfilme ansehen und Kekse naschen.

So wie Ihre Arme nach einem anstrengenden Hanteltraining bleischwer sind, wird auch Ihr Geist nicht gut funktionieren, wenn Sie ihn überanstrengt haben – um einer Versuchung zu widerstehen, schwierige Entscheidungen zu treffen oder herausfordernde kognitive Aufgaben zu lösen. Diese Erschöpfung kann dazu führen, dass Sie Kekse essen, die Lust an einem Denkspiel verlieren oder eine körperliche Herausforderung vorzeitig abbrechen. Im schlimmsten Fall betrügen Sie vielleicht sogar Ihren Partner oder Ihre Partnerin.

Die gute Nachricht ist, dass Ihr Geist – so wie Ihr Körper – stärker wird, wenn Sie ihn Stress aussetzen und ihm anschließend Zeit geben, sich von der Belastung zu erholen. Wissenschaftler haben festgestellt, dass wir immer besser darin werden, Versuchungen zu widerstehen, intensiv nachzudenken oder uns zu konzentrieren, je mehr wir uns darin üben. Ein neuer Forschungsansatz geht davon aus, dass vor allem die Willenskraft nicht so eingeschränkt ist wie Wissenschaftler einst annahmen, und schlägt vor, dass wir durch die erfolgreiche Umsetzung kleinerer produktiver Änderungen die Kraft für größere Aufgaben aufbauen können. In jedem Fall gilt: ob es nun an der Willenskraft, Ego-Depletion oder einem anderen Mechanismus liegt, wir können unseren Geist nicht dauerhaft (und effektiv) nutzen, ohne früher oder später müde zu werden. Und wir können uns keinen größeren geistigen Herausforderungen stellen, ohne unsere Kraft zuerst durch die erfolgreiche Überwindung kleinerer Hürden zu entwickeln. Alles das führt uns zu unserem Ausgangspunkt zurück: Stress + Entspannung = Wachstum.

PRAXISTIPPS

- »Stress ist Stress«: Erschöpfung, die sich bei der Ausübung einer Aufgabe einstellt, überträgt sich auf die nächste Aufgabe, auch wenn diese nichts mit der vorigen zu tun hat.
- Nehmen Sie sich immer nur einige wenige Herausforderungen auf einmal vor. Sonst geht Ihnen die Energie aus.
- Sorgen Sie dafür, dass Ihre Umgebung Ihren Zielen dienlich ist und diese unterstützt. Das ist vor allem wichtig, wenn Sie wissen, dass Sie müde sein werden. Es ist erstaunlich, wie sehr sich unsere Umgebung auf unser Verhalten auswirkt, vor allem wenn wir erschöpft sind.

Der Rhythmus von Stress und Entspannung

In den nächsten vier Kapiteln gehen wir ausführlicher auf die beiden Komponenten der Wachstumsgleichung ein (Stress und Entspannung). Sie werden die besten Methoden kennenlernen, um Ihre körperlichen und mentalen Muskeln zu stärken, damit Sie Ihre Leistung im Laufe des Tages, aber auch über Monate, Jahre und Ihr ganzes Leben hinweg steigern können. Um die Allgemeingültigkeit des Wechsels von Stress und Entspannung zu veranschaulichen, möchten wir dieses Kapitel mit der erstaunlichen Geschichte einer Person abschließen, die diese goldene Regel anwendete, um *physische* und *psychische* Spitzenleistungen zu erzielen.

Joshua Waitzkin war sechs Jahre alt, als er mit Schach in Berührung kam. Eigentlich wollte er im Washington Square Park in New York City auf den Spielplatz, aber als er dort eintraf, war er fasziniert von den rasanten Schachspielen, mit denen sich die Erwachsenen maßen. Das Schachbrett und die Figuren, die sich darauf bewegten, waren eine Welt im Kleinformat, die Waitzkin bald kennenlernen und erobern würde.

Waitzkin lernte das Schachspielen nicht über Nacht, aber fast. Zunächst war der Junge für die wesentlich älteren Spieler nur eine Kuriosität, aber es dauerte nicht lange, bis er sie schlug. Mit acht Jahren war Waitzkin ein guter

Schachspieler, der regelmäßig Spieler besiegte, die fünfmal so alt waren wie er. Jeder, der die Josh-Waitzkin-Show miterlebte, bemerkte sein Talent und seine Leidenschaft für das Spiel. Die Nachricht verbreitete sich schnell, und so meldeten sich schon bald einige der besten Schachmeister der Welt, die sich als Trainer und Mentoren zur Verfügung stellten.

Ab seinem neunten Lebensjahr fegte Waitzkin wie ein Sturm durch die US-amerikanische Schachszene und gewann mehrere Jugend-Meisterschaften. Mit 13 Jahren erhielt er als einer der jüngsten Schachspieler aller Zeiten den Titel des Nationalen Meisters. Mit 16 Jahren war Waitzkin ein Internationaler Meister. Im selben Jahr wurde er US-Junior-Co-Champion – eine besonders beeindruckende Leistung angesichts der Tatsache, dass bei dieser Meisterschaft Spieler mit einem Höchstalter von 21 Jahren zugelassen sind. Im folgenden Jahr gewann er die Veranstaltung konkurrenzlos.

Etwa zur selben Zeit veröffentlichte Paramount Pictures den Film *Das Königsspiel* (*Searching for Bobby Fischer*), in der Waitzkins Aufstieg in die Weltelite des Schachsports dargestellt wird. Der Film zeigt, was passiert, wenn großes Talent auf große Leidenschaft und hartes, kluges Training trifft. Es ist gut, dass Waitzkin das Klettergerüst am Washington Square Park nicht so interessant fand, weil er sonst vielleicht niemals ein Superstar der internationalen Schachszene geworden wäre.

Nur einige Jahre später, mit Anfang 20, begann sich Waitzkin wie so viele junge Erwachsene mit anderen Dingen zu beschäftigen. Er setzte sich intensiv mit Meditation und fernöstlicher Philosophie auseinander. Diese neuen Interessen führten schließlich dazu, dass er mit der chinesischen Kampfkunst Tai-Chi anfing. Obwohl er sich zu diesem Sport hingezogen fühlte und sich um des Sports willen damit befasste, war er zugleich froh, nicht mehr im Rampenlicht zu stehen. Diese Phase des Rückzugs hielt aber nicht lange an.

Wie im Schach kämpfte sich Waitzkin schon bald an die Weltspitze. Zum zweiten Mal in seinem Leben verbreitete sich schnell, dass dieser junge Mann großes Talent und Leidenschaft besaß. Die besten Tai-Chi-Lehrer der Welt wurden auf ihn aufmerksam, die ihn daraufhin als Trainer und Mentoren betreuten. Schon in seinen ersten Jahren gewann er zahlreiche US-Meisterschaften. Vor seinem 30. Lebensjahr war Waitzkin Weltmeister im Push-Hands mit festem Stand und freier Schrittfolge, den beiden Hauptdisziplinen des wettkampforientierten Tai-Chi.

Waitzkin besitzt zweifellos ein angeborenes Talent; es wäre töricht anzunehmen, dass seine genetische Veranlagung in keiner Weise zu seinen Leistungen beigetragen hat. Aber es ist schwer vorstellbar, dass er die beste DNA für einfach alles hat. Wie er in seinem wunderbaren Buch *The Art of Learning* erklärt, ist es eher sein Ansatz, um dieses natürliche Talent und seinen Ehrgeiz zu kultivieren – seine innewohnenden Stärken zu fördern –, der ihn an die Spitze zweier scheinbar völlig unterschiedlicher Disziplinen katapultiert hat. Waitzkin schreibt einen Großteil seines Erfolgs im Schach und Tai-Chi dem Wechsel von Stress und Entspannung zu:

> *Mehr als einmal stand ich nach vier oder fünf Stunden intensivem Schachspiel auf, um den Saal zu verlassen und fünfzig Meter zu sprinten oder im Treppenhaus sechs Stockwerke hinaufzurennen. Dann kehrte ich zurück, wusch mir das Gesicht und fühlte mich wieder frisch. Bis heute dreht sich praktisch jedes Element meines körperlichen Trainings in irgendeiner Form um Stress und Entspannung … wenn Sie wirklich besser werden wollen, würde ich Ihnen raten, in allen Lebensbereichen dem Rhythmus von Stress und Entspannung zu folgen.*

2

EINE NEUE SICHTWEISE AUF STRESS

1934 versuchte ein 28-jähriger Endokrinologe und Assistenzprofessor für Medizin, der am Institut für Biochemie an der McGill University tätig war, ein neues Hormon zu entdecken. Er hieß Hans Selye und hatte Grund zu der Annahme, gute Fortschritte zu machen. Als er Ratten ein Ovarienextrakt injizierte, um Veränderungen auszulösen, die sich nur durch ein unentdecktes Sexualhormon erklären ließen, zeigten die Tiere eine einzigartige physiologische Reaktion. Bei ihnen vergrößerte sich die Nebennierenrinde und das Immunsystem wurde aktiviert. Je mehr Extrakt er injizierte, umso stärker wurde die Reaktion. Selye war sich sicher, dass ein Sexualhormon für diese physiologischen Veränderungen verantwortlich war. Er war euphorisch. »Im Alter von 28 Jahren schien ich bereits einem neuen Hormon auf der Spur zu sein«, schrieb er in seinen Aufzeichnungen.

Selyes Enthusiasmus ließ allerdings schnell nach, als er dieselbe Reaktion beobachtete, nachdem er Ratten völlig andere Flüssigkeiten injiziert hatte, die nichts mit dem reproduktiven System zu tun hatten. Selbst eine einfache Kochsalzlösung bewirkte dieselbe Reaktion. Seine Euphorie wandelte sich in Bestürzung: »Alle meine Träume von der Entdeckung eines neuen Hormons waren zerstört. Der gesamte Zeit- und Materialaufwand dieser langen Studie waren eine reine Verschwendung gewesen. Ich wurde so depressiv, dass ich einige Tage nicht arbeiten konnte. Ich saß nur im Labor und brütete vor mich hin.« Obwohl er es damals noch nicht wusste, sollte sich Selyes anhaltendes Grübeln als Segen herausstellen.

Als Selye weiter über seine Experimente nachdachte, kam ihm nach einer Weile in den Sinn, dass er das, was er beobachtet hatte, vielleicht aus einer völlig anderen Perspektive betrachten sollte: Vielleicht war es nicht die injizierte Flüssigkeit, die die Reaktion verursachte. Vielleicht war das durch die Injektion verursachte Trauma dafür verantwortlich. Selye unternahm daher einen neuen Anlauf und fing an, Ratten systematisch zu traumatisieren. Er verabreichte ihnen Injektionen, versetzte sie in einen Schockzustand, operierte sie und probierte viele weitere (zugegebenermaßen sehr unschöne) Dinge an ihnen aus. Bei jeder neuen Maßnahme beobachtete er dieselbe Reaktion: Das Nebennieren- und Immunsystem der Ratten wurde aktiv. Die Ratten bereiteten sich nicht auf eine Paarung vor. Sie bereiteten sich auf einen Kampf vor.

Selyes Traum von der Entdeckung eines neuen Hormons war zwar geplatzt, aber sein Trostpreis war stattlich. Er war quasi per Zufall auf ein Konzept gestoßen, das sich zu den größten Problemen der modernen Gesellschaft entwickeln würde: Stress. Indem er etwas tat, das die Ratten in Schock versetzte oder ihnen Schmerzen oder Unbehagen bereitete, konnte er eine angeborene Stressreaktion auslösen, die – wie wir heute wissen – nahezu allen lebenden Organismen gemeinsam ist.

Die Dosis macht das Gift

Selye und seine Nachfolger, die ihre Forschung auf seiner Arbeit aufbauten, fingen an, Menschen unter Stress zu setzen, und beobachteten dasselbe Phänomen, dass zuvor an den Ratten festgestellt werden konnte. Aber sie bemerkten noch etwas anderes. Im Laufe der Zeit schienen sich die Menschen und die Ratten an den Stressor zu gewöhnen, dem sie ausgesetzt wurden, wodurch sich ihre Widerstandsfähigkeit erhöhte. Gewisse Stressoren lösten sogar positive Wirkungen aus und stärkten den spezifischen Körperbereich, der unter Belastung stand. Die Wissenschaftler lernten, dass Stress nicht nur schädlich ist; er kann auch ein Stimulus für Wachstum und Anpassung sein.

Wir wissen jetzt, dass unsere adaptive Stressreaktion auf bestimmte Moleküle, die sogenannten Entzündungsproteine, und das Hormon Cortisol zurückzuführen ist. Entzündungsproteine und Cortisol werden durch Stress aktiviert und dienen als biologische Botenstoffe, die dem Körper sagen: »Wir können diesem Angriff nicht standhalten!« Infolgedessen setzt der Körper eine Flut von biochemischen Bausteinen in Bewegung und leitet sie in den betroffenen Bereich, um den Körper stärker und widerstandsfähiger zu machen. Das ist die erstaunliche, vorprogrammierte Maßnahme des Körpers, um auf künftige Bedrohungen besser vorbereitet zu sein.

Stress ist nicht nur schädlich; er kann auch ein Stimulus für Wachstum und Anpassung sein.

Die Kräftigung eines Muskels wie des Bizeps ist ein anschauliches Beispiel für die positive Wirkung, die Stress auf den Körper haben kann. Das Stemmen einer schweren Hantel bis zur Erschöpfung verursacht im Muskelgewebe kleinste Risse und löst eine Stressreaktion aus. Der Körper merkt, dass er im Moment nicht stark genug ist, um dem einwirkenden Stress standzuhalten. Sobald wir das Krafttraining beendet haben, schaltet der Körper in den sogenannten anabolen Zustand, in dem der Muskel aufgebaut wird, damit er in Zukunft mehr Stress aushalten kann. Dieser Prozess ist bei praktisch allen Formen körperlicher Belastung gleich – ob es sich dabei um Gewichtheben, Laufen, Rudern oder ein hartes CrossFit-Workout handelt.

Wenn der Stress aber zu groß ist oder zu lange anhält, schafft es der Körper nicht, sich anzupassen. Er wird dann nicht stärker, sondern baut vielmehr ab. Selye nannte dies die »Erschöpfungsphase«. Heute wird die Erschöpfungsphase auch als »chronischer Stress« bezeichnet. Der Körper rebelliert und gerät in einen katabolen Zustand, der sich durch einen kontinuierlichen Abbau auszeichnet. Es werden dann keine Signale gesendet, die Reparaturprozesse einleiten, sondern der Entzündungszustand und das Cortisol bleiben auf einem bedrohlich hohen Niveau. Das Nebennierensystem, das in ständiger Alarmbereitschaft ist, wird überfordert und erschöpft sich. Deswegen ist es nicht weiter verwunderlich, dass chronischer Stress zu einer Vielzahl gesundheitlicher Probleme führt: Der Körper kann als großes Ganzes nur ein gewisses Maß an Druck ertragen, bis er schließlich daran zerbricht.

Wenn man alle diese Aspekte zusammennimmt, ergibt sich ein Paradoxon. Stress kann positiv sein und viele positive körperliche Anpassungen bewirken; er kann aber auch negativ sein und schwere gesundheitliche Schäden und Verletzungen hervorrufen. Die Wirkung von Stress hängt fast vollständig von seiner Dosis ab. Sofern die richtige Dosis angewendet wird, bewirkt Stress weit mehr als die Stimulation physischer Anpassungen. Es stimuliert auch psychische Anpassungen.

Die Wirkung von Stress hängt fast vollständig von seiner Dosis ab.

Kompetenz entsteht durch Konflikt

Als Josh Waitzkin, der im letzten Kapitel vorgestellte Schachgenius und Tai-Chi-Weltmeister, über seine Entwicklung als Spitzenperformer nachdachte, kam ihm ein interessanter Gedanke: Wachstum tritt am Punkt des Widerstands ein; wir lernen, indem wir an die Grenzen unserer gegenwärtigen Fähigkeiten stoßen.

Obwohl es so klingt, als würde sich Waitzkin dabei auf ein hartes Kampfsport-Workout beziehen, ist das nicht der Fall. Waitzkin bezieht sich auf das, was er tat, um ein Meister im Schach zu werden. Lange bevor er überhaupt wusste, was Tai-Chi war, belastete Waitzkin in seinen Schachübungsspielen *seinen Verstand* bis zur völligen Erschöpfung. Es gibt zwar zahlreiche Bücher darüber, wie man die Prinzipien des sportlichen Trainings auf andere Bereiche anwenden kann, aber Waitzkin tat genau das Gegenteil. Er nahm den Ansatz, mit der er die Schachweltmeisterschaft gewann, und wendete ihn an, um Tai-Chi-Weltmeister zu werden. Indem er die Spielzüge und die ihnen zugrunde liegende Struktur analysierte, trainierte Waitzkin zwar »nur« seinen Geist, aber auch das stellte eine Form von Stress dar. Damit ein Wachstum möglich war, musste er den Punkt des Widerstands überwinden. Obwohl Waitzkin diese Erkenntnis vor über zwanzig Jahren gewann, ist die Forschung erst jetzt in der Lage zu erklären, warum seine Methode funktioniert.

Die Lehrer an der staatlichen Highschool in Oakland County, Michigan, kämpfen mit denselben Problemen, die es an allen Schulen in den USA gibt: Die Klassen sind viel zu groß; die Schüler lassen sich ständig durch mobile Endgeräte ablenken; und natürlich fehlt das Geld an allen Ecken und Enden. Aber mehr als alles andere stört die Lehrer der offizielle Lehrplan, an den sie sich halten müssen. Auch wenn der Lehrplan mit den besten Absichten ausgearbeitet wurde (er soll im ganzen Land in jeder Jahrgangsstufe einen gewissen Bildungsstandard gewährleisten), waren seine Ergebnisse in Oakland County eher bescheiden. Als wir die Schule vor einer Weile besuchten, hörten wir die folgenden Kritikpunkte:*

- »Ich verstehe ja, was das Bildungsministerium mit der Festlegung von Bildungsstandards zu erreichen versucht, aber das Ergebnis ist ein mechanischer Unterrichtsansatz. Wir sind gezwungen, uns nach dem Lehrplan zu richten und nicht nach den Schülern.« (Physiklehrer der 11. Klasse)
- »Er [der Lehrplan] saugt die Kreativität aus dem Klassenzimmer, weil er uns dazu zwingt, mit bestimmten Tests den Wissensstand der Schüler abzufragen.« (Englischlehrerin der 9. Klasse)
- »Ich finde ihn furchtbar. Durch den Lehrplan wird den Schülern der Lernstoff »aufgezwungen«. Das ist vor allem für die klügsten Kinder schlecht, weil wir nicht die Freiheit haben, sie zu fordern und zu fördern. Der ganze Unterricht ist sehr eng abgesteckt.« (Wirtschaftslehrer der 10. Klasse)

Diese Kritik ist durchaus gerechtfertigt. Die Einübung spezifischer, abrufbarer Fakten als Vorbereitung für vorgegebene, standardisierte Tests trägt nicht zur Verbesserung der Lernfähigkeit bei. Stattdessen gibt es wissenschaftliche Belege dafür, dass Lernen ein freies, spielerisches Erkunden erfordert, das den Schülern die Möglichkeit gibt, ihre individuellen Grenzen auszuloten. In einer Reihe von Studien, an der Klassen der Mittel- und Oberstufe

* Um die Anonymität der Lehrer zu gewährleisten, wurden die Angaben zu den Jahrgangsstufen und Schulfächern geändert.

teilnahmen, schnitten Schüler, die im Mathematikunterricht komplizierte Aufgaben zunächst alleine lösen sollten, bevor sie von den Lehrern Hilfestellung erhielten, besser ab als Schüler, denen sofort geholfen wurde. Die Autoren dieser Studien brachten ihre Erkenntnisse auf einen einfachen, aber prägnanten Nenner: Kompetenz entsteht durch Konflikt.

Eine andere Studie mit dem Titel »Why do Only Some Events Cause Learning During Human Tutoring?« kam zu der Schlussfolgerung, dass die Antwort ziemlich naheliegend war: weil die meisten Tutoren vorschnell sind und die Antworten zu früh geben. Bei der Prüfung verschiedener Nachhilfekonzepte für Physikstudenten entdeckten die Forscher, dass »ungeachtet der verwendeten Erklärungen der Tutoren in der Regel nur dann ein Lernprozess stattfand, wenn die Studenten alleine nicht mehr weiterkamen«. Die wirksamsten Nachhilfekonzepte hatten eins gemeinsam: Die Tutoren gaben erst dann einen Tipp, wenn die Studenten mit ihrem Wissen am Ende waren. Wachstum findet am Punkt des Widerstands statt. Kompetenz entsteht durch Konflikt.

Wachstum findet am Punkt des Widerstands statt. Kompetenz entsteht durch Konflikt.

Dasselbe gilt für den Sport. Ob nun ein Läufer versucht, seine Zeit zu verbessern, ein Basketballspieler an einer neuen Bewegung arbeitet oder ein Surfer eine besonders große Welle reiten will – die größten Fortschritte stellen sich oft nach einer intensiven, als unangenehm empfundenen Auseinandersetzung mit bestehenden Defiziten ein.

Nic Lamb zählt zu den besten Big-Wave-Surfern der Welt. Er reitet Wellen, die so hoch sind wie vierstöckige Gebäude. Obwohl seine Leistungen im Wasser beinahe magisch wirken, beruhen sie auf einem akribischen Trainingsansatz und einer unerschütterlichen positiven Einstellung, die er tagein, tagaus kultiviert. Als Brad für die Zeitschrift *Outside* ein Interview mit Lamb führte, wollte er vor allem wissen, wie Lamb sich auf seine schwersten Wellengänge vorbereitet. Lambs Geheimnis besteht darin, sich zu fordern und an seine Grenzen zu gehen. »Im Training suche ich mir Wellen aus, die mir Angst machen, und versuche, sie zu reiten«, antwortete Lamb. »Nur wenn man seine Komfortzone verlässt, wächst man. Man muss sich Situationen aussetzen, die man als unangenehm empfindet – nur so entwickelt man sich weiter und wird besser. Es ist das genaue Gegenteil von Selbstgefälligkeit.«

Lamb stellt sich gern Herausforderungen und betrachtet ein Scheitern nicht als Rückschlag, sondern als Gelegenheit, um daran zu wachsen. »Wenn ich den Bogen nie überspannt hätte, wenn ich nie gekämpft hätte, wäre ich auch nie besser geworden«, erklärte er. Die Zeiten, in denen Lamb besonders stark gefordert wird oder scheitert, sind oft seine wertvollsten Lektionen. Sie offenbaren sowohl körperliche als auch psychische Defizite und zeigen, in welchen Bereichen er sich verbessern kann. Sie fordern ihn nicht nur physisch, sondern auch psychisch, weil er eine Lösung für sein Problem finden muss. Und sie legen die Messlatte ein Stück höher, weil Lamb weiß, wie viel Spielraum nach oben er noch hat.

Waitzkin, erfolgreiche Studenten und Lamb üben das, was als sogenanntes »produktives Scheitern« bezeichnet wird. Es herrscht ein breiter wissenschaftlicher Konsens darüber, dass wir durch diese Art von Scheitern am intensivsten lernen. Statt eine bestimmte Frage zu beantworten, ist es besser, herausgefordert zu werden und einen Fehler zu riskieren. Scheitern bietet die Gelegenheit, ein Problem aus verschiedenen Blickwinkeln zu analysieren, uns mit seiner zugrunde liegenden Struktur auseinanderzusetzen und die Fähigkeit des Problemlösens zu schärfen, die uns in allen Lebensbereichen gute Dienste leistet. Natürlich kann es sehr befriedigend sein, sofort Unterstützung zu erhalten. Aber wenn wir diesem Impuls nachgeben, entgeht uns eine besonders effektive Form des Lernens, die nur durch Konflikt möglich wird.

Lernen und das System 2

Der Psychologe und Nobelpreisträger Dr. Daniel Kahneman vertritt die Auffassung, dass es zwei Arten von Denken gibt: System 1 und System 2. System 1 arbeitet automatisch und schnell. Es wird oft durch Instinkt und Intuition gesteuert. System 2 schaltet sich hingegen ein, wenn eine Aktivität mehr Überlegung und Analyse erfordert. Normalerweise nutzen wir System 1, weil es weniger Energie beansprucht. Wenn wir auf Autopilot sind, arbeitet System 1, und unser gegenwärtig als wahr befundenes Weltbild wird unhinterfragt übernommen. Doch nur wenn wir System 2 aktivieren, indem wir hart arbeiten und uns anstrengen, um den Dingen auf den Grund zu gehen, haben wir eine Chance, neue Informationen kritisch zu hinterfragen und sie in unser bestehendes Wissensnetz einzubauen. Für ein echtes Lernen ist also System 2 nötig.

Um zu verstehen, warum das Lernen im System 2 eine solche Herausforderung ist, müssen wir einen tiefen Blick in unser Gehirn werfen. Unser eigentliches Wissensnetz besteht aus Gehirnzellen, den sogenannten Neuronen, die durch Axone miteinander verbunden sind, die wie kleine elektrische Kabel sind. Wenn wir etwas Neues lernen, wird über diese Axone ein elektrisches Signal von Neuron zu Neuron übertragen. Zuerst sind die Verbindungen schwach (sowohl bildlich gesprochen als auch im wörtlichen Sinn) und wir tun uns mit einer neuen Fähigkeit schwer, beispielsweise der korrekten Anwendung einer Grammatikregel oder dem Dribbeln mit der nichtdominanten Hand. Wenn wir nachgeben und uns nicht weiter bemühen, schaltet sich System 1 ein. Wir greifen auf die bereits starken Verbindungen in unserem Gehirn zurück und verwenden weiterhin Adjektive statt Adverbien oder dribbeln mit der rechten statt mit der linken Hand, wenn wir Rechtshänder sind. Aber wenn wir dem Druck standhalten, beharrlich bleiben und an der neuen Fähigkeit arbeiten, werden die Verbindungen zwischen den Neuronen stärker. Das ist unter anderem auf eine Substanz namens Myelin zurückzuführen. Myelin ist wie eine Isolierung, die unsere Axone umhüllt. Wenn wir uns länger mit einer Sache auseinandersetzen, bildet sich mehr Myelin, das für eine schnellere Signalübertragung zwischen den Neuronen sorgt. Mit anderen Worten: Die Verbindungen in unserem Gehirn werden stärker. Mit der Zeit fallen uns die Dinge, die uns früher Probleme bereitet haben, leicht von der Hand.

Wenn wir beharrlich bleiben und weiterlernen, wird das, was früher einmal eine gewaltige Herausforderung für das System 2 war, eine einfache Aufgabe, um die sich das System 1 kümmert. Fragen Sie nur einmal einen Basketballspieler, der gelernt hat, mit seiner nichtdominanten Hand zu dribbeln. Oder fragen Sie sich selbst: Was ist die Summe aus 3 + 2? Oder 6 × 4? Denken Sie nur einmal zurück. Es war nicht immer einfach, diese Fragen zu beantworten.

Das soll nicht heißen, dass man automatisch effektiv lernt, nur weil man sich dabei abmüht. Es bedeutet allerdings, dass das beste Lernen eintritt, wenn wir wirklich etwas dafür tun müssen. So wie man sich im Kraftraum zur allerletzten, anstrengenden Wiederholung überwinden muss, um ein Muskelwachstum anzuregen, kann man seinen Geist zum Wachsen bringen, indem man sich so lange mit einem Problem auseinandersetzt, bis man ohne fremde Hilfe nicht mehr weiterkommt, und erst dann um Rat fragt. Wenn Sie sich in einem bestimmten Bereich oder bei einer bestimmten Aktivität kontinuierlich verbessern wollen, müssen Sie Stress als etwas Positives, sogar als etwas Erstrebenswertes betrachten. Obwohl zu viel oder nicht endender Stress gefährlich sein kann, ist die richtige Dosis ein starker Stimulus für Wachstum.

So wie man sich im Kraftraum zur allerletzten, anstrengenden Wiederholung überwinden muss, um ein Muskelwachstum anzuregen, kann man seinen Geist zum Wachsen bringen, indem man sich so lange mit einem Problem auseinandersetzt, bis man ohne fremde Hilfe nicht mehr weiterkommt, und erst dann um Rat fragt.

PRAXISTIPPS

- Stress regt das Wachstum an.
- Wie Josh Waitzkin, Schachwundergenie und späterer Tai-Chi-Weltmeister sagt: »Wachstum tritt am Punkt des Widerstands ein.«
- Die Entwicklung einer neuen Fähigkeit ist anstrengend: Kompetenz entsteht durch Konflikt.
- In diesem Fall wird System 2 aktiviert, mit der eine echte Entwicklung möglich wird; Myelin akkumuliert sich und Nervenverbindungen werden gestärkt.
- Scheitern Sie produktiv: Bitten Sie erst um Hilfe, nachdem Sie sich eine Zeitlang abgemüht haben.

Gerade noch machbare Herausforderungen

Als der Psychologe Dr. Mihaly Csikszentmihalyi der Frage nachging, wie die besten Performer den Flow-Zustand erreichen und sich kontinuierlich verbessern, bemerkte er, dass sie sich regelmäßig an ihre Grenzen brachten und vielleicht ein wenig darüber hinaus. In einem Versuch, den mystischen »Flow« greifbarer zu machen, entwickelte er ein elegantes Modell.

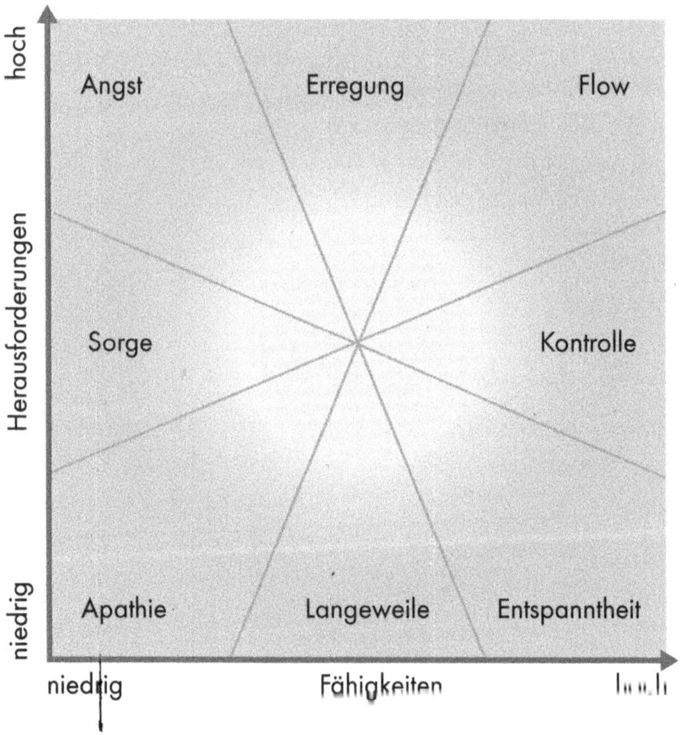

Mihaly Csikszentmihalyis Modell kann Ihnen nicht nur helfen, den Weg zum Flow zu finden, sondern ist gleichzeitig eine gute Möglichkeit, die optimale Menge an Stress zu bestimmen, die für Sie und Ihr Wachstum erforderlich ist. Die beste Art von Stress, die wir als »gerade noch machbare Herausforderungen« bezeichnen, liegt im oberen rechten Bereich des »Flow«-Diagramms.

Gerade noch machbare Herausforderungen zeichnen sich dadurch aus, dass die Aufgabe, die man in Angriff nimmt, nicht ganz unter Kontrolle ist, aber auch kein Anlass zur Unruhe oder übermäßiger Erregung bietet.* Wenn die Aufgabe die gegenwärtigen Fähigkeiten geringfügig übersteigt, befindet man sich am »Sweet Spot«. Wenn sie einfacher ist, hat man das Gefühl, sie zu beherrschen. Sie ist dann zu einfach und stellt keinen ausreichend hohen Stimulus für ein Wachstum dar. Wenn sie aber noch herausfordernder ist, würde der pulsierende Herzschlag in den Ohren ein konzentriertes Arbeiten nahezu unmöglich machen. Finden Sie Ihren Sweet Spot: Die Herausforderung muss sich an der Grenze Ihrer aktuellen Fähigkeiten befinden oder diese knapp überschreiten.

Finden Sie Ihren Sweet Spot: Die Herausforderung muss sich an der Grenze Ihrer aktuellen Fähigkeiten befinden oder diese knapp überschreiten.

Die Workouts, die Steve für seine Langstreckenläufer wie Sara Hall entwickelt, die zur Weltelite gehören, sind hervorragende Beispiele für gerade noch machbare Herausforderungen. In der Vorbereitung auf die Weltmeisterschaft im Halbmarathon 2016, bei der sie eine gute Platzierung erreichte, absolvierte Hall einen Tempolauf über 24 Kilometer in einem Tempo von 3:25 Minuten pro Kilometer; eine Zeit, die minimal schneller war als das, was sie zuvor erreicht hatte. Diese Workouts dienen dazu, die Grenzen der Läufer auszuweiten und sie über ihr aktuelles Niveau hinaus zu fordern. Infolgedessen ist es für Steves Athleten nicht unüblich, etwas nervös zum Training zu erscheinen. Manche fragen sich vielleicht sogar, ob sie das Workout überhaupt schaffen. Während

Eine kleine Prise Zweifel und Unsicherheit ist eigentlich eine gute Sache: Sie signalisiert, dass sich eine Gelegenheit zum Wachstum bietet.

* Brad hörte die Bezeichnung »gerade so machbare Herausforderung« zum ersten Mal im Grundstudium bei seinem Professor Dr. Richard Price an der University of Michigan.

Möchtegern-Sportpsychologen vielleicht sagen werden, dass sich Zweifel und Unsicherheit negativ auf die Leistung auswirken, sieht Steve die Sache anders. Eine kleine Prise Zweifel und Unsicherheit ist eigentlich eine gute Sache: Sie signalisiert, dass sich eine Gelegenheit zum Wachstum bietet.

Die kleine Stimme in Ihrem Kopf, die sagt: »Ich schaffe das nicht« ist eigentlich ein Zeichen, dass Sie auf der richtigen Spur sind. Es ist Ihr Geist, der Sie auf den bekannten Pfad zurückbringen und in der Komfortzone behalten will. Gerade noch machbare Herausforderungen zwingen Sie aber dazu, den bekannten, ausgetretenen Pfad zu verlassen und einen unbekannten, holprigen Schotterweg zu beschreiten.

Dieses Konzept trifft auf so ziemlich alles zu, ob es ein Workout ist, ein Konzertauftritt oder ein Arbeitsprojekt. Das ist das Schöne an Csikszentmihalyis Modell. Man kann es auf jede Aktivität anwenden. In diesem Fall ist es aber wichtig, den vielen kontextuellen oder externen Faktoren Rechnung zu tragen, die eine Aktivität an jedem beliebigen Zeitpunkt einfacher oder schwieriger machen können:

Externe Faktoren können wie folgt beinhalten:

- Wetterverhältnisse
- Größe des Publikums (oder der Einsatz, der auf dem Spiel steht)
- Preisgeld
- Terminfristen
- Die Menschen, mit denen man zusammenarbeiten muss (wenn es ein Gruppen- oder Teamprojekt ist)

Zu den internen Faktoren zählen:

- Andere zum gegenwärtigen Zeitpunkt vorliegende Stressoren
- Ihr persönliches Interesse an und die Motivation für die Aktivität
- Ihr psychisches und physisches Wohlbefinden

Denken Sie an die Dinge, die Sie normalerweise im Alltag machen. Wo lassen sie sich in Csikszentmihalyis Modell einordnen? Streben Sie auf gesunde, nachhaltige Weise nach Wachstum? Wir wollen damit nicht sagen, dass Sie sich ständig gerade noch machbaren Herausforderungen stellen sollen. Das wäre vermutlich nicht sehr praktikabel. Außerdem würden Sie sich immer zwischen den Stressschüben noch erholen müssen, damit die Anstrengung das erwünschte Ergebnis zur Folge hat. Was wir aber vorschlagen ist, dass Sie sich für die Fähigkeiten, die Sie entwickeln wollen – ob das nun Finanzmodelle sind, Porträtmalerei, Langstreckenläufe oder alles, was es dazwischen gibt –, regelmäßig gerade noch machbare Herausforderungen setzen sollten: Aktivitäten, die Sie aus Ihrer Komfortzone bringen und Sie dazu zwingen, am Punkt des Widerstands eine beherzte Anstrengung zu unternehmen, um ein Wachstum anzuregen.

In diesem Kapitel haben wir die Vorteile von Stress aufgezeigt, sind der Frage nachgegangen, warum Kompetenz durch Konflikt entsteht, und haben gelernt, welche Aktivitäten unter die Kategorie von gutem, wachstumsförderndem Stress fallen – die wir als gerade noch machbare Herausforderungen bezeichnen. Als Nächstes befassen wir uns mit der Frage nach der richtigen Herangehensweise und erklären, warum viele der landläufigen Annahmen über »produktive« Arbeit fehlerhaft sind.

PRAXISTIPPS

- Überlegen Sie sich, welche Fähigkeit/Kompetenz Sie verbessern wollen.
- Beurteilen Sie, wie gut Sie diese Fähigkeit/Kompetenz aktuell beherrschen.
- Suchen Sie bewusst Herausforderungen, die Ihren gegenwärtigen Leistungsstand knapp überschreiten.
- Wenn Sie glauben, alles im Griff zu haben, müssen Sie die nächste Herausforderung ein wenig schwerer gestalten.
- Wenn Sie so unruhig oder angespannt sind, dass Sie sich nicht konzentrieren können, müssen Sie das Schwierigkeitsniveau wieder nach unten korrigieren.

3

SETZEN SIE SICH UNTER STRESS

Anfang der 1990er-Jahre wollte der Verhaltensforscher Dr. K. Anders Ericsson herausfinden, wie man ein Experte wird. Damals herrschte die Meinung vor, dass Erfahrung der ausschlaggebende Faktor ist. Das heißt: Je häufiger man eine Aktivität ausübte, umso besser beherrschte man sie. Ericsson nahm an, dass die zunehmende Erfahrung früher oder später – vielleicht mit etwas Unterstützung durch die richtige DNA – zu Kompetenz führt. Aber schon kurz nach Beginn seines Projekts zeichnete sich ein völlig anderes Bild ab.

Ericsson stieß auf weitgehend unbekannte Studien, die belegten, dass Physikprofessoren der University of Berkeley in Kalifornien auch nicht besser als ihre Studenten darin waren, einfache Aufgaben zu lösen. Dabei hatten einige dieser Professoren schon seit Jahrzehnten geforscht und Physik unterrichtet. Irgendetwas passte nicht zusammen.

Ericsson fand weitere unbekannte Studien und machte erstaunliche Entdeckungen. Die Anzahl der Jahre, die ein Psychologe gearbeitet hat, steht in keinem Zusammenhang damit, wie erfolgreich er seine Patienten behandelte. Andere Untersuchungen zeigten, dass viele Ärzte bei radiologischen Scans mit *zunehmender* Erfahrung sogar schlechtere Diagnosen stellten. Je länger ihre Ausbildung zurücklag, umso mehr Fehler machten sie. In jedem untersuchten Bereich (von Weintests bis zu Finanzinvestitionen) war die Erfahrung keine entscheidende Variable, um Spitzenperformer zu identifizieren. In manchen Fällen war es für Ericsson beinahe unmöglich, zwischen den Leistungen von Anfängern und alten Hasen zu unterscheiden. Wie er es auch drehen und wenden mochte, Ericsson musste feststellen, dass Erfahrung und Kompetenz nicht unbedingt Hand in Hand gingen.

Er fragte sich, was eine Person zum Experten machte, wenn Erfahrung nicht das entscheidende Kriterium war. Auf der Suche nach einer Antwort reisten er und sein Team nach Berlin, um sich unter die Violinschüler der bekannten Global Music Academy zu mischen. Die Akademie genießt einen hervorragenden Ruf und ist bekannt dafür, ausgezeichnete Violinisten auszubilden; viele der weltbesten Geiger wurden dort ausgebildet. Ericsson und sein Team baten die Violinisten darum, genau das zu tun, was sie schon die ganze Zeit getan hatten, allerdings mit einem kleinen Unterschied: Sie sollten alles genau aufschreiben. Die Violinisten hielten jeden Abend ihren Tagesablauf fest. Nach sieben Tagen verglich Ericsson die Notizbücher der Spitzenperformer – die, die den Professoren der Akademie zufolge gut genug waren, um als Solisten international Karriere zu machen – mit denen der anderen Violinisten. Die Übungsdauer der Musiker war im Laufe der Woche nahezu identisch: etwa 50 Stunden. Das überraschte Ericsson in keiner Weise. Um überhaupt in die Global Music Academy aufgenommen zu werden, bedurfte es einer enormen Hingabe und harter Arbeit. Außerdem bestätigte die Tatsache, dass alle Violinisten genauso viel Zeit mit Üben verbrachten nur das, was Ericsson bereits wusste – dass Erfahrung allein niemanden zum Experten macht.

Als Nächstes untersuchten die Forscher, *was* in den 50 Stunden geschah. Wie übten die Musiker? Die Antwort war: ziemlich unterschiedlich. Die besten Violinisten verbrachten deutlich mehr Zeit mit der Arbeit an einem konkreten Ziel und waren dabei hoch konzentriert. Sie beseitigten alle Störfaktoren. Sie spulten selten, wenn überhaupt, Stücke mechanisch ab. Die besten Violinisten übten, wie Ericsson und sein Team es bezeichneten, wesentlich »bewusster« als ihre Mitstudenten.

Es ist nicht die Erfahrung, die Spitzenperformer von der breiten Masse absetzt, sondern vielmehr ihr bewusstes Üben. Übung an sich macht noch lange keinen Meister. Perfektes Üben hingegen schon.

Ericsson und sein Team führten anschließend weitere Studien zu Athleten, Künstlern und Intellektuellen durch. Jedes Mal stellten sie dasselbe fest: Es ist nicht die Erfahrung, die Spitzenperformer von der breiten Masse absetzt, sondern vielmehr ihr bewusstes Üben. Obwohl Ericsson mit der von Malcolm Gladwell bekannt gemachten 10.000-Stunden-Regel in Verbindung gebracht wird – der Gedanke, dass jeder ein Experte in jedem Bereich werden kann, wenn er nur 10.000 Stunden übt –, ergeben seine *tatsächlichen* Ergebnisse ein ganz anderes Bild. Um Kompetenz zu erlangen, reicht es nicht aus, eine bestimmte Anzahl von Stunden zu üben. Es geht vielmehr um die Art von Arbeit, die man in dieser Zeit verrichtet. Übung an sich macht noch lange keinen Meister. Perfektes Üben hingegen schon.

Perfektes Üben

Wodurch zeichnet sich dieser Ansatz aus? Ericsson stellte fest, dass sich Spitzenperformer dadurch abheben, dass sie sich gerade noch machbare Herausforderungen suchen und für ihre individuellen Trainingseinheiten Ziele setzen, die ihre aktuellen Fähigkeiten knapp überschreiten. Aber das ist nur die halbe Miete. Bewusstes Üben zeichnet sich in erster Linie durch tiefe Konzentration aus.

Um diese Hypothese zu testen, schlossen Forscher eine Gruppe von Profi- und Amateursängern an Geräte an, die die physiologischen Indikatoren von Konzentration maßen. Sobald die Sensoren angebracht waren, begannen die Sänger mit ihren üblichen Stimmübungen. Am Ende wurde jedem Sänger eine Reihe von Fragen gestellt, deren Beantwortung Auskunft über sein Behagen und seine Konzentration geben sollte. Es zeichnete sich ein klares Muster ab. Sowohl die gemessenen Werte als auch die Beschreibung der subjektiven Wahrnehmung zeigten, dass das Üben den Amateuren Vergnügen bereitete und ihnen half, Spannungen abzubauen. Bei den Profisängern hingegen zeigte sich eine hohe Zunahme der Konzentration. Sie

Durch die Bank ergibt sich folgendes Bild: Wenn Spitzenperformer bei der Arbeit sind, sind sie körperlich und geistig hundertprozentig bei der Sache.

richteten ihre Aufmerksamkeit auf spezifische Aspekte ihrer Leistung – auch wenn die Trainingseinheit dadurch anstrengender und weniger vergnüglich war. Die besten Sänger verließen ihre Komfortzone und waren sich dieser Tatsache durchaus bewusst. Obwohl die Amateure und Profis genauso lange übten, nutzten die beiden Gruppen ihre Zeit völlig anders.

Durch die Bank ergibt sich folgendes Bild: Wenn Spitzenperformer bei der Arbeit sind, sind sie körperlich und geistig hundertprozentig bei der Sache. Sie versinken voll und ganz im gegenwärtigen Augenblick.

Vollständig präsent

Einer unserer Mentoren ist Dr. Bob Kocher. Er ist der Inbegriff eines Universalgenies. Eigentlich ist er Mediziner. Zuerst studierte er an der University of Washington und besuchte anschließend die medizinische Fakultät der George Washington University. Obwohl er an keiner Elite-Universität wie Harvard oder Yale war, erhielt er das prestigeträchtige Howard Hughes Medical Institute Fellowship, das für Mediziner eine Art Äquivalent zum Rhodes-Stipendium ist. Er arbeitete als Arzt am renommierten Beth Israel Deaconess Medical Center, das mit Harvard affiliiert ist, doch nach einigen Jahren erkannte Dr. Bob (wie er von so ziemlich jedem genannt wird), dass er kranken Patienten nicht so helfen konnte, wie er es wollte, weil er sich an die Regeln und Vorgaben eines maroden Systems halten musste. Es fiel ihm schwer und machte ihm Angst, aber er traf die Entscheidung zu kündigen und nach Möglichkeiten zu suchen, die Gesundheitsversorgung auf einer höheren, übergeordneten Ebene zu verbessern. Und da gab es viele.

Seitdem er seinen Arztkittel an den Nagel gehängt hat, hat Dr. Bob viele andere Dinge getan: Er war Partner eines großen Beratungsunternehmens, Gesundheitsökonom mit direktem Kontakt zum US-Präsidenten, Forscher an der Brookings Institution und Professor an der Stanford University, um nur einige Stationen zu nennen. Aktuell ist er Partner eines der größten Risikokapitalunternehmen in Silicon Valley und investiert Millionen in Start-ups, deren Produkte und Dienstleistungen das Potenzial haben, das Gesundheitswesen maßgeblich zu verändern. Seine Ansichten über Innovation und Gesundheit werden in der *New York Times* und bekannten Fachzeitschriften veröffentlicht. Dr. Bob wird als Experte für zahlreiche Bestseller konsultiert. Wenn nationale und sogar internationale Entscheidungsträger Maßnahmen ergreifen, die das Gesundheitswesen betreffen, fragen sie oft zuerst ihn um Rat. Kurzum: Dr. Bob ist der Inbegriff eines Spitzenperformers.

Natürlich bewundern wir Dr. Bob für diese Erfolge und die harte Arbeit, die dafür nötig war. Aber wir sehen auch zu ihm auf, weil er eine Digitaluhr trägt, die gerade einmal 40 Dollar gekostet hat; mit Geld und Luxus lässt er sich also nicht locken. Seine körperliche Gesundheit ist ihm wichtig, und er trainiert beinahe jeden Tag mindestens eine Stunde. Wichtiger noch, er ist ein hingebungsvoller Ehemann und Vater, der fast jeden Abend zu Hause ist und die Sport- und Schulveranstaltungen seiner beiden Töchter besucht. Als wir Dr. Bob in seinem Büro in Palo Alto besuchten, wollten wir daher vor allem eins von ihm erfahren: Wie schafft er es, so viel zu erreichen und dabei gleichzeitig eine ausgewogene Work-Life-Balance zu behalten? Wir erhielten die Antwort, ohne dass er etwas sagen musste.

Ab dem Augenblick, in dem wir Dr. Bobs Büro betraten, schenkte er uns seine volle Aufmerksamkeit. Wir wurden weder durch eingehende E-Mails, Telefonate oder hereinplatzende Kollegen gestört. Bevor wir kamen, arbeitete er an einem Artikel für eine bekannte medizinische Fachzeitschrift und traf wichtige Entscheidungen, die die Zukunft eines Unternehmens betrafen. Aber er trug diese Fragen nicht in unser Gespräch. Es waren nur wir drei anwesend, die sich über dieses Buch unterhielten. Die Energie war greifbar. Er schenkte uns dieselbe Aufmerksamkeit, die er dem Präsidenten der USA zuteilwerden lässt. Dr. Bob war vollständig präsent. Wir wurden an Ort und Stelle Zeugen seines Erfolgsgeheimnisses.

Indem er sich nur eine Sache auf einmal vornimmt und seine volle Aufmerksamkeit dieser einen Sache widmet, ist Dr. Bob in der Lage, viele Dinge zu erledigen.

Indem er sich nur eine Sache auf einmal vornimmt und seine volle Aufmerksamkeit dieser einen Sache widmet, ist Dr. Bob in der Lage, viele Dinge zu erledigen – Artikel zu schreiben, Einfluss auf die Gesundheitspolitik zu nehmen, in Unternehmen zu investieren, aber auch ein guter Ehemann und Vater zu sein. Er achtet strikt darauf, immer nur eine Sache auf einmal zu tun, und diese Konzentration sorgt dafür, dass er mit jedem Dokument und jeder Interaktion dazulernt und daran wächst. »Ich würde schon sagen, dass ich multitaskingfähig bin«, sagt er. »Aber wenn ich mich dazu hinreißen lasse, leidet einfach alles. Also verzichte ich darauf. Und zwar konsequent.«

Er teilt seinen Tag in Blöcke auf. Jeder Block ist einem konkreten Ziel zugeordnet. Diese Ziele können vielfältig sein, zum Beispiel 500 Wörter für einen Artikel schreiben; Auskünfte über ein Unternehmen einholen, um eine verbindliche Investitionsentscheidung zu treffen; ein zwangloses Gespräch mit einer interessanten Person führen; im Fitnesstraining die Herzfrequenz nicht über 80 Prozent des Maximalwerts steigen lassen; einen Entscheidungsträger in einer wichtigen politischen Verhandlung beeinflussen; das Abendessen mit der Familie genießen. Diese Aufteilung in Blöcke stellt sicher, dass er seine Kardinalregel befolgt: »Immer nur eine Sache auf einmal erledigen.« Dr. Bobs Minimalismus ist sein Geheimrezept dafür, dass er so viel erledigt. Er praktiziert das genaue Gegenteil von Multitasking.

Single-Tasking

Dr. Bobs Geschichte ist aufschlussreich, aber funktioniert seine Strategie wirklich bei jedem? Und falls ja, warum schwören so viele Menschen dann auf Multitasking?

Wir halten so große Stücke auf das Multitasking, weil es uns das Gefühl gibt, produktiver zu sein, und das wiederum verschafft uns eine größere emotionale Befriedigung. Eine kleine Stimme in unserem Unterbewusstsein sagt: »Sieh nur, wozu ich fähig bin! Sieh dir die vielen Punkte an, die ich von meiner Liste streichen kann!« In einer Gesellschaft, in der »Optimierung« und »multiple Prozesse« hoch im Kurs stehen, kommen wir nicht umhin, uns selbst »optimieren« zu wollen.

Leider arbeitet das menschliche Gehirn nicht wie ein Computer. Für 99 Prozent von uns ist effektives Multitasking reines Wunschdenken.* Funktionelle MRT-Scans konnten nachweisen, dass selbst Personen, die sich für

* Studien zeigen, dass nur etwas mehr als 1 Prozent der Bevölkerung zu effektivem Multitasking fähig ist. Die Wahrscheinlichkeit ist also sehr hoch, dass Sie nicht zu diesem 1 Prozent gehören. So ist das nun einmal mit den Regeln der Wahrscheinlichkeit.

hervorragende Multitasker halten, nicht in der Lage sind, zwei Dinge gleichzeitig in gleich hoher Qualität zu erledigen. Wenn wir Multitasking betreiben, schaltet das Gehirn ständig zwischen den Aufgaben hin und her, oder es teilt sich seine Ressourcen auf und richtet nur einen Teil seiner kognitiven Kapazität auf eine spezifische Aufgabe. Zahlreiche Studien konnten belegen, dass die Qualität – ironischerweise auch die Quantität – unserer Arbeit unter Multitasking leiden.

Für 99 Prozent von uns ist effektives Multitasking reines Wunschdenken.

Obwohl der Zeitaufwand vernachlässigbar erscheint – manchmal dauert ein Umschalten nur eine Zehntelsekunde –, summiert sich die Zeit, die für den ständigen Wechsel zwischen mehreren Aufgaben aufgewendet wird. Forscher der University of Michigan haben festgestellt, dass das so harmlos wirkende Multitasking bis zu 40 Prozent der produktiven Zeit einer Person in Anspruch nehmen kann. Obwohl wir das Gefühl haben, durch Multitasking die doppelte Arbeit zu erledigen, erledigen wir tatsächlich nur die Hälfte.

PRAXISTIPPS

Halten Sie sich an die Grundregeln des perfekten Übens, wenn Sie wichtige Arbeit verrichten wollen:

- Legen Sie für jede Arbeitssitzung einen Zweck und konkrete Ziele fest.
- Fragen Sie sich, was Sie lernen oder erreichen wollen.
- Zwingen Sie sich zu tiefer Konzentration, auch wenn Sie diese als anstrengend empfinden.
- Single-Tasking: Wenn Sie das nächste Mal der Meinung sind, Multitasking betreiben zu müssen, führen Sie sich vor Augen, dass es wissenschaftliche Belege für seine Ineffektivität gibt. Erinnern Sie sich an Dr. Bobs Geheimnis: »Immer nur eine Sache auf einmal erledigen.«
- Qualität geht vor Quantität.

Es sind nicht nur unsere kurzfristigen Leistungen, die unter Multitasking leiden. Andere Forschungsarbeiten zeigen, dass »chronische« Multitasker wesentlich schlechter darin sind, wichtige von unwichtigen Informationen zu unterscheiden, mehr Zeit für die Erkennung wiederkehrender Muster benötigen und ein schlechteres Langzeitgedächtnis haben. Mit anderen Worten: Multitasking sorgt nicht nur dafür, dass die Arbeit von heute leidet, sondern auch die Arbeit von morgen. Wie Ericssons beste Violinisten und das Universalgenie Dr. Bob zeigen, regt Stress nur dann ein Wachstum an, wenn wir uns voll und ganz auf eine Sache konzentrieren.

Nur weil wir die Gefahren des Multitaskings kennen, heißt das aber noch lange nicht, dass wir mit dieser Gewohnheit brechen werden. Von den Technologien, die Multitasking ermöglichen und erleichtern, geht eine hohe Suchtgefahr aus. Sie lenken uns ab und verringern den potenziellen Wachstumsstimulus der Tätigkeit, die wir gerade ausführen. (Stellen Sie sich vor, dass ein Läufer im Intervalltraining jedes Mal anhält und sein Smartphone zückt, wenn er einen Benachrichtigungston hört.) Aber bevor wir herausfinden können, mit welchen Strategien wir uns dem Sog dieser Technologien entziehen können, müssen wir zuerst verstehen, warum wir überhaupt der Sucht verfallen sind.

Die Sucht nach dem Smartphone

Wenn wir eine Wette abschließen müssten (gleich mehr dazu), würden wir vermuten, dass Sie Ihr Smartphone heiß und innig lieben. Dagegen ist eigentlich auch nichts einzuwenden. Uns geht es genauso. Das sind unglaubliche Geräte, die eine Fülle von Kommunikationsmöglichkeiten bieten, die vor 15 Jahren praktisch unvorstellbar gewesen wären. Wenn wir nicht verrückt nach unseren Telefonen wären, würden Sie dieses Buch vielleicht gar nicht in den Händen halten. Anfang 2014 war Brad gerade in der Innenstadt von San Francisco unterwegs und sah einen interessanten Tweet von einem gewissen Steve Magness, der damals in einem Café in Houston saß. Brad klickte den Link in Steves Tweet an und war von dem Text fasziniert. Beim Lesen war Brad erstaunt und dachte: »Wow, dieser Magness und ich scheinen in vielen Dingen auf einer Wellenlänge zu sein.« Brad las einige weitere

Blogposts, die Steve verfasst hatte, und beschloss, ihm eine kurze E-Mail zu schreiben. Einige Minuten und mehrere Klicks später tippte Steve zwei Zeitzonen weiter auf seinem Telefon auf das Feld »Antworten«. Und das war der Anfang einer produktiven Zusammenarbeit.

Uns liegt keinesfalls daran, Technologie zu verteufeln. Aber aufgrund von Geschichten wie unserer eigenen und dem cleveren, teilweise manipulativen Design vieler Apps lieben viele von uns unsere Smartphones so sehr, dass wir ihnen einfach nicht widerstehen können. Ihr Suchtfaktor ist so groß geworden, dass Hunderte von Menschen jeden Tag leichtfertig ihr Leben aufs Spiel setzen und teilweise sogar verlieren. Laut der US-Gesundheitsbehörde CDC sind täglich neun Tote und über 1.150 Verletzte bei Verkehrsunfällen zu beklagen, weil ein Fahrer wegen seines Handys abgelenkt war. In einer aktuellen Studie geben 31 Prozent der amerikanischen Fahrzeughalter im Alter zwischen 18 und 64 Jahren zu, im vergangenen Monat mindestens einmal beim Autofahren abgelenkt gewesen zu sein, weil sie eine Textnachricht (SMS, Tweet, E-Mail, Facebook-Post und so weiter) verschickt haben. Viele glauben, dass diese Zahl beschönigt ist. Hand aufs Herz: Haben Sie in den letzten 30 Tagen Ihr Handy beim Autofahren in die Hand genommen und/oder dabei Kurznachrichten versendet? Falls nicht, saßen Sie als Beifahrer in einem Auto, in dem der Fahrer während der Fahrt Kurznachrichten versendet hat? Wenn Sie beide Fragen mit Nein beantwortet haben, ist das bewundernswert. Wir befürchten allerdings, dass Sie zu einer Minderheit gehören. Obwohl die Gefahren hinlänglich bekannt sind, können viele von uns einfach nicht dem Drang widerstehen, einen Blick auf ihr Handy zu werfen.

Um herauszufinden, warum das der Fall ist, wenden wir uns einer anderen Sucht zu, die schon viele Leben zerstört hat: Glücksspiel. Wenn ein Spieler am Blackjack-Tisch auf die nächste Karte wartet oder den Hebel am einarmigen Banditen spannt, schüttet sein Körper Dopamin aus, das anregend und berauschend wirkt. Unter seinem Einfluss fühlen wir uns aufgekratzt und munter. Im Gegensatz zu anderen Botenstoffen, die freigesetzt werden, *nachdem* wir etwas erreicht haben, wird das deutlich stärkere Dopamin freigesetzt, *bevor* wir das Resultat eines Ereignisses sehen, das wir uns wünschen oder erhoffen. Mit anderen Worten werden wir nicht süchtig nach dem Gewinn, sondern süchtig nach der Jagd.

Die Unwägbarkeit des Glücksspiels – das Gefühl, das wir spüren, wenn wir darauf warten, dass der Kartengeber seine Karte aufdeckt oder der einarmige Bandit aufhört, sich zu drehen – löst einen gewaltigen Dopaminrausch aus. Das liegt daran, weil Situationen mit ungewissem Ausgang, in denen es nur die *Aussicht* auf den Erfolg gibt, wesentlich reizvoller sind als Situationen, bei denen der Erfolg von vornherein feststeht. Wäre dies nicht der Fall, würde man auch in Euphorie verfallen, wenn man sein Geld in Wertpapieren mit einem garantierten Zinssatz von 4 Prozent anlegt. Aber leider belohnt das menschliche Gehirn die Jagd nach einer Belohnung mit einer höheren Dopamin-Ausschüttung als den Erhalt der Belohnung.

Unsere biochemisch bedingte Prädisposition zur Jagd bietet uns in heutigen Casinos keinen Überlebensvorteil, war aber vor langer Zeit eine Notwendigkeit. Würde uns die Aussicht auf eine mögliche Belohnung nicht reizen, wären wir heute nicht am Leben. Unsere steinzeitlichen Vorfahren brauchten einen Grund, um die tagelange Jagd nach Nahrung, die nicht zwingend von Erfolg gekrönt war, durchzuhalten. Also entwickelten wir die Lust aufs Jagen.

Diese Tendenz erklärt, warum wir Tausende von Jahren später unsere Handys nicht weglegen können. Unsere Handys und die darauf gespeicherten Apps sind von klugen Köpfen entwickelt worden, die uns in ihren Bann ziehen wollen – so wie den Spielsüchtigen, der sich nicht vom Automaten losreißen kann. Wenn wir den Bildschirm antippen und auf die Aktualisierung unseres Mail-Postfachs, Instant-Messaging-Diensts, Facebook-, Twitter- oder Instagram-Profils warten, wird unser System von Dopamin durchflutet. Statt einer Reihe mit drei Kirschen oder drei Siebenern sind die potenziellen Belohnungen, denen wir nachjagen, neue Likes, Kommentare oder Nachrichten. Obwohl die meisten von uns nicht jedes Mal belohnt werden, wenn wir einen Blick auf unser Smartphone werfen, werden wir oft genug belohnt, um dieses Verhalten beizubehalten. Und da immer eine Chance besteht, dass irgendjemand irgendwo irgendetwas schreibt, können wir nicht damit aufhören, unseren Social-Media-Spielautomaten zu bedienen. Auch im Straßenverkehr. Das ist nicht nur ein Problem, wenn es darum geht, sicher Auto zu fahren. Es ist auch ein Problem, wenn es um unsere Leistungsfähigkeit geht. Weil die effektivste Arbeit – die, die unserer Entwicklung und Kompetenz zuträglich ist – unsere gesamte Aufmerksamkeit in Anspruch nimmt. Als wir Dr. Bob trafen, sah er nicht einmal auf sein Telefon. Er dachte nicht einmal daran. Es befand sich nicht einmal in seinem Büro.

Aus den Augen, aus dem Sinn

Die gängigste Maßnahme gegen die Ablenkung durch das Smartphone ist einfach und naheliegend: Schalten Sie es einfach auf stumm und legen Sie es mit dem Display nach unten auf den Tisch – oder lassen Sie es am besten ganz in Ihrer Tasche verschwinden. Doch leider reicht das nicht aus, um den Zustand tiefer Konzentration zu erreichen, der für Spitzenleistungen nötig ist. Jemandem zu sagen, dass er sein Smartphone griffbereit halten, aber nicht benutzen darf, ist nicht viel anders, als einem Heroinabhängigen zu sagen, dass er eine aufgezogene Spritze auf dem Tisch liegen lassen darf, sich aber keinen Schuss setzen soll. Der Drang nach der Belohnung sowie die psychische und physische Abhängigkeit davon werden in beiden Fällen überwältigend sein.

Der Versuchung zu widerstehen, das Smartphone zu kontrollieren, wird durch die Streiche erschwert, die unser Verstand mit uns spielt. Vielleicht kennen Sie dieses Phänomen: Sie wissen, dass Ihr Handy ausgeschaltet in Ihrer Hosentasche ist, haben aber trotzdem das Gefühl, dass es vibriert. Falls ja, sind Sie nicht alleine. Eine aktuelle Studie der Indiana University – Purdue University Fort Wayne stellte fest, dass 89 Prozent der College-Studenten unter dem »Phantomvibrationssyndrom« leiden. Etwa einmal in zwei Wochen berichteten College-Studenten, dass ihr Handy vibrierte, obwohl das nicht möglich war. Obwohl sie wussten, dass das Handy ausgeschaltet war, äußerte sich ihr unbewusster Wunsch nach einer neuen Nachricht als körperliche Empfindung. Sie hörten mit dem auf, was sie gerade taten, um ihr vermeintlich vibrierendes Handy zu prüfen.

Nehmen wir an, dass Sie der Versuchung widerstehen konnten, einen Blick auf Ihr Telefon zu werfen, das sich in Ihrer Nähe befindet. Das ist an und für sich ein anstrengender Willensakt. Statt Ihre gesamte kognitive Energie auf das Ziel zu richten, das Sie zu erreichen versuchen, denken Sie daran, Ihr Handy zu zücken, sich vorzustellen, welche Nachrichten wohl eingegangen sind, und sich davon abzuhalten, es tatsächlich zu kontrollieren. Für eine im *Journal of Social Psychology* veröffentlichte Studie baten Forscher eine Gruppe von College-Studenten, deren Handys in Sichtweite waren, eine Reihe komplexer motorischer Aufgaben zu verrichten. Sie schnitten deutlich schlechter ab als die Teilnehmer der Kontrollgruppe, deren Handys sich außer Sichtweite befanden. Die Situation wurde noch interessanter, als die Handys aller Teilnehmer entfernt wurden und nur das Handy des Studienleiters sichtbar war. Es mag erstaunlich klingen, aber selbst als das sichtbare Handy gar nicht ihnen gehörte, ließ die Leistung der Teilnehmer nach.

Smartphones lenken uns ab – ob sie an oder aus sind, in der Hosentasche oder auf dem Tisch, und sie erregen selbst dann unsere Aufmerksamkeit, wenn sie uns gar nicht gehören. Obwohl wir (Brad und Steve) es nicht gern zugeben, ist die Wahrscheinlichkeit hoch, dass die wiederholte Erwähnung von Smartphones in den letzten Minuten Sie von der Lektüre dieses Textes abgelenkt hat. Vielleicht hat Sie diese Diskussion sogar dazu veranlasst, Ihr Handy in die Hand zu nehmen oder, schlimmer noch, es anzuschalten. Am besten beugt man einer Ablenkung durch sein Smartphone also vor, indem man es aus seinem Sichtfeld entfernt. Der Redewendung »Aus den Augen, aus dem Sinn« wohnt durchaus ein wahrer Kern inne.

Smartphones lenken uns ab – ob sie an oder aus sind, in der Hosentasche oder auf dem Tisch, und sie erregen selbst dann unsere Aufmerksamkeit, wenn sie uns gar nicht gehören.

Dr. Walter Mischel ist ein international anerkannter Experte für Willensstärke, der an der Columbia University in New York lehrt. In den letzten 30 Jahren hat er sich damit befasst, wie und warum manche Menschen in der Lage sind, Versuchungen zu widerstehen, andere dagegen nicht. In seiner langjährigen Forschungsarbeit, die unter anderem zahlreiche Studien an Kindern und Erwachsenen umfasst, stellte Mischel fest, dass sich die Selbstkontrolle gut aufrechterhalten lässt, wenn das Zielobjekt aus dem Blickfeld entfernt wird (oder ein vibrierendes Telefon »aus dem Fühlfeld« beseitigt wird). Mischels Ergebnisse erklären, warum ehemalige Spielsüchtige Casinos meiden müssen oder Abnehmwilligen schon seit Langem gesagt wird, dass sie ungesundes Essen schwer zugänglich aufbewahren oder am besten gar nicht erst kaufen sollten. Der bloße Anblick eines als ansprechend empfundenen Objekts löst die Ausschüttung von Dopamin aus, das wie ein Teufelchen auf der Schulter sitzt und sagt: »Bist du sicher, dass du es nicht doch willst?«

Als Brad dieses Kapitel schrieb, fing er an, die Theorie »Aus den Augen, aus dem Sinn« in vielen Alltagssituationen zu testen. Ob er nun harte Intervalle auf dem Crosstrainer absolvierte, Hanteln stemmte oder an diesem Buch arbeitete, seine Leistung verbesserte sich, wenn sein Smartphone sich an einem anderen Ort befand. Reale, objektiv nachprüfbare Leistungsmaßstäbe für die einzelnen Aktivitäten – die gewichtsbezogene Leistung in Watt, das Hantelgewicht und die Anzahl der geschriebenen Worte – nahmen zu. Diese objektiven Daten unterstützten das, was er subjektiv wahrgenommen hatte. Wenn Brad sein Handy nicht sah, vergaß er es schnell. Er hatte das Gefühl, als stünden ihm 10 bis 15 Prozent mehr Energie zur Verfügung, die er auf seine Aufgabe richten konnte. Die kleine Entscheidung, das Handy aus der Hosentasche zu nehmen und damit gar nicht erst in Versuchung zu kommen, es anzuschalten und einen Blick darauf zu werfen, bewirkte viel. Es schien beinahe so, als wäre ihm eine enorme Last von den Schultern genommen worden.

PRAXISTIPPS

- Identifizieren Sie die Faktoren, die Ihre tiefe Konzentration stören. Typische Aufmerksamkeitskiller, die vor allem über das Smartphone auf uns einwirken, sind:
  - ✓ SMS
  - ✓ Internet
  - ✓ Soziale Medien
  - ✓ Fernsehen
- Beseitigen Sie Störfaktoren: Nur wenn etwas aus den Augen ist, kann es auch aus dem Sinn sein.

Stressblöcke

Es ist anstrengend, sich Stress auszusetzen. Die besten Performer verstehen das und erkennen die Tatsache an, dass sie nicht unbegrenzt viel Stress vertragen. Sie wissen, dass guter, produktiver Stress schädlich und toxisch werden kann, wenn sie den Bogen überspannen.

Als Ericsson Experten aus den unterschiedlichsten Bereichen untersuchte, stellte er fest, dass die jeweils Besten ihres Fachs nicht in der Lage waren, länger als zwei Stunden intensive, hoch konzentrierte Arbeit zu verrichten. Wenn dieser Zeitrahmen überschritten ist, können Körper und Geist die Belastung höchstens in seltenen Ausnahmesituationen noch aufrechterhalten. Hervorragende Performer, so stellte Ericsson fest, arbeiten normalerweise in Zeitblöcken von 60 bis 90 Minuten Dauer, die sie durch kurze Pausen unterbrechen.

Während sich Ericssons Arbeit hauptsächlich mit Kreativen (Künstlern) und wettkampforientierten Personen (Schachspielern und Leistungssportlern) befasste, zeigt neue Forschung, dass seine Schlussfolgerungen auch auf die Geschäftswelt bzw. das Berufsleben zutreffen. Vor nicht allzu langer Zeit wollte ein internationales Social-Networking-Unternehmen namens Draugiem Group herausfinden, wodurch sich ihre erfolgreichsten Mitarbeiter von der übrigen Belegschaft absetzten. Hierfür gingen sie eine Kooperation mit DeskTime ein, einer Time-Tracking-App, die ermitteln kann, wann Angestellte arbeiten und wann nicht. Die Draugiem Group stellte fest, dass ihre besten Angestellten sich an einen festen Ablauf hielten: Sie arbeiteten 52 Minuten konzentriert und machten dann 17 Minuten Pause. Ähnlich wie die Draugiem Group haben auch andere Firmen die Arbeit ihrer Angestellten manipuliert und analysiert. Unabhängig von der Branche und der konkreten Tätigkeit brachten anstrengende Arbeitsblöcke, auf die kurze Pausen folgten, das beste Resultat. Die produktivsten Mitarbeiter einer Fleischverarbeitungsfabrik arbeiteten in Blöcken, die sich aus jeweils 51 Minuten Arbeit und 9 Minuten Pause zusammensetzten. Landarbeiter waren am produktivsten, wenn sie 90-Minuten-Zyklen aus 75 Minuten Arbeit und 15 Minuten Pause einhielten. Andere Studien untersuchten die Gewohnheiten berufstätiger Personen, die anspruchsvolle kognitive Arbeit verrichteten, und stellten fest, dass 50 Minuten Arbeit und 7 Minuten Pause die besten Resultate brachten.

Während das genaue Verhältnis von Belastung und Erholung von den Anforderungen des Jobs und individuellen Vorlieben abhängig ist, zeichnet sich ein eindeutiges Bild ab: Der Wechsel zwischen 50 bis 90 Minuten intensiver Belastung und 7 bis 20 Minuten Erholung sorgt dafür, dass man über die körperliche, kognitive und emotionale Energie verfügt, die für Spitzenleistungen erforderlich ist. Dieser regelmäßige Wechsel widerspricht der allzu bekannten Tendenz, sich entweder ständig in einem als moderat anstrengend empfundenen »Zwischenbereich« zu bewegen oder ununterbrochen mit höchster Intensität zu schuften. Keiner dieser beiden traditionelleren Ansätze ist ideal. Der erste führt zu schlechten Leistungen. Der zweite führt zu körperlicher, kognitiver und emotionaler Erschöpfung und schließlich zum Burnout.

Der Wechsel zwischen 50 bis 90 Minuten intensiver Belastung und 7 bis 20 Minuten Erholung sorgt dafür, dass man über die körperliche, kognitive und emotionale Energie verfügt, die für Spitzenleistungen erforderlich ist.

Eine Datenerfassungsfirma, deren Angestellte an Burnout litten, verordnete ihren Mitarbeitern stündlich mindestens fünf Minuten Pause sowie zwei weitere längere Pausen, die im Laufe des Tages wahrgenommen werden mussten. Obwohl das Unternehmen durch diese Maßnahme eine Stunde bezahlte Arbeit pro Tag »verschenkte«, bewältigten die Mitarbeiter dasselbe Arbeitspensum. Vielleicht wichtiger war jedoch, dass das Unbehagen und die Augenbelastung deutlich abnahmen. Indem wir mit Köpfchen arbeiten – das heißt zwischen anstrengenden Arbeitsblöcken und kurzen Pausen abwechseln –, nutzen wir unsere Kräfte am effizientesten und vermeiden lähmende Erschöpfung und Burnout.

Es ist interessant festzustellen, dass dieser Ansatz im Laufsport seit Jahrzehnten praktiziert wird. In den 1930er-Jahren, als der deutsche Lauftrainer Woldemar Gerschler das Konzept des Intervalltrainings bzw. intensiver Wiederholungsläufe entwickelte, zwischen denen kurze Pausen lagen, war das Ziel einfach: einem Läufer die Chance zu geben, die bestmögliche Arbeit zu leisten, bevor die Leistung erschöpfungsbedingt zu leiden beginnt. Fast ein Jahrhundert später greifen Steve und so ziemlich jeder andere Lauftrainer auf Intervalle zurück, um die Menge an Arbeit zu erhöhen, die ein Athlet auf höchstem Niveau verrichten kann. Und obwohl es beinahe hundert Jahre gedauert hat, ist es erfreulich zu sehen, dass fortschrittliche Arbeitgeber endlich anfangen, den Wert von Intervallen auch jenseits der Laufbahn zu erkennen.

So wie ein Läufer eine gewisse Zeit braucht, bis er die Fitness für hochintensive Intervalle besitzt, kann es eine Weile dauern, bis Sie in der Lage sein werden, über einen gewissen Zeitraum hinweg konzentriert zu arbeiten. Das trifft vor allem auf Menschen zu, die Multitasking gewohnt sind oder in einer Umgebung arbeiten, in der das Risiko hoch ist, sich durch digitale Geräte ablenken zu lassen. Wenn Sie bemerken, dass es Ihnen schwerfällt, aufmerksam zu bleiben (und Sie ständig auf dem Handy nachsehen, ob Sie neue Chat-Nachrichten erhalten haben, Ihr Mail-Postfach prüfen oder die Gedanken schweifen lassen), sollten Sie mit kurzen Blöcken à 10 bis 15 Minuten anfangen und jede Woche die Dauer ein wenig erhöhen. Intensives Arbeiten unterscheidet sich in dieser Hinsicht von keiner anderen Fähigkeit; es ist eine Gewohnheit, die langsam entwickelt werden muss.

PRAXISTIPPS

- Teilen Sie Ihre Arbeit in Zeitblöcke zu je 50 bis 90 Minuten (die exakte Dauer hängt von der Aufgabe ab). Fangen Sie noch kleiner an, wenn es Ihnen schwerfällt, aufmerksam zu bleiben.
- Wenn Sie Ihre »Fitness« in einer speziellen Aktivität entwickeln, werden Sie wahrscheinlich feststellen, dass mit der Zeit Ihre Arbeitsdauer und -intensität zunehmen.
- Für die meisten Aktivitäten und Situationen gilt die Faustregel: Ein Arbeitsblock sollte nicht länger als zwei Stunden dauern.

Die innere Einstellung ist wichtig

Stellen Sie sich vor, es ist ein heißer Sommertag, Sie sind im Park und haben soeben ein schweißtreibendes Outdoor-Workout absolviert. Jemand setzt Ihnen einen eiskalten Milchshake vor. So erhitzt und hungrig Sie auch sein mögen, vielleicht stellen Sie sich folgende Fragen: Woraus besteht der Shake eigentlich? Aus gesunden, kalorienarmen Dingen wie Obst und Gemüse aus biologischem Anbau, die mit Mandelmilch und Proteinpulver angerührt worden sind? Oder ist es aus ernährungsphysiologischer Sicht das genaue Gegenteil: eine Kalorienbombe aus Schokoladeneiskrem, Vollmilch und aromatisiertem Sirup? Die Wissenschaft (und der gesunde Menschenverstand) sagen uns, dass der menschliche Organismus auf die Getränke völlig unterschiedlich reagieren würde. Die Kalorienbombe würde uns zuerst mehr sättigen. Einige Stunden später würden wir aber wegen des stark abfallenden Blutzuckerspiegels Heißhunger auf Süßes bekommen. Der gesunde Bio-Shake würde uns erfrischen und Energie verleihen, sodass wir uns anschließend wach und fit fühlen. Vielleicht wären wir aber nicht ganz so satt wie nach dem Schoko-Milchshake, und wir ertappen uns möglicherweise dabei, schneller zum nächsten Snack zu greifen.

Als Forscher der Yale University verglichen, wie Verbraucher auf die eben beschriebenen Shakes reagierten, bestätigten sie alle diese Annahmen. Die Studienteilnehmer, die die Kalorienbombe tranken, berichteten, dass sie sich unmittelbar nach dem Konsum gesättigt fühlten, später aber mehr Appetit bekamen. Ihr Ghrelinspiegel fiel stärker ab. Ghrelin ist das Hormon, das für Hungergefühle zuständig ist, und seine Abnahme signalisiert dem Gehirn, das eine Sättigung eingetreten ist. Das sollte nicht verwunderlich sein, und das ist es auch nicht – genau das würde man erwarten. Der Haken an der ganzen Sache ist aber: Die Zusammensetzung der Milchshakes war in beiden Gruppen absolut gleich. Der einzige Unterschied war ihre Beschreibung. Es war also die innere Einstellung der Teilnehmer – und nicht der Gehalt an Zucker, Fett, Obst, Gemüse oder Protein –, die nach dem Konsum des Shakes nicht nur ihr subjektives Empfinden steuerte, sondern auch ihre hormonelle Reaktion.

Es ist leicht, die Wirkung der »richtigen Einstellung« als modepsychologisches Konzept abzutun, das unser Gewissen beruhigen soll, aber die wissenschaftlich belegten, harten Fakten erzählen uns etwas ganz anderes. Die Brille, durch die wir die Welt sehen, wirkt sich auf alle Lebensbereiche aus – auf unsere Lernfähigkeit, Gesundheit, Lebenserwartung und auch auf unsere hormonelle Reaktion auf »unterschiedliche« Milchshakes.

Eine Frage der richtigen Einstellung

Ende der 1960er-Jahre untersuchte eine junge Promotionsstudentin namens Carol Dweck Hilflosigkeit bei Kindern. Sie wollte vor allem herausfinden, warum manche Kinder aufgeben, wenn sie bei der Bewältigung einer Aufgabe auf ein Hindernis stoßen, während andere Altersgenossen dadurch angespornt werden. Dweck stellte fest, dass die Antwort in ihren Köpfen zu finden war.

Die Kinder, die schnell aufgaben, mieden Herausforderungen und fühlten sich durch andersartige Kinder bedroht. Sie nahmen Lernen und Wachstum oft als etwas wahr, auf das sie keinen Einfluss hatten. Sie gingen davon aus, dass die für ihren Erfolg oder Misserfolg ausschlaggebenden Eigenschaften von vornherein festgelegt waren. Mit anderen Worten, diese Kinder glaubten, dass ihre angeborenen Fähigkeiten und Talente – ihr genetischer Code – das Resultat in nahezu allen Situationen steuerten, die sich ihnen im Leben stellten. Ihrer Meinung nach war man mit einer Gabe »gesegnet« oder man war es nicht. Sie waren entweder klug oder dumm. Die Kinder, die durch Herausforderungen angespornt wurden und sich ihnen bereitwilliger stellten, hatten dagegen eine völlig andere Einstellung. Sie waren der Überzeugung, dass sie mit Fleiß alles erreichen konnten. Sie betrachteten Können bzw. Kompetenz nicht als etwas, das vorgegeben war, sondern das sich mit der Zeit durch Übung verbessern ließ. Diese Kinder hatten das, was Dweck als »dynamisches Selbstbild« bezeichnete.

Als Dweck und ihre Kollegen die Leistungen einer Gruppe von Siebtklässlern zwei Jahre lang verfolgten, stellten sie fest, dass der Ausgangspunkt aller Schüler gleich war, Kinder mit einem dynamischen Selbstbild aber deutlich schneller Fortschritte machten als ihre Klassenkameraden, die ein statisches Selbstbild hatten. Die wachstumsorientierten Schüler waren bereit, ihre Grenzen stärker auszuloten, suchten gerade noch machbare Herausforderungen und betrachteten ein produktives Scheitern als etwas Positives. Im Gegensatz dazu mieden Schüler mit einem statischen Selbstbild Herausforderungen und gaben auf, wenn sie die Situation als unangenehm empfanden.

Es könnte der Eindruck entstehen, dass die Einstellung, die wir entwickeln, größtenteils nicht in unserer Hand liegt und das Ergebnis der Werte ist, die uns unsere Eltern, Erziehungsberechtigten und vielleicht unsere ersten Lehrer mitgaben, als wir noch sehr jung waren. Wurden wir belohnt, wenn wir fleißig waren und uns anstrengten (was ein dynamisches Selbstbild unterstützt)? Oder wurden wir nur für das Ergebnis belohnt (was ein statisches Selbstbild begünstigt)? Darüber hinaus stellt sich die Frage, ob man sich mit einem statischen Selbstbild abfinden muss oder es vielleicht eine Möglichkeit gibt, das Selbstbild nachträglich zu verändern.

Um eine Antwort zu finden, ließ Dweck Siebtklässler mit einem statischen Selbstbild einen achtwöchigen Kurs durchlaufen, in dem es um Neuroplastizität ging – die Wissenschaft vom Hirnwachstum. Der Lehrplan bestand aus überzeugenden Studien und spannenden Geschichten, die ineinander griffen und den Schülern zeigten, wie flexibel ihr Verstand tatsächlich war. Das funktionierte. Am Ende des Kurses hatte ein Großteil derjenigen Schüler, die zuvor geglaubt hatten, dass ihre Fähigkeiten vorgegeben waren, ihre Sichtweise verändert. Sie fingen außerdem an, Fortschritte zu machen. Durch die Veränderung ihres Selbstbilds veränderte sich auch ihre Einstellung zum Lernen, und sie konnten ihre schulischen Leistungen in eine positive Bahn lenken.

Dwecks Arbeit bewies vor allem, dass die Art, wie wir über die Welt nachdenken, weitreichende Auswirkungen auf unser Handeln hat. Wenn wir ein dynamisches Selbstbild kultivieren und überzeugt sind, dass Kompetenz durch Konflikt entsteht, steigt die Wahrscheinlichkeit, dass wir uns einer konstruktiven Form von wachstumsorientiertem Stress aussetzen. Aber die Wirkmacht des Selbstbilds hört hier nicht auf. Es stellt sich heraus, dass unsere Einstellung nicht nur bestimmt, ob wir uns Stress aussetzen, sondern auch, wie wir darauf reagieren.

> *Die Art, wie wir über die Welt nachdenken, hat weitreichende Auswirkungen auf unser Handeln.*

Die Herausforderungsreaktion

Welche Gedanken kommen Ihnen in den Sinn, wenn Sie das Wort »Stress« hören? Vielleicht denken Sie an Wachstum und Fortschritt. Sie sollten allerdings kein schlechtes Gewissen haben, wenn Ihnen ganz andere Dinge eingefallen sind. Obwohl der erste Buchabschnitt die positiven Eigenschaften von Stress hervorgehoben hat, könnte es Ihnen immer noch schwerfallen, die vielen Jahre zu überwinden, in denen Ihnen immer wieder gesagt wurde, dass Stress schädlich ist. Bedingt durch unsere kulturelle Prägung sind wir gewohnt, Stress möglichst zu minimieren oder sogar um jeden Preis zu vermeiden. Für die ungünstigen Phasen im Leben, in denen dies nicht möglich ist, werden uns Techniken oder Strategien gezeigt, um mit Stress »zurechtzukommen« oder ihn »auszuhalten«, damit wir den »Schaden möglichst gering halten können«. Selbst wir, Brad und Steve, spüren beim Schreiben dieses Kapitels über die Vorteile von Stress eine gewisse Aversion. Diese Reaktion ist bedauerlich und kontraproduktiv, lässt sich aber nur schwer überwinden.

Dr. Kelly McGonigal ist eine Gesundheitspsychologin an der Stanford University. Viele Jahre lang hat sie sich – wie viele andere Gesundheitspsychologen auch – dafür eingesetzt, Menschen zu helfen, Stress zu vermeiden. Sie hielt Stress für schädlich und wollte herausfinden, wie man seine negative Wirkung minimieren kann. Aber dann stieß sie auf Forschungsarbeiten, die sie sprachlos machten.

Eine Studie von 2010 stellte fest, dass der kleine Anteil von Amerikanern, die Stress als etwas Positives betrachten, eine um 43 Prozent geringere Wahrscheinlichkeit haben, einen frühen Tod zu sterben als ihre Landsleute, die Stress als schädlich ansehen. Die naheliegende Erklärung ist natürlich, dass die Personen mit der positiven Perspektive ihre Einstellung deshalb entwickelt haben, weil sie nicht oft mit Stress in Kontakt gekommen sind. Wenn man nie unter Stress leidet, würde man natürlich nicht annehmen, dass er besonders schlecht ist. Aber als die Forscher die Anzahl der Ereignisse miteinander verglichen, die einen hohen Stress darstellen und die beiden Gruppen erlebten, stellten sie überrascht fest, dass es so gut wie keine Unterschiede gab. Die Forscher kontrollierten neben dem Selbstbild praktisch jede andere Variable und erkannten immer noch signifikante Unterschiede in der Mortalität. Könnte etwas so Einfaches wie die Einstellung zum Stress wirklich eine lebensverlängernde Wirkung haben?

Diese Frage ließ McGonigal nicht los. Konnte es sein, dass sie jahrelang falschgelegen hatte? Bei ihrer Suche nach einer Antwort stieß sie auf ein Buch namens *The Upside of Stress*, das die vorherrschende Sichtweise infrage stellte. Sie entdeckte eine überzeugende Menge an Beweisen dafür, dass unsere Sichtweise auf Stress eine enorme Auswirkung darauf hat, wie wir von ihm beeinflusst werden.

Unsere Sichtweise auf Stress hat eine enorme Auswirkung darauf, wie wir von ihm beeinflusst werden.

Manche Menschen lernen, einen Stressor nicht als Bedrohung, sondern als Herausforderung zu betrachten. Diese Perspektive, die Forscher als »Herausforderungsreaktion« bezeichnen, wird dadurch charakterisiert, dass Stress als etwas Produktives gesehen wird und – ganz im Einklang mit unserer Sichtweise – als Stimulus für Wachstum. In einer stressreichen Situation konzentriert sich jemand, der eine Herausforderungsreaktion zeigt, proaktiv auf das, was in seiner Macht steht. Mit dieser Perspektive nehmen negative Emotionen wie Angst und Nervosität ab. Diese Reaktion hilft dabei, besser mit Stress umzugehen und sogar zu Höchstform aufzulaufen. Aber das ist noch nicht alles. Nicht nur unsere Einstellung zu Milchshakes verändert unser biologisches Profil, sondern auch unsere Einstellung zu Stress. Von den vielen Hormonen, die eine Rolle spielen, wenn wir unter Stress stehen, sind zwei von besonderer Bedeutung: Cortisol und Dehydroepiandrosteron (DHEA). Beide Hormone sind lebenswichtig und an sich weder »gut« noch »schlecht«, aber ein dauerhaft erhöhter Cortisolspiegel steht mit chronischen Entzündungen, einem geschwächten Immunsystem und Depression in Zusammenhang. Im Gegensatz dazu wurde DHEA mit einem verringerten Risiko für Angstzustände, Depression, Herzinsuffizienz, neurodegenerative Erkrankungen und einer Vielzahl anderer Erkrankungen in Verbindung gebracht. DHEA ist auch ein Neurosteroid, das das Hirnwachstum anregt. In einer Stress-Situation ist es besser, mehr DHEA als Cortisol freizusetzen. Dieses Verhältnis trägt die treffende Bezeichnung »Wachstumsindex von Stress«. Studien zeigen dementsprechend, dass Menschen, die Stress als Herausforderung betrachten, einen höheren Wachstumsindex haben als jemand, der Stress als Bedrohung wahrnimmt. Mit anderen Worten: Wenn Sie einen Stressor als Herausforderung sehen, schütten Sie mehr DHEA als Cortisol aus. Infolgedessen wird Ihr Wachstumsindex von Stress höher sein, und Sie werden keine gesundheitlichen Probleme bekommen, sondern im Gegenteil von gesundheitlichen *Vorteilen* profitieren. Laut der Studie über Stress und Mortalität aus dem Jahr 2010, die wir eben erwähnt haben, könnte dies auch Ihre Lebenserwartung erhöhen.

Es zeigt sich also, dass die Kultivierung eines dynamischen Selbstbilds und einer Herausforderungsreaktion auf Stress sehr vorteilhaft ist. Diese Einstellungen verbessern unsere Gesundheit und Lebenserwartung. Und wie wir noch erfahren werden, verbessern sie auch unsere Leistungsfähigkeit.

Die beste Sichtweise auf Stress

Unmittelbar vor einem olympischen Wettkampf sind die meisten Athleten der Inbegriff stoischer Gelassenheit und fester Entschlossenheit. Die wenigsten Teilnehmer scheinen angespannt zu sein. Im Gegensatz dazu wirken die Teilnehmer eines Fünf-Kilometer-Laufs (durchweg Freizeitsportler), die den Kilometer in fünf Minuten zu laufen versuchen, nervös und fahrig … und verausgaben sich für eine Finisher-Medaille, die ohnehin jeder bekommt, der es über die Ziellinie schafft. Wieso ist das so? Perlt an Spitzensportlern Stress einfach ab? Natürlich nicht. Sie wissen nur, wie man ihn effektiv kanalisiert.

In einer Studie mit über 200 Personen, die Schwimmen als Leistungs- oder Breitensport ausübten, verwendeten die Forscher einen Fragebogen zur Messung der sportbezogenen Wettkampfängstlichkeit, um das Stressniveau vor einer wichtigen Veranstaltung zu messen; außerdem fragten sie alle Athleten, ob sie Stress als vorteilhaft oder schädlich ansahen. Die Forscher stellten fest, dass vor dem Schwimmen beide Gruppen den psychischen und physischen Stress in derselben Intensität verspürten. Alle Sportler empfanden Nervosität, Anspannung und vielleicht auch ein wenig Angst, die sich einstellt, wenn man am Startblock steht und auf den Startschuss wartet, mit dem der Schmerz der körperlichen Verausgabung einsetzt. Der Unterschied war, dass die Breitensportler Stress als etwas betrachteten, den es zu vermeiden, zu ignorieren und ruhig zu stellen galt. Sie hatten das Gefühl, dass

Stress ihrer Leistung schadet. Die routinierteren Leistungssportler hingegen deuteten den Stress und die damit verbundenen Empfindungen als leistungssteigernde Hilfestellung; sie dienten als Vorbereitung darauf, alle Reserven zu mobilisieren. Mit anderen Worten: Die Leistungssportler zeigten eine Herausforderungsreaktion auf Stress, weshalb er ihnen nicht allzu viel ausmachte. Er half ihnen sogar dabei, den erhöhten physiologischen Erregungszustand im Schwimmbecken in Explosivität zu verwandeln.

Eine andere, im *Journal of Experimental Psychology* veröffentlichte Abhandlung belegt, dass es oft vorteilhaft ist, die »Wettkampfangst als Erregung zu deuten«. Wenn man versucht, vor einer wichtigen Veranstaltung seine Nervosität zu unterdrücken, sagt man sich damit unterschwellig, dass etwas nicht stimmt. Dadurch verschlimmert man die Situation nicht nur, bei der Bekämpfung der Nervosität geht auch eine Menge emotionaler und körperlicher Energie verloren – die dann bei der bevorstehenden Aufgabe fehlt. Laut der Autoren dieses Papers reicht es zum Glück aus, sich selbst zu sagen, dass man aufgeregt ist, um eine wahrgenommene Bedrohung (die Stress und Aversion verursacht) als Chance und Glücksfall zu betrachten (was die Motivation und Leistungsbereitschaft begünstigt). »Im Vergleich zu denjenigen, die sich zu beruhigen versuchen«, folgern die Autoren, »schneiden Personen besser ab, die ihre Nervosität als Erregung interpretieren.« Oder anders ausgedrückt: Die Empfindungen, die man vor einem großen Ereignis verspürt, sind neutral – wenn man sie in einem positiven Licht sieht, wirken sie sich aber mit größerer Wahrscheinlichkeit positiv auf die Leistung aus.

Diese Studien bestätigen das, was jeder Spitzenperformer, den wir für dieses Buch interviewt haben, berichtet hat. Sie gaben zu, Stress zu empfinden – vor allem vor wichtigen Veranstaltungen. Aber sie erzählten auch, dass sie den Stress nicht leugneten, sondern ihn vielmehr begrüßten und auf die bevorstehende Aufgabe richteten. Mit den Worten des Weltmeisters in Wildwasser-Abfahrt Dane Jackson: »Angst [als vielleicht stärkste Form von Stress] ist beim Kajakfahren mein ständiger Begleiter, ob ich mich nun auf einen Ritt auf dem größten Wasserfall vorbereite oder auf einen WM-Finallauf. Ich gehe ihr nicht aus dem Weg und versuche auch nicht, sie zu ignorieren. Ich nehme sie wahr und kanalisiere sie, um mich zu konzentrieren, eine Eskimorolle zu machen oder den besten Lauf hinzulegen, zu dem ich fähig bin.«

Die Forschung über Selbstbilder und Einstellungen sagt nicht, dass angeborene Fähigkeiten unwichtig sind, sondern vielmehr, dass es auch wichtig ist, das Beste daraus zu machen. Indem wir unsere Grenzen ausloten, uns gerade noch machbaren Herausforderungen stellen und unsere Haltung ihnen gegenüber verbessern, eröffnet die richtige Einstellung überhaupt erst die Möglichkeit dafür, dass ein Wachstum stattfinden kann.

Indem wir unsere Grenzen ausloten, uns gerade noch machbaren Herausforderungen stellen und unsere Haltung ihnen gegenüber verbessern, eröffnet die richtige Einstellung überhaupt erst die Möglichkeit dafür, dass ein Wachstum stattfinden kann.

In den letzten beiden Kapiteln konzentrierten wir uns auf die erste Hälfte der Wachstumsgleichung: Stress. Wir gingen der Frage nach, wie Stress, sofern er die richtige Dosis aufweist, als starker Stimulus für Wachstum dient; wie sich Fähigkeiten durch aktive Auseinandersetzung und produktives Scheitern entwickeln; und wie wichtig es ist, seine Komfortzone zu verlassen und sich gerade noch machbaren Herausforderungen zu stellen. Wir lernten auch, wie man sich richtig unter Stress setzt: nämlich in Blöcken mit einer maximalen Dauer von zwei Stunden, tiefer Konzentration, bewusstem Üben und mobilen Endgeräten, die außer Sicht- und Reichweite sind. Schließlich sahen wir, dass unsere Einstellung nicht nur unsere Wahrnehmung von Stress beeinflusst, sondern auch unsere Reaktion darauf.

Obwohl es sehr anstrengend sein kann, sich unter Stress zu setzen und diesen überdies als etwas Positives zu betrachten, ist das vielleicht noch der einfache Teil. Paradoxerweise kann die zweite Hälfte der Wachstumsgleichung, Entspannung, anstrengender sein. Ernest Hemingway sagte einmal, dass seine Schreibphasen zwar anstrengend waren, ihm aber vor allem das »Warten bis zum nächsten Tag« schwerfiel, als er sich zur Entspannung zwingen musste. Oder, um es mit den Worten eines anderen großen Autors, Stephen King, auszudrücken: »Für mich bedeutet nicht arbeiten Schwerstarbeit.«

Als Nächstes widmen wir uns der zweiten Hälfte der Wachstumsgleichung. Der Arbeit des Nichtarbeitens. Entspannung.

PRAXISTIPPS

- Führen Sie sich die Kraft der inneren Einstellung vor Augen: Wie Sie etwas betrachten verändert grundlegend, wie Ihr Körper darauf reagiert.
- In Situationen, die Sie als Stress wahrnehmen, sollten Sie daran denken, dass Ihr Körper nur deshalb in Alarmbereitschaft geht, um sich besser auf eine Herausforderung vorzubereiten; atmen Sie tief durch und richten Sie Ihren erhöhten Erregungszustand und Ihre geschärfte Wahrnehmung auf die bevorstehende Aufgabe.
- Betrachten Sie Stress als etwas Produktives, und begrüßen Sie ihn. Sie erzielen damit nicht nur bessere Leistungen, sondern tun auch etwas für Ihre Gesundheit.

4

DAS PARADOXON DER ENTSPANNUNG

Wir haben einen Freund namens Adam*, der als Ingenieur an der Entwicklung von Googles fahrerlosem Auto beteiligt ist (dieses Projekt ist mittlerweile eine eigenständige Firma namens Waymo). Er sagt, dass das Arbeitstempo ans Frenetische grenzt. Wenn er im Labor ist, vergisst er die Außenwelt – wir wissen das nicht nur, weil er das behauptet, sondern weil unsere SMS und E-Mails in dieser Zeit fast immer unbeantwortet bleiben. Adam arbeitet mit Höchstgeschwindigkeit und widmet sich hoch konzentriert dem Innenleben des Autos, das – wenn Google es schafft – die Automobilindustrie revolutionieren wird. Er weiß, dass er und sein Team – unter vielen anderen Dingen – zuerst herausfinden müssen, wie man einem unbelebten, mit 100 km/h fahrenden Objekt beibringt, zwischen einer achtlos weggeworfenen Plastiktüte und einem Reh auf der Straße zu unterscheiden. So viel zum Thema gerade noch machbare Herausforderungen …

Google lebt von Projekten wie dem fahrerlosen Auto: Projekten, die jenseits ausgetretener Pfade liegen, wo aktive Auseinandersetzung und produktives Scheitern keine *Konsequenz* aus der geleisteten Arbeit sind, sondern vielmehr die dahinterstehende, treibende *Kraft*. Das Unternehmen zieht die Besten ihres Fachs an, die klügsten kreativen Denker, die vollkommen in ihrer Tätigkeit aufgehen. Wenn man zu dieser Kombination noch knappe

* Zur Wahrung der Anonymität unseres Freundes haben wir seinen Namen geändert.

Terminfristen und Kollegen hinzunimmt, die sich nicht scheuen, die Messlatte immer höher zu legen, erkennt man leicht, warum Angestellte wie Adam in den Sog ihrer Arbeit gezogen werden. Google scheint den Erfolg für sich gepachtet zu haben. Aber das Unternehmen weiß, dass das nicht alles ist. Ohne Entspannung würde Google keine Innovationen hervorbringen, sondern nur erschöpfte und ausgebrannte Mitarbeiter.

Burnout zählt zweifellos zu den größten Gefahren, die Google bedrohen, und hoch motivierte Angestellte zu bremsen ist eine weitaus größere Herausforderung, als sie anzuspornen. Zum Glück geht Google dieses Dilemma mit derselben innovativen Einstellung an wie alle seine Projekte. Doch im Gegensatz zu seinen sonst so zukunftsorientierten Ansätzen wendet das Unternehmen für die Entspannung seiner Mitarbeiter nicht die neuesten Technologien an. Vielmehr greift es in diesem Zusammenhang auf alte fernöstliche Praktiken zurück.

Suche in dir Selbst

In den frühen Tagen von Google bemerkte der Angestellte Nr. 107, Chade-Meng Tan, dass er und seine Kollegen zwar kein Problem damit hatten, ihr System »hochzufahren«, wohl aber, es wieder »herunterzufahren«. Es war unmöglich, kurze Pausen einzulegen oder an den Abenden oder am Wochenende nicht an die Arbeit zu denken. Auch wenn die ersten Google-Mitarbeiter abschalten wollten, fiel ihnen das wegen des hohen Tempos und der spannenden Arbeit sehr schwer. Google wuchs schnell, aber Tan hatte den Weitblick zu erkennen, dass seine Arbeitsweise – Stress ohne Entspannung – auf lange Sicht nicht aufrechtzuerhalten war.

Bei Google war Tan ein Softwareentwickler. In seiner Freizeit praktizierte er regelmäßig Achtsamkeitsmeditation, eine Form der buddhistischen Sitzmeditation, bei der man sich ausschließlich auf seine Atmung konzentriert. Tans Übung in Achtsamkeit half ihm dabei, vom Stress intensiver Arbeit in einen erholsameren Zustand zu schalten. Er hatte außerdem das Gefühl, dass Meditieren ihm half, seinen Geist für neue Einblicke empfänglich zu machen, die ihm ansonsten verschlossen geblieben wären. Tan glaubte, dass Achtsamkeit genau das war, was Google brauchte.

Daher startete Tan 2007 Search Inside Yourself, einen siebenwöchigen Kurs, in dem Google-Angestellte die Achtsamkeitsmeditation kennenlernten. Zunächst hielten seine Kollegen nicht viel von dieser Idee. Sie fragten sich, wie ihnen ein mystisches, esoterisches Ritual mit Kerzen und Rezitationen helfen sollte. Aber es dauerte nicht lange, bis Tans Kollegen lernten, dass Achtsamkeit – die natürlich rein gar nichts mit den eben genannten Klischees zu tun hat – ihre Lebens- und Arbeitsweise nachhaltig zu verändern vermochte. Google-Mitarbeiter, die Tans Kurs besucht hatten, waren bald begeistert davon. Sie hatten das Gefühl, gelassener zu werden, klarer zu denken und konzentrierter zu sein. Sie konnten am Abend abschalten und sich an den Wochenenden und im Urlaub so weit von der Arbeit distanzieren, dass die Auszeit auch wirklich erholsam war.

Die Nachricht über Search Inside Yourself verbreitete sich schnell unter den Mitarbeitern von Google, und schon bald überstieg die Nachfrage nach dem Kurs Tans Möglichkeit, diesen anzubieten – die Meditationssitzungen hatte er neben seinem Vollzeitjob als Entwickler angeleitet. Googles Führungsteam fielen die Vorteile von Search Inside Yourself natürlich auf. Die Mitarbeiter waren seltener krank, zufriedener und produktiver. So traten Tans Vorgesetzte an ihn heran und fragten ihn, ob er Interesse hätte, hauptberuflich als Meditationslehrer tätig zu sein und eine neue Abteilung für persönliches Wachstum zu leiten. Tan war von dem Angebot überwältigt und nahm die Stelle unter einer Bedingung an: seine Berufsbezeichnung sollte fortan nicht mehr Softwareentwickler lauten, sondern »Jolly Good Fellow« – echt feiner Kerl.

Search Inside Yourself wuchs und verselbstständigte sich schließlich. Heute gibt es das von Google unabhängige Search Inside Yourself Leadership Institute (SIYLI), das seinen Bildungsauftrag erweitert hat und das Ziel verfolgt, Personen in den unterschiedlichsten Organisationen in Achtsamkeit zu schulen. Tan wirkt als Vorsitzender der Geschäftsführung immer noch intensiv mit (obwohl er von seinen Kollegen nach wie vor lieber als »echt feiner Kerl« bezeichnet werden will) und hat zurzeit eine Belegschaft von 14 Vollzeitbeschäftigten, die es sich zum Ziel gesetzt haben, einer größeren Öffentlichkeit die Kraft der Achtsamkeit nahezubringen.

Um mehr über Achtsamkeitsmeditation zu erfahren, besuchten wir SIYLI im Presidio-Bezirk in San Francisco. Dort trafen wir Brandon Rennels, einen Meditationslehrer. Rennels ist etwa dreißig Jahre alt, aber sein Haar ist schon leicht ergraut und scheint damit zum Ausdruck zu bringen, dass »die Weisheit der Achtsamkeit diesen Kopf nicht nur innerlich, sondern auch äußerlich erfüllt«. Und das, was wir von ihm erfahren, scheint diesen Eindruck zu bestätigen.

Bei unserem ersten Treffen mit Rennels fiel uns auf, dass er vollständig präsent ist. Jede seiner Bewegungen führt er bewusst aus. Jedes Detail in seiner Umgebung nimmt er aufmerksam zur Kenntnis. Als wir einen Konferenzraum betraten, in dem Rennels vermutlich schon mehrere Hundert Male gewesen ist, betrachtete er die Umgebung, als würde er auf einem Felsvorsprung stehen und den Grand Canyon erblicken. Dasselbe geschah, als er seinen Laptop aufklappte. Er wirkte wie ein Vierjähriger, der noch nie zuvor einen MacBook gesehen hat. Rennels nahm alles in sich auf und schien von den alltäglichsten Dingen fasziniert zu sein, denen wir keine Beachtung mehr schenken.

Rennels erzählte uns, dass das nicht immer so gewesen war. Vor SIYLI war er in einem großen Beratungsunternehmen tätig. Obwohl er für seine Arbeit geschaffen war, regelmäßig befördert wurde und gute Bewertungen erhielt, war die Arbeit nicht für ihn geschaffen. Er bemerkte, dass er sich von externen Belohnungen blenden ließ und ihm sozialer Status über alles ging. Es fiel ihm schwer, sich zu konzentrieren – was wir uns nach unserem Besuch bei SIYLI kaum vorstellen können – und seinen Geist zur Ruhe zu bringen. Er erzählte uns, dass er in Gedanken immer bei der Arbeit gewesen war, auch wenn er sich körperlich an einem ganz anderen Ort befunden hatte. Wie die ersten Google-Mitarbeiter konnte Rennels einfach nicht abschalten. Aber, so sagt er: »Alles änderte sich, als ich mich ernsthaft mit Achtsamkeit befasste.«

Rennels war bereits drei Jahre als Berater tätig, als er auf einige Artikel und ein Buch über Achtsamkeitsmeditation stieß. Er fing an, diese Praktik zu lernen, so wie Tan bei Google, und sah Achtsamkeit als Lösung für viele seiner Probleme. Er nahm sich vor, regelmäßig zu meditieren, und begann mit einer Minute am Tag.

Nach nur wenigen Wochen stellte Rennels bereits große Unterschiede fest. Er wurde sich selbst und seiner Gefühle stärker gewahr und erkannte rechtzeitig, wie er sich von ihnen in seinen Handlungen leiten ließ. Sein

Geist arbeitete immer noch auf Hochtouren, wenn er bei der Arbeit war und Probleme zu lösen versuchte, aber am Ende des Tages war es ihm endlich möglich, zur Ruhe zu kommen. Er hörte anderen aufmerksamer zu und schlief besser. Mit zunehmender Dauer und Häufigkeit seiner Meditationen hatte er das Gefühl, sein Leben besser im Griff zu haben und sich weniger von äußeren Einflüssen leiten zu lassen. »Es war, als ob sich mein Leben in jeder Hinsicht verbesserte«, erinnert er sich.

Die Gedanken abschalten: Von Stress zu Entspannung

Achtsamkeit bedeutet, sich den gegenwärtigen Augenblick bewusst zu machen, indem man seine Aufmerksamkeit auf sich selbst und seine Umgebung richtet. Es hilft, die Meditation als hochspezifisches Training zu betrachten, um jederzeit und in jedem Lebensbereich präsenter zu sein. Wenn man meditiert, stärkt man seinen »Achtsamkeitsmuskel«. Das geht wie folgt:

- Nehmen Sie eine komfortable Sitzhaltung ein, idealerweise an einem ruhigen Ort.
- Atmen Sie mehrmals tief durch die Nase ein und aus.
- Lassen Sie dem natürlichen Rhythmus Ihres Atems freien Lauf, konzentrieren Sie sich ausschließlich auf den Akt des Atmens und wie Ihr Bauch bei jedem Atemzug steigt und fällt; nehmen Sie aufsteigende Gedanken zur Kenntnis und lenken Sie Ihre Konzentration dann wieder auf den Rhythmus und die Wahrnehmung Ihrer Atmung.
- Stellen Sie einen Wecker, damit Sie nicht darüber nachdenken müssen, wie viel Zeit verstrichen ist. Fangen Sie mit einer Minute an und steigern Sie sich langsam.

Hirnstudien belegen mittlerweile, welche deutlichen messbaren Vorteile die Achtsamkeitsmeditation mit sich bringt. Forscher stellen fest, dass schon wenige Minuten Achtsamkeitsmeditation am Tag dazu beitragen, die graue Substanz im präfrontalen Cortex zu vermehren. Der präfrontale Cortex zählt zu den am höchsten entwickelten Teilen unseres Gehirns; seiner Komplexität ist es zu verdanken, dass wir uns von primitiveren Tieren unterscheiden. Er ist nicht nur für strategisches Denken zuständig, sondern dient auch als Schaltzentrale des Gehirns. Er erlaubt uns, Situationen zu evaluieren statt instinktiv auf sie zu reagieren. Ein gut entwickelter präfrontaler Cortex leistet vor allem dann gute Dienste, wenn man aus dem Stress und in die Entspannung kommen will.

Wenn wir uns selbst fordern – indem wir ein anstrengendes Workout absolvieren, ein neues Instrument lernen oder unermüdlich an der Lösung eines komplexen intellektuellen Problems arbeiten –, lösen wir im Gehirn eine Stressreaktion aus. Durch die Stärkung des präfrontalen Cortex, die durch die Achtsamkeit möglich wird, können wir eine gerade stattfindende Stressreaktion als solche identifizieren, und das wiederum führt dazu, dass wir uns nicht so leicht von ihr überwältigen lassen. Es ist so, als würden wir unsere Gedanken und Gefühle als neutrale Beobachter wahrnehmen und anschließend *entscheiden*, was wir als Nächstes tun. Ein schwach ausgebildeter präfrontaler Cortex wird durch eine starke Stressreaktion überwältigt. Mit einem starken präfrontalen Cortex können wir *entscheiden*, wie wir auf den Stress reagieren wollen.

Um besser zu verstehen, wie dieser Mechanismus funktioniert, entwickelten Forscher an der University of Wisconsin – Madison ein Experiment, mit dem sie sowohl von innen als auch von außen (mehr dazu gleich) untersuchen konnten, wie Anfänger und geübte Meditierende auf Stress reagieren. Die Forscher fingen an, die Beine der Testpersonen mit einem glühenden Draht anzusengen. Zuerst reagierten beide Gruppen auf dieselbe Weise: Mit einer sofortigen Stressreaktion – und einem »Autsch!« –, aber das war so ziemlich die einzige Gemeinsamkeit. Die Forscher beobachteten nicht nur die äußere Reaktion der Teilnehmer, sondern auch, was sich in ihren Köpfen abspielte, und verwendeten hierfür fMRT-Scans. Was sie beobachteten, spiegelte genau das wider, was sich von außen feststellen ließ. Zuerst zeigte das Hirnareal, das mit der spontanen Stressreaktion in Verbindung steht (der zweite somatosensorische Cortex) in beiden Gruppen dasselbe Ausmaß an Aktivität. Dies entspricht dem »Autsch!«.

Als sich die Stressreaktion fortsetzte, war in der Anfängergruppe eine deutliche Aktivität der Amygdala erkennbar. Die Amygdala zählt zu den älteren Hirnstrukturen. Auch die primitivsten Tiere, beispielsweise Nagetiere, besitzen sie. Sie wird oft als »emotionales Zentrum« des Gehirns bezeichnet und steuert unsere urtümlichsten Instinkte wie Hunger und Angst. Wenn wir eine Bedrohung wahrnehmen, ist es die Amygdala, die unsere Stressreaktion auslöst: Wir spannen uns an und bereiten uns auf eine Handlung vor. Das ist vielleicht hilfreich, wenn wir uns ein Raubtier vom Leib halten wollen, aber suboptimal, um gelassen zu bleiben, wenn wir es mit heutigen Stressoren zu tun haben. Die Amygdala-Aktivität bei den Anfängern, die bei den fMRT-Scans aufgezeichnet wurde, ist der Grund dafür, warum ihre Schmerzen und ihr Unbehagen nicht nachließen. Ihre Gehirne erlebten das, was Neurowissenschaftler als »Amygdala-Entführung« bezeichnen – Emotionen übernehmen im Gehirn das Kommando. Sie konnten ihre Stressreaktion nicht abschalten. Selbst als der glühende Draht entfernt wurde, hielten die innere Anspannung und emotionale Erregung bei den Anfängern an.

Die erfahrenen Meditierenden hingegen reagierten völlig anders, und zwar sowohl innerlich als auch äußerlich. Nach dem ersten Schmerz waren sie in der Lage, ihre Stressreaktion auszuschalten und ihre emotionale Reaktion von dem Stimulus zu entkoppeln. So, als würden sie den Schmerz spüren und »Autsch, das tut weh« denken, um anschließend die *bewusste Entscheidung* zu treffen, nicht mehr darauf zu reagieren. Es fand in den Gehirnen der erfahrenen Meditierenden keine Amygdala-Entführung statt. Sie waren in der Lage, ihre angeborene Stressreaktion zu überwinden. Dies ist ein extremes Beispiel für dieselbe Fähigkeit, die es dem SIYLI-Achtsamkeitslehrer Brandon Rennels ermöglicht, am Ende eines anstrengenden Arbeitstages abzuschalten und seinen Abend zu genießen.

Spitzenläufer spüren in ihren harten Workouts zwar auch Schmerz oder Unbehagen, reagieren aber anders darauf.

Erfahrene Meditierende sind nicht die einzigen Personen, die über die Fähigkeit verfügen, aktiv zu entscheiden, wie sie auf Stress reagieren. Die Spitzenläufer, die Steve betreut, können das auch. Sie sind ein weiteres Beispiel dafür, wie das Erreichen von Spitzenleistungen in scheinbar völlig unterschiedlichen Bereichen – Laufen und Meditieren – letztlich viele Parallelen aufweist.

Wenn in einem harten, langen Workout der Schmerz einsetzt, lassen sich Freizeitläufer, selbst ziemlich gute, oft völlig davon einnehmen. Sie denken sich: »Oh Mist, das tut jetzt schon wahnsinnig weh, und die Strecke ist noch so lang.« Diese emotional negativ behafteten Gedanken können Panik verursachen. Der Puls steigt und die Muskeln spannen sich an. Infolgedessen nehmen sowohl die Freude an der Aktivität als auch die Leistung ab. Aber bei den Topathleten, die Steve betreut, sieht die Sache ganz anders aus. Spitzenläufer spüren in ihren harten Workouts zwar auch Schmerz oder Unbehagen, reagieren aber anders darauf. Sie geraten nicht in Panik, sondern führen das, was Steve als »ruhiges Zwiegespräch« bezeichnet.

Das ruhige Zwiegespräch klingt etwa folgendermaßen: »Oh, jetzt fängt es an, wehzutun. Das sollte es auch. Ich laufe schließlich schnell. Aber ich bin nicht der Schmerz, er ist von mir getrennt. Ich werde es schon schaffen.« Wie die erfahrenen Meditierenden treffen auch Steves beste Läufer eine bewusste Entscheidung, wie sie auf den Stress eines Workouts reagieren. Ihre Amygdala wird von aufkommenden Gefühlen des Unbehagens nicht übermannt. Obwohl nicht alle Spitzenläufer meditieren, die Steve betreut, haben sie in all den Jahren des fokussierten Trainings, das sie absolvieren mussten, um ihren Leistungsstand zu erreichen, ihren Achtsamkeitsmuskel gestärkt. Steve hat zwar keine Hirnscans an ihnen vorgenommen, aber wenn er es täte, würde er mit großer Wahrscheinlichkeit feststellen, dass ihr präfrontaler Cortex viel graue Substanz enthält.

Das ruhige Zwiegespräch klingt etwa folgendermaßen: »Oh, jetzt fängt es an, wehzutun. Das sollte es auch. Ich laufe schließlich schnell. Aber ich bin nicht der Schmerz, er ist von mir getrennt. Ich werde es schon schaffen.«

Vielleicht erklärt die alte Redewendung, dass harte Arbeit die Spreu vom Weizen trennt, nur einen Teil des großen Gesamtbildes. Die Besten entspannen sich auch »härter«.

Auf seinem Weg zum Spitzenläufer widerfuhr einem von Steves Sportlern, Brian Barraza, das, was vielen aufstrebenden Läufern bei ihrem ersten wichtigen Wettbewerb passiert: er scheiterte. Als Barraza in seinem ersten Studienjahr an der University of Houston war, hatte er die Gelegenheit (und die körperliche Fitness), sich für die US-Meisterschaft im 10-Kilometer-Lauf zu qualifizieren. Aber statt in der Qualifikation unter die Top Ten zu kommen, so wie ihm das im gesamten Jahr immer wieder gelungen war, schloss er mit einem enttäuschenden 28. Platz ab. Nach dem Lauf sagte Barraza zu Steve: »Das war eine schmerzhafte Angelegenheit, ich kam nie in den Flow.«

Steve arbeitete ein Jahr mit Barraza und half ihm, sich an die Gefühle des Unbehagens zu gewöhnen. Er brachte ihm bei, die Tatsache zu akzeptieren, dass jedes anstrengende Workout und jeder anstrengende Lauf mit Schmerzen verbunden sind. Statt den Schmerz zu vermeiden, zeigte ihm Steve die Technik des ruhigen Zwiegesprächs. Ein Jahr später nahm Barraza im zweiten Studienjahr wieder am Qualifikationslauf teil und kam auf den vierten Platz, womit er seine Teilnahme an den US-Meisterschaften sicherte. Diesmal war Barrazas Platzierung nicht nur besser, sondern auch seine Beschreibung des Laufs: »Als die Schmerzen einsetzten, stellte ich mir vor, dass du so wie im Training neben mir bist«, erzählte er Steve. »Es war beinahe so, als würde ich mitten im Lauf eine Unterhaltung führen – zuerst mit dir, dann mit mir selbst. Als es wirklich kritisch wurde, versuchte ich erst gar nicht, gegen den Schmerz anzukämpfen oder ihn zu besiegen, sondern erinnerte ich mich daran, dass er ganz normal ist, und entspannte mich daraufhin.«

Ein Jahr später hatte Barraza seine Psyche noch besser im Griff und gewann den Qualifikationslauf. Seine körperliche Fitness hatte sich in seiner Zeit am College verbessert. Aber es war vor allem die Verbesserung seiner mentalen Fitness, die ihm die Möglichkeit gab, sein Potenzial auszuschöpfen.

Achtsamkeit hilft den besten Athleten aber nicht nur bei ihren fordernden Workouts, sondern auch bei ihrer Erholung. Bestes Beispiel hierfür ist die Herzfrequenzvariabilität (*heart rate variability*, HRV), der Abstand zwischen zwei Herzschlägen. Die HRV gilt als globaler Indikator für physiologische Erholung. Je schneller die HRV einer Person zum Ausgangswert zurückkehrt (die Baseline), umso besser. Die Forschung zeigt, dass Spitzensportler ihre Baseline deutlich schneller erreichen als Amateure. In einer Studie war die HRV von Spitzensportlern 15 Minuten nach dem Ende eines harten Trainings bereits wieder auf 80 Prozent des Ausgangswerts zurückgekehrt. Bei den Amateuren hingegen lag der Wert deutlich niedriger, nämlich bei nur 25 Prozent. Nach 30 Minuten hatte sich die HRV der Elitegruppe vollständig erholt, während sie bei den Amateuren nur 40 bis 45 Prozent des Ausgangswerts betrug. Ähnlich wie bei den erfahrenen Meditierenden konnten die

PRAXISTIPPS

- Stärken Sie Ihren Achtsamkeitsmuskel. Das geht am besten mit Achtsamkeitsmeditation:
  - ✓ Wählen Sie eine Uhrzeit, zu der Sie möglichst nicht abgelenkt werden, beispielsweise morgens nach dem Aufstehen, nach dem Zähneputzen oder vor dem Schlafengehen.
  - ✓ Suchen Sie idealerweise einen ruhigen Ort auf und nehmen Sie eine bequeme Sitzhaltung ein.
  - ✓ Stellen Sie den Wecker, damit Sie nicht darüber nachdenken müssen, wie viel Zeit bereits verstrichen ist.
  - ✓ Fangen Sie an, tief durch die Nase ein und aus zu atmen.
  - ✓ Lassen Sie den Atem ganz von selbst zu seinem natürlichen Rhythmus finden und konzentrieren Sie sich auf nichts anderes als auf die Empfindung des Atmens. Spüren Sie, wie Ihr Bauch bei jedem Atemzug steigt und fällt; wenn ein Gedanke aufsteigt, nehmen Sie ihn zur Kenntnis und lassen Sie ihn wieder los. Richten Sie Ihre Aufmerksamkeit wieder auf die Wahrnehmung der Atmung.
  - ✓ Fangen Sie mit nur einer Minute an und steigern Sie sich allmählich. Verlängern Sie die Dauer Ihrer Meditation im Abstand von einigen Tagen um jeweils 30 bis 45 Sekunden.
- Häufigkeit geht vor Dauer. Am besten wäre es, wenn Sie täglich meditieren, auch wenn Sie die einzelnen Sitzungen kurz halten müssen.
- Wenden Sie Ihre zunehmende Achtsamkeit im Alltag an.
- Führen Sie in Stressphasen »ruhige Zwiegespräche«.
- Treffen Sie die bewusste Entscheidung »abzuschalten« und den Stress hinter sich zu lassen. Wenn Sie eine Pause machen und mehrmals tief durchatmen, aktivieren Sie den präfrontalen Cortex, die Schaltzentrale Ihres Gehirns.

Spitzensportler viel schneller vom Stress- in den Entspannungszustand schalten als ihre weniger erfahrenen Kollegen. Vielleicht erklärt die alte Redewendung, dass harte Arbeit die Spreu vom Weizen trennt, nur einen Teil des großen Gesamtbildes. Die Besten entspannen sich auch »härter«.

–

Die Entwicklung Ihres Achtsamkeitsmuskels gibt Ihnen die Freiheit zu wählen, wie Sie auf Stress reagieren wollen. In einer belastenden Situation kann Ihnen Achtsamkeit helfen, ruhig und gefasst zu bleiben. So können Sie Ihre gesamte körperliche und mentale Energie auf die bevorstehende Aufgabe richten, statt sich darüber Sorgen zu machen. Nach einer Herausforderung bietet Ihnen Achtsamkeit die Möglichkeit, die *bewusste Entscheidung* zu treffen, den Stress hinter sich zu lassen und in einen erholsameren Zustand umzuschalten. Wie wir gesehen haben, kann das einerseits bedeuten, dass Sie Ihre rasenden Gedanken beruhigen oder aber Ihren rasenden Puls verlangsamen. Ob Sie nun ein Ingenieur oder Athlet sind – Achtsamkeit öffnet in beiden Fällen das Tor zur Entspannung und hilft Ihnen, diesen Zustand schneller und zuverlässiger zu erreichen. Wenn Sie erst einmal diesen Punkt erreicht haben, werden Sie allerdings feststellen, dass »Entspannung« alles andere als passiv ist.

Unser entspanntes Gehirn: Das Standardnetzwerk

1929 führte der deutsche Psychiater Hans Berger unter Anwendung einer neuen Technologie, die er erst fünf Jahre zuvor erfunden hatte, eine Reihe von Untersuchungen durch. Es handelte sich dabei um das Elektroenzephalogramm (EEG), das die elektrische Aktivität im Gehirn aufzeichnet. Indem er Sensoren an den Köpfen seiner Patienten anbrachte, konnte Berger einen Blick in deren Gehirne werfen. Mithilfe des neuen Geräts wollte er verstehen, in welchen Gehirnbereichen unterschiedliche Aufgaben verarbeitet wurden. Seine Patienten sollten rechnen, zeichnen oder Rätsel lösen – während er die elektrische Aktivität in ihren Gehirnen kontrollierte. Er sah, dass bei verschiedenen Aufgaben verschiedene Muster elektrischer Aktivität auftraten. Berger und sein EEG halfen uns zu verstehen, wie das Gehirn funktioniert … und wie es nicht funktioniert.

In einem seiner Experimente ließ Berger das EEG-Gerät an, während ein Patient sich zwischen zwei Aufgaben entspannte. Ihm fiel auf, dass sich die EEG-Nadeln weiterbewegten. Sie hörten nicht auf zu summen. Damals war man der Annahme, das Gehirn sei mehr oder weniger ausgeschaltet, wenn es nicht mit einer konkreten Aufgabe beschäftigt ist. Aber Berger beobachtete, wie die Gehirne seiner Patienten auch dann hochaktiv blieben, wenn sie nichts taten.

Als Berger seine Ergebnisse veröffentlichte, wurde seine Feststellung, dass das Gehirn auch in Ruhe aktiv ist, weitgehend ignoriert. Obwohl er ziemlich fasziniert von dem war, was geschah, wenn seine Patienten *nicht* am Arbeiten waren, interessierten sich die meisten seiner Kollegen mehr für das, was passiert, wenn bewusste Denkprozesse ablaufen.

In den nächsten 70 Jahren konzentrierte sich die Forschung auf das aufgabenpositive Netzwerk – das Netzwerk im Gehirn, das aktiviert wird, wenn wir Dinge erledigen, die anstrengend sind und unsere Aufmerksamkeit erfordern. Erst 2001 griff Dr. Marcus Raichle, Neurologe an der Washington University in St. Louis, die rätselhafte passive Aktivität wieder auf, die Berger Jahrzehnte zuvor entdeckt hatte. Mit fMRT-Scans stellte Raichle fest, dass ein bestimmter Hirnbereich aktiv wird, wenn man gedanklich abschaltet und vor sich hin träumt. Er bezeichnete dies als Default-Mode-Network oder Standardnetzwerk. Sobald Raichles Subjekte wieder anfingen, sich zu konzentrieren, schaltete sich das Ruhezustandsnetzwerk aus, und das aufgabenpositive Netzwerk wurde wieder aktiv.

Dank der aufschlussreicheren fMRT-Technologie löste Raichles Arbeit im Gegensatz zu Bergers Entdeckung ein gutes Dreivierteljahrhundert zuvor weitere wissenschaftliche Untersuchungen des Gehirns im Ruhezustand aus. Diese Forschungsarbeiten zeigen, dass das Standardnetzwerk völlig unbemerkt von unserem aktiven Bewusstsein auch dann im Hintergrund läuft, wenn wir meinen, unser Gehirn wäre »aus«. Und wie wir noch sehen werden, ist dieses System – das »an« ist, wenn wir abschalten – oft für kreative Einfälle und Geistesblitze verantwortlich.

Heureka! Günstige Voraussetzungen für Kreativität

Denken Sie an die Phasen, in denen Sie am kreativsten sind. Was tun Sie normalerweise, wenn Ihnen die Antworten auf Probleme, mit denen Sie sich schon lange beschäftigen, plötzlich in den Sinn kommen? Wahrscheinlich versuchen Sie in dem Augenblick gar nicht, sie zu lösen. Es ist viel wahrscheinlicher, dass Sie gerade unter der Dusche stehen und an nichts Konkretes denken. Falls ja, sind Sie in bester Gesellschaft: Auch Woody Allen duscht gern, wenn er eine zündende Idee braucht: »Es hilft mir, nach oben zu gehen und mich zu duschen … also ziehe ich einige Kleidungsstücke aus, mache mir ein englisches Muffin oder etwas anderes und versuche, ins Frösteln zu kommen, damit der Drang zu duschen umso größer wird.« Wie eine ganze Industrie wasserdichter Whiteboards und Notizblöcke beweist, ist Allen nicht der einzige, der unter der Dusche kreative Einfälle hat.

Unsere besten Ideen entstehen oft in den kleinen Freiräumen, die zwischen unseren bewussten Gedanken liegen: Wenn sich das Gehirn im Leerlauf befindet.

Wenn Sie nicht unter der Dusche stehen, kommen Ihnen die besten Ideen vielleicht beim Laufen oder Spazierengehen. Für viele bekannte Philosophen von Kierkegaard bis Thoreau war der tägliche Spaziergang etwas Heiliges, der Schlüssel zu neuen Ideen. »Es will mir scheinen, als fingen meine Gedanken an zu fließen, sobald sich meine Beine in Bewegung setzen«, notierte Thoreau seinerzeit in seinem Tagebuch.

Oder vielleicht haben Sie eine Eingebung, wenn Sie mitten in der Nacht aufwachen und austreten müssen oder wenn Sie von Ihrem Mittagsschlaf aufwachen. Die besten Erfinder haben oft ein Notizbuch griffbereit auf dem Nachttisch liegen. Thomas Edison war ein großer Befürworter des Energieschlafs. Nicht weil er damit sein tägliches Schlafpensum erfüllte, sondern weil er in der Regel mit neuen Ideen aufwachte.

Lin-Manuel Miranda, der den »Genie-Preis« der MacArthur Fellowship erhielt und das erfolgreiche Broadway-Musical *Hamilton* schuf, beschreibt es folgendermaßen: »Eine gute Idee kommt nicht, wenn man eine Million

Dinge tut. Sie kommt vielmehr in dem Augenblick, in dem man sich entspannt. Sie kommt, wenn man unter der Dusche steht. Sie kommt, wenn man beim Telefonieren doodelt oder mit seinem Sohn Eisenbahn spielt. Also wenn der Geist mit anderen Dingen beschäftigt ist.«

Nimmt man diese interessanten Anekdoten zusammen, so ergibt sich ein klares Muster. Unsere besten Ideen entstehen oft in den kleinen Freiräumen, die zwischen unseren bewussten Gedanken liegen: Wenn sich das Gehirn im Leerlauf befindet. Die Wissenschaft bestätigt das. Forscher haben festgestellt, dass sich unsere kreativen Ideen vor allem in Pausen manifestieren, obwohl wir den Großteil unserer Zeit im Wachzustand mit zielgerichtetem Denken verbringen.

Die meisten kreativen Entdeckungen folgen einem typischen Verlauf. Zuerst stürzen wir uns in die Arbeit und setzen uns intensiv mit einem Thema auseinander. Obwohl wir mit unserem bewussten Denken normalerweise ziemlich weit kommen, gibt es oft ein fehlendes Puzzleteil, das uns einfach entgeht, ganz gleich wie sehr wir uns auch bemühen. Erreichen wir diesen Punkt, hören wir am besten auf, uns zu bemühen – auch wenn das kontraproduktiv scheint. Wenn wir vom absichtsvollen und aktiven Denken Abstand nehmen und unserem Geist eine Pause verschaffen, taucht das fehlende Puzzleteil in der Regel ganz von selbst auf. So, wie die Läuferin Deena Kastor (die uns bereits in Kapitel 1 begegnet ist) einmal gesagt hat, dass das Geheimnis ihres Erfolgs darin liegt, von ihrem körperlichen Training Abstand zu nehmen, so liegt das Geheimnis kreativer Ideen darin, von zielgerichtetem Denken Abstand zu nehmen. Um dieses Geheimnis besser zu verstehen, müssen wir den Unterschied zwischen dem Bewusstsein und dem Unterbewusstsein kennen.

Unser kreatives Gehirn

Arbeiten wir aktiv an einer Problemstellung oder Aufgabe, hat unser Bewusstsein (das aufgabenpositive Netzwerk) das Sagen. Es folgt einer linearen »Wenn-dann«-Logik: Wenn dies, dann das; wenn nicht dies, dann vermutlich auch nicht das. Bei den meisten Aktivitäten leistet uns diese Art von linearem Denken gute Dienste. Aber hin und wieder stoßen wir damit an unsere Grenzen. Dann sitzen wir vielleicht am Schreibtisch und starren auf den Monitor oder das Whiteboard und warten auf eine zündende Idee, aber solange wir uns krampfhaft *bemühen*, wird uns vermutlich kein Erfolg beschieden sein. Doch sobald wir aufhören, uns zu bemühen, tritt das Bewusstsein in den Hintergrund, und unser Unterbewusstsein (das Standardnetzwerk) schaltet sich ein.

Unser Unterbewusstsein funktioniert ganz anders als unser Bewusstsein. Es weicht völlig vom Muster linearen Denkens ab und arbeitet viel willkürlicher, indem es Informationen aus Bereichen unseres Gehirns bezieht, die unzugänglich sind, wenn wir im Arbeitsmodus sind. In diesen Bereichen des Gehirns – in den großen, undurchdringlichen Wäldern abseits der schmalen »Wenn-dann«-Autobahn, auf der unser Bewusstsein fährt – liegen unsere kreativen Ideen verborgen. Neurowissenschaftler haben festgestellt, dass das Unterbewusstsein immer aktiv ist und unbemerkt im Hintergrund läuft. Aber wie Raichle entdeckt hat, steigen Erkenntnisse aus dem Unterbewusstsein erst an die Oberfläche, wenn wir das Bewusstsein ausschalten und es in einen Ruhezustand versetzen.

Erkenntnisse aus dem Unterbewusstsein steigen erst an die Oberfläche, wenn wir das Bewusstsein ausschalten und es in einen Ruhezustand versetzen.

Dr. David Goss erlebte das Phänomen, dass Kreativität speziell in Ruhephasen auftritt, am eigenen Leib. Der 2017 verstorbene Goss war emeritierter Professor für Mathematik an der Ohio State University und für seine bahnbrechende Forschung im Bereich der Zahlentheorie weltbekannt. Die letzten vierzig Jahre hatte er damit zugebracht, eine völlig neue mathematische Sprache zu erschaffen, mit der wir Probleme lösen können, die sich mit herkömmlicher gesprochener Sprache nicht lösen lassen. Im Grunde schuf er eine Art Paralleluniversum, in dem zuvor unlösbare mathematische Fragestellungen lösbar werden. Um Zugriff auf die kreativen Erkenntnisse zu erhalten, die ihm die Erschaffung dieses mathematischen Paralleluniversums ermöglichten, musste Goss Zugriff auf ein Paralleluniversum erhalten, das in seinem Geist existierte.

Goss' Leidenschaft für Zahlen reicht weit zurück. Anfang der 1970er-Jahre, als er sein Studium an der University of Michigan begann, stürzte er sich mit Feuereifer auf die Mathematik. Mathematik, sagte er uns, war alles, woran er denken konnte. Obwohl seine Leistung in den Mathematikkursen außergewöhnlich war, musste er dafür einen hohen Preis zahlen, denn er vernachlässigte alle anderen Kurse, die nichts mit Mathematik zu tun hatten. In seinem dritten Studienjahr verschärfte sich die Situation dermaßen, dass sein Studienbetreuer ihn vor die Wahl stellte: entweder er änderte seine Einstellung oder er suchte sich eine andere Universität. Goss entschied sich für Letzteres und ging nach Harvard, wo er mit offenen Armen empfangen und zum Promotionsstudium der Mathematik zugelassen wurde. »Ich habe einen Master und Doktor von Harvard«, erzählte er uns, »aber keinen Bachelor. Was soll's.«

Goss war erleichtert, dass er nicht mehr so tun musste, als würde er sich in den anderen Fächern anstrengen, und legte richtig los. Mit 23 Jahren kam ihm in den Sinn, dass die Mathematik durch die vorhandenen Strukturen massiv eingeschränkt war. »Ich erinnere mich, wie ich damals dachte, dass es einen besseren Weg geben müsse, eine Methode, Mathematik auf ein Niveau zu heben, das wir für unmöglich gehalten haben.« Dieser Gedanke, und viele andere bahnbrechende Ideen, die noch folgen sollten, kamen ihm nicht, als er an der Tafel stand. Vielmehr, berichtete er, »kamen mir diese verrückten Ideen über mein Unterbewusstsein. Wenn ich auf dem Ergometer fuhr oder spazieren ging. Einige dieser Ideen waren richtig verrückt. Aber andere stellten sich als nicht ganz so verrückt heraus.« Die verrückten Ideen verwarf er am nächsten Tag wieder. Und die nicht ganz so verrückten Ideen? Sie wurden zu einer zweiten Sprache für Mathematik.

»Das Unterbewusstsein ist wahnsinnig einflussreich«, erzählte uns Goss. »Es ist beinahe so, als würde man nur deshalb arbeiten, um die Voraussetzungen für die Dinge zu schaffen, die sich ereignen, wenn man eben nicht am Arbeiten ist.«

Es besteht kein Zweifel, dass Goss ein brillantes Bewusstsein hatte. Aber genauso viel Bewunderung verdienen sein Unterbewusstsein und sein Mut, die Arbeit ruhen zu lassen und sich zu entspannen, damit er darauf zugreifen kann. »Das Unterbewusstsein ist wahnsinnig einflussreich«, erzählte er uns. »Es ist beinahe so, als würde man nur deshalb arbeiten, um die Voraussetzungen für die Dinge zu schaffen, die sich ereignen, wenn man eben nicht am Arbeiten ist.«

Obwohl Goss nie ein ernsthafter Athlet war, hielt er sich an die Regeln der Periodisierung: Er setzte seinen Geist unter Stress und gab ihm die Gelegenheit, sich zu erholen, damit sich neue Ideen entwickeln können. Goss war nicht der einzige Innovator, der durch strategische Pausen beispiellose Erfolge erzielte. Als Nächstes sehen wir uns einen anderen überragenden Performer an, einen ehrgeizigen Athleten, dessen Mut zur Entspannung zu einem völlig anderen Durchbruch führte. Es ist die Geschichte eines Läufers namens Roger Bannister.

PRAXISTIPPS

- Hören Sie auf zu arbeiten, wenn Sie sich mit einer anstrengenden geistigen Aufgabe beschäftigen und trotz aller Anstrengungen nicht weiterkommen.
- Lassen Sie das, was Sie gerade tun, fünf Minuten ruhen.
- Je anstrengender die Aufgabe ist, umso länger sollte die Pause sein.
- Für kraftzehrende, erschöpfende Aufgaben sollten Sie es in Erwägung ziehen, die Pause bis zum nächsten Morgen fortzusetzen.
- Die Pausen sollten Sie – sofern Sie nicht schlafen (mehr dazu in Kürze) – mit Aktivitäten verbringen, die wenig bis kein zielgerichtetes Denken erfordern. Obwohl wir in Kapitel 5 noch ausführlicher auf die Frage eingehen werden, wie Sie Ihre Pausen gestalten können, hier einige Beispiele:
  - ✓ Musik hören
  - ✓ Einen kurzen Spaziergang machen
  - ✓ Sich in der Natur bewegen
  - ✓ Duschen
  - ✓ Den Abwasch machen
- Vielleicht haben Sie in Ihrer Pause eine zündende Idee. Das wäre natürlich optimal. Doch selbst wenn der Geistesblitz ausbleibt, ist Ihr Unterbewusstsein immer noch aktiv. Wenn Sie sich Ihrer Aufgabe wieder zuwenden, ist die Wahrscheinlichkeit daher groß, dass Sie Fortschritte machen und vorankommen werden.

In der Ruhe liegt die Kraft

6. Mai 1954. Oxford, England. *Peng!* Mit dem Startschuss versucht der britische Leichtathletikstar Roger Bannister im vollbesetzten Stadion das scheinbar Unmögliche: die Meile in unter vier Minuten zu laufen. In den 1940er- und 1950er-Jahren war die Meile das, was der Marathon heutzutage ist – die Königsdisziplin im Laufsport. So wie viele Läufer heute davon träumen, den Marathon in unter zwei Stunden zu schaffen, war die Laufgemeinde damals von der Vorstellung besessen, die Meile in einer Zeit von unter vier Minuten zu laufen. Der Rekord verbesserte sich von 4:14 Minuten (1913) auf 4:06 Minuten (1934) und schließlich auf 4:01 Minuten. Obwohl nicht viel fehlte, um die Vier-Minuten-Marke zu knacken, stand der Rekord schon seit fast einem Jahrzehnt. Es war keineswegs so, als hätten sich die Athleten nicht darum bemüht. Die besten Läufer der Welt setzten es sich zum Ziel, einen neuen Rekord aufzustellen, der unter vier Minuten liegen sollte. Ihr Training war speziell darauf ausgerichtet, diese »Schallmauer« zu durchbrechen. Sie alle scheiterten: 4:03, 4:01, 4:04 und 4:02 Minuten. Es schien, als würde es niemandem gelingen, die letzten ein, zwei Sekunden zu kappen. Physiologen und Ärzte fragten sich außerdem, ob es überhaupt möglich sei, die Meile in unter vier Minuten zu laufen. Sie vermuteten, dass Herz und Lunge des Menschen nicht dafür geschaffen sind, einer solchen Belastung standzuhalten.

Wie alle großen Läufer seiner Zeit hatte sich Bannister der Vier-Minuten-Grenze bis auf wenige Sekunden genähert und glaubte deshalb, den Rekord brechen zu können. Also war er zuversichtlich, als er Anfang 1954 verkündete, dass er einen weiteren Rekordversuch unternehmen würde. Aber bevor er Geschichte schreiben wollte, tat Bannister etwas, das seinen Zeitgenossen höchst fragwürdig erschien. Er setzte seinen Trainingsplan aus, der aus intensiven Intervallen auf der Laufbahn bestand, und fuhr zwei Wochen vor dem Rekordversuch in die schottischen Highlands. Tagelang bekamen er und seine Freunde keine Laufbahn zu Gesicht. Stattdessen gingen sie wandern und bergsteigen. Sie legten das Laufen geistig und zu einem Großteil auch körperlich beiseite. Obwohl sich Wandern bestens eignet, um die allgemeine Fitness zu verbessern, hat es rein gar nichts mit den harten 400-Meter-Wiederholungssprints zu tun, die Bannister üblicherweise auf der Laufbahn absolvierte. Mit anderen Worten: Im Vergleich zu seinem normalen Trainingspensum entspannte er sich. Zurück in England schockierte Bannister die Laufgemeinde erneut. Statt sofort zur Laufbahn zu eilen und zu versuchen, mit einem letzten »Paniktraining« die verlorene Zeit aufzuholen, entspannte er sich weiter. Bannister gönnte seinem Körper drei weitere Tage Erholung von den Anforderungen des rigorosen Trainings, das er in den Monaten zuvor bewältigt hatte. Wenige Tage vor seinem Rekordversuch machte er einige kurze Workouts, um seinen Körper auf die bevorstehende Aufgabe einzustimmen, mehr aber auch nicht. Bannister war fit, und das war sehr vorteilhaft. Er würde jedes Quäntchen Energie benötigen, um den Laufsport neu zu definieren.

Wir sind wieder im Stadion in Oxford am 6. Mai 1954. Es ist nur ein Läufer in seiner Nähe, als Bannister die dritte Runde abschloss – zu jenem Zeitpunkt waren 3 Minuten und 0,7 Sekunden verstrichen, knapp über dem erforderlichen Durchschnittstempo. Als die Glocke die letzte Runde einläutete, mobilisierte er seine letzten Kräfte. Als er sich langsam vom Hauptfeld absetzte, hielt es niemand im Publikum mehr auf seinem Sitzplatz aus. 3:40, 3:41, 3:42 … In der Zielgerade war die Energie beinahe greifbar, die Zuschauer feuerten ihn an … 3:54, 3:55 … Als Bannister die Ziellinie überquerte, wusste er nur, dass er alles gegeben hatte, und hörte die Menge jubeln. Aus den Lautsprechern tönte die Stimme des Stadionsprechers Norris McWhirter, der später das *Guiness-Buch der Rekorde* gründete und an jenem Tag die denkwürdigste Ansage seines Lebens machte:

> *Meine Damen und Herren, hier ist das Ergebnis von Lauf 9, dem Lauf über eine Meile: Sieger ist Nummer 41, R. G. Bannister von der Amateur Athletic Association, ehemals Exeter und Merton College, Oxford, mit einer Zeit, die ein neuer Wettkampf- und Stadionrekord ist, und – sofern offiziell bestätigt – auch ein neuer Rekord für England, Großbritannien, Europa, das britische Empire und die ganze Welt sein wird. Die Zeit war drei …*

Der Rest der Durchsage ging im tosenden Jubel der Menschenmenge unter. In 3 Minuten, 59 und 4/10 Sekunden hatte Roger Bannister eine der größten Barrieren der Menschheitsgeschichte durchstoßen. Und das war zu einem Großteil auf seinen Mut zurückzuführen, sich zu entspannen.

Bannisters Flucht in die Natur mag ein wenig radikal erscheinen, aber der Gedanke, eine Pause zu machen, um körperliches Wachstum anzuregen, ist alles andere als das. Wir fragten Matt Dixon, der die besten Triathleten der Welt coacht, was die besten Athleten von der breiten Masse absetzt. Seine Antwort lautete: Entspannung. Natürlich braucht man einen erfahrenen Coach wie Dixon, um ein ausgewogenes Training der drei Triathlon-Disziplinen (Schwimmen, Radfahren, Laufen) zu gestalten, aber Dixons wahres Können besteht darin, dass er seine Athleten davon überzeugen kann, sich zu entspannen.

Triathleten unterscheiden sich nicht von den Profis in jeder anderen anspruchsvollen Branche – sie wollen und müssen sich an ihre Grenzen bringen. Sie sehen, wie ihre Konkurrenten unzählige Trainingsstunden absolvieren, und haben eigentlich immer das Gefühl, mehr tun zu können. Im Gegensatz zum reinen Laufsport, in dem sich die Athleten aus Angst vor Ermüdungsbrüchen oft bewusst schonen, besteht Triathlon auch aus Schwimmen und Radfahren, bei denen die Sportler keinen Aufprallkräften ausgesetzt sind. Daher sehen die Athleten keinen Anlass, sich in diesen Disziplinen zu schonen, und deshalb tun es viele auch nicht. Infolgedessen leiden Triathleten vielleicht mehr als alle anderen Sportler an Übertraining und Burnout. Dixons Athleten hingegen nicht.

Indem sie Entspannung als etwas betrachten, das zum Wachstum und zur Anpassung des Körpers beiträgt, hören Dixons Athleten auf, Entspannung für passives Nichtstun oder »Antitraining« zu halten.

Mit etwas Widerwillen erzählte uns Dixon, dass er oft als »Erholungscoach« bezeichnet wird. Das liegt größtenteils daran, dass sich viele übertrainierte Athleten, die am Ende ihrer Kräfte sind und kurz vor dem Burnout stehen, an ihn wenden, um ihre Karriere zu retten. Laut Dixon besteht die größte Schwierigkeit darin, Athleten davon zu überzeugen, dass ihnen Entspannung mehr nützt als zusätzliche Trainingseinheiten. Sobald sie diese Tatsache akzeptieren, so Dixon, ist der Rest ein Kinderspiel: »Die Athleten fangen an, ihre Fitness zu steigern und bessere Leistungen zu erzielen als je zuvor.« Zum ersten Mal in ihrer Karriere, erzählte er uns, »geben sie ihren Körpern Zeit und Gelegenheit, sich an den Trainingsstress anzupassen.«

Um seinen Athleten zu helfen, diesen wichtigen Sprung zu schaffen, macht Dixon die Entspannung zu einer aktiven Entscheidung.* Wenn er Trainingspläne für Triathleten aufstellt, die am Ironman teilnehmen, gibt es keine »leichten« oder »freien« Tage. Es gibt aber viele »unterstützende Einheiten«. Indem sie Entspannung als etwas betrachten, das zum Wachstum und zur Anpassung des Körpers beiträgt, hören Dixons Athleten auf, Entspannung für passives Nichtstun oder »Antitraining« zu halten. Und plötzlich wird Entspannung so produktiv wie ein zusätzliches Workout. Durch diese einfache Änderung der Einstellung erreicht Dixon etwas, das nur wenige Coaches schaffen: seine Athleten davon zu überzeugen, sich zu entspannen. Wie Bannister sind auch Dixons Athleten bei wichtigen Veranstaltungen nicht nur fitter, sondern auch erholter als ihre Konkurrenz. Sie gewinnen wichtige Wettkämpfe nicht, weil sie härter trainieren als ihre Konkurrenten, sondern weil sie ausgeruhter sind.

In einer Gesellschaft, die mühsam erkämpfte, kurzfristige Zuwächse und extreme Leistungsbereitschaft verherrlicht, muss man Mut aufbringen, um sich zu entspannen. So wie Dixon und seine Triathleten sollten wir unsere Vorstellung von Entspannung überdenken und in einen neuen Kontext setzen. Entspannung ist kein träges Nichtstun, sondern ein aktiver Prozess, durch den physisches und psychisches Wachstum eintreten. Um die Vorteile von Stress zu nutzen, muss man sich entspannen.

Im nächsten Kapitel befassen wir uns mit der Frage, welche Methode am besten geeignet ist, um sich zu erholen. Wir stellen die wissenschaftlichen Fakten vor, die für unterschiedlich lange Erholungsphasen sprechen – von kurzen, über den Tag verteilten Pausen bis hin zur Bedeutung von Schlaf und längerem Urlaub –, und erklären, wie Sie die spezifischen Vorteile der verschiedenen Auszeiten strategisch maximieren können. Wenn Sie erst einmal sehen, wie praktisch und wirksam diese Pausen sein können, wird es Ihnen hoffentlich leichter fallen, die aktive Entscheidung zu treffen, sie auch in Anspruch zu nehmen.

---

* Dixon nutzt etwas, das Verhaltensforscher als Unterlassungseffekt bezeichnen, oder unsere angeborene Tendenz, Handeln vor Nichthandeln den Vorzug zu geben.

5

SO ENTSPANNEN SICH DIE BESTEN

In Kapitel 3 haben wir die Vorteile des Intervalltrainings besprochen, das zwar ursprünglich aus der Trainingswissenschaft stammt, sich aber auch jenseits sportlicher Ambitionen bestens bewährt hat. Wir sind außerdem auf Forschungsarbeiten eingegangen, die zeigen, dass unsere Leistung nach zwei Stunden ununterbrochener anstrengender Arbeit – ganz gleich, worum es sich handelt – zu leiden beginnt. Wir haben gelernt, dass wir unsere beste Arbeit leisten, wenn auf Phasen intensiver Anstrengung kurze Pausen folgen. In Kapitel 4 befassten wir uns mit Achtsamkeitsmeditation und damit, wie wichtig es ist, Abstand zur Arbeit zu nehmen, um unserem Unterbewusstsein die Möglichkeit zu geben, sich kreativ zu entfalten. Es existieren natürlich viele Möglichkeiten, wie man von seiner Arbeit Abstand nehmen kann, und nicht alle haben dieselben Vorzüge. Die Beschäftigung mit sozialen Medien ist beispielsweise nicht annähernd so effektiv wie ein kurzer Spaziergang.

Wenden wir uns nun den einzigartigen Vorteilen der verschiedenen Formen von Pausen zu, die durch die Erzählungen hervorragender Performer und neueste wissenschaftliche Erkenntnisse untermauert werden. Wir fangen mit kurzen Pausen an, die man über den Tag verteilt einlegen kann, und schließen das Kapitel mit einer Untersuchung des Nutzens (und der Herausforderung) längerer Erholungsphasen ab. Betrachten Sie dieses Kapitel als Speisekarte mit »Entspannungsgerichten«, aus denen sie ganz nach Ihrem Appetit wählen können.

Spazierengehen

In seinem Buch *The War of Art* schreibt der preisgekrönte Autor Steven Pressfield über seine Spaziergänge: »Ich habe immer ein Diktiergerät dabei, denn sobald sich mein oberflächlicher Geist beim Spazierengehen leert, wird ein anderer Teil von mir rege und gesprächig … aus dem Wort ›gaffen‹ auf Seite 342 wird plötzlich ›stieren‹; mir fällt auf, dass ich mich in Kapitel 21 wiederhole. Der letzte Satz kommt bereits in der Mitte von Kapitel 7 vor.« Wie Sie im letzten Kapitel erfahren haben, steht Pressfield damit nicht allein. Viele Schriftsteller und Intellektuelle schwören auf die Spaziergänge, die sie in ihren Pausen zu machen pflegen.

Ein Spaziergang ist nicht nur für kreative Menschen wie Schriftsteller, Künstler und Erfinder nützlich. Als Brad bei McKinsey komplexe Finanzmodelle entwarf, ging er tagsüber oft spazieren, vor allem wenn er ein Problem hatte, für das er keine Lösung fand. Wenn er nicht weiterwusste, wenn er auf den Bildschirm starrte, kam ihm die Idee immer während oder unmittelbar nach einem Spaziergang.

Man braucht viel Mut, um seine Arbeit kurzfristig ruhen zu lassen, vor allem wenn man an enge Terminfristen gebunden ist. Manchmal hat man einfach keine Zeit für einen ausgedehnten Spaziergang. Die gute Nachricht ist, dass selbst kurze Spaziergänge große Vorteile bieten können.

> *Selbst kurze Spaziergänge können große Vorteile bieten.*

In einer Studie mit dem originellen Titel »Give Your Ideas Some Legs: The Positive Effect of Walking on Creative Thinking« (sinngemäß etwa: »Wie Sie Ihren Ideen Beine machen: Die positive Wirkung des Spazierengehens auf Ihr kreatives Denken«) untersuchten Forscher der Stanford University die Wirkungen eines kurzen Spaziergangs. Sie wiesen Subjekte an, sich die Beine zu vertreten – entweder in geschlossenen Räumen, im Freien oder gar nicht. Nach dem Spaziergang beurteilten sie die Kreativität der Teilnehmer. Sie baten die Testpersonen, sich für Alltagsgegenstände möglichst viele unkonventionelle Einsatzmöglichkeiten auszudenken. So würde ein Autoreifen zum Beispiel auch als Schwimmring, Basketballkorb oder Schaukelsitz genutzt werden können. (Das ist der sogenannte »Guildford-Test für alternative Anwendungen«, eine gängige Methode zur Messung der Kreativität.) Diejenigen, die sechs Minuten im Freien spazieren gegangen waren, erhöhten ihre Kreativität um 60 Prozent im Vergleich zu den Angehörigen der Kontrollgruppe, die ihre Schreibtische nicht verlassen hatten. Obwohl das Spazierengehen im Freien die größten Vorteile mit sich brachte, entwickelten die Testpersonen, die sich in geschlossenen Räumen die Beine vertraten, immer noch 40 Prozent mehr kreative Ideen als die inaktive Kontrollgruppe. Dies lässt darauf schließen, dass selbst einige Runden im Büro oder eine kurze Einheit auf dem Laufband immer noch einen hohen Nutzen haben, wenn man nicht die Möglichkeit hat, sich im Freien zu bewegen (zum Beispiel im Winter oder wenn es keine Fußgängerwege gibt usw.).

Zuerst vermuteten die Forscher, dass die bessere Durchblutung des Gehirns für den Nutzen der Spaziergänge verantwortlich war. Aber die Vorteile scheinen auch vom Zusammenspiel zwischen Bewegung und Aufmerksamkeit herzurühren. Da das Gehen ein gewisses Maß an Koordination erfordert, ist der Teil unseres Gehirns beschäftigt, der sonst für zielgerichtetes Denken zuständig ist; unser Bewusstsein ist also geringfügig abgelenkt. Infolgedessen fällt es im Gehen leichter, unseren kreativen Motor zu nutzen, unser Unterbewusstsein. Das erklärt, warum Gehen die Kreativität tendenziell besser fördert als andere Bewegungen, die eine höhere Konzentration und Koordination erfordern, wie etwa Tanzen oder Hanteltraining. Beim Gehen haben wir noch die Muße, über die Dinge nachzudenken, an denen wir gerade arbeiten, sind dabei aber gedanklich nicht so beschäftigt, dass wir anfangen abzuschweifen. Es ist das perfekte Tor zum Unterbewusstsein und begünstigt kreative Einfälle, die uns helfen können, wenn wir gedanklich festgefahren sind.

Gehpausen bieten aber nicht nur kognitive Vorteile, sondern unterstützen auch die körperliche Gesundheit. Sie haben vermutlich bereits die Warnung gehört, dass »Sitzen das neue Rauchen« sei. Langes, ununterbrochenes Sitzen schadet der Gesundheit, und Sitzen kann sogar die Vorteile zunichtemachen, die man sich durch Fitnesstraining erwirbt. Zum Glück zeigt die neueste Forschung, dass

Gehen ist das perfekte Tor zum Unterbewusstsein und begünstigt kreative Einfälle, die uns helfen können, wenn wir gedanklich festgefahren sind.

nur zwei Minuten Gehen pro Stunde vor vielen Nebenwirkungen schützt, die das Sitzen mit sich bringt. Eine Studie hat ergeben, dass diese kurze Aktivität das Risiko eines vorzeitigen Todes (die »allgemeine Sterblichkeit« bzw. alle Todesursachen zusammengenommen) um 33 Prozent senkt. Im antiken Griechenland, als sich die Kultur Athens auf ihrem Höhepunkt befand, unterschieden Platon und seine Zeitgenossen körperliche und intellektuelle Bildung nicht voneinander. Die weisen Philosophen wussten schon damals etwas, das wir erst jetzt wieder entdecken: Ein gesunder Geist und ein gesunder Körper gehen Hand in Hand.

Ganz natürlich

2008 ging ein Psychologe der University of Michigan namens Dr. Marc Berman der Frage nach, warum so viele Genies wie Leonardo da Vinci oder Charles Darwin berichteten, von der Natur inspiriert worden zu sein. Um herauszufinden, ob wirklich eine starke Verbindung zwischen Natur und Kreativität besteht, engagierte Berman eine Reihe von Studenten, die er in zwei Gruppen aufteilte. Beide Gruppen mussten dieselben anspruchsvollen kognitiven Aufgaben erfüllen. Im Anschluss daran machte die eine Gruppe eine Pause in einem ruhigen Park, während sich die andere Gruppe in einer geschäftigen städtischen Umgebung niederließ. Danach mussten die Studenten erneut anspruchsvolle kognitive Aufgaben bewältigen. Das Ergebnis: Die Gruppe, die sich in der Natur aufgehalten hatte, schnitt deutlich besser ab als die Gruppe, die ihre Pause in der Stadt verbracht hatte.

Vielleicht denken Sie sich: »Schon möglich, aber es ist nicht so einfach, sich mitten am Tag davonzumachen und sich einen ruhigen Park zu suchen.« Keine Sorge – es kann schon helfen, sich Naturbilder anzusehen. In einem zweiten Experiment ließ Berman seine Studenten denselben Prozess durchlaufen, der oben beschrieben wurde, nur dass sie diesmal nicht ins Freie gingen, sondern die Aufforderung erhielten (sechs Minuten lang) Fotos zu betrachten, auf denen entweder eine Natur- oder Stadtlandschaft zu sehen war. Das Ergebnis war dasselbe: Die Studenten, die sich die Naturbilder ansahen, schnitten besser ab als ihre Kollegen, die Fotos von Großstädten betrachtet hatten.

Berman stellt die Hypothese auf, dass der Anblick von Natur unser Wohlbefinden steigert und unsere Stimmung hebt; so können wir schneller von der als Stress empfundenen harten Arbeit in einen erholsameren Zustand schalten, in dem unsere Gedanken frei fließen können und Kreativität einen günstigen Nährboden findet. Und wenn Sie zu nichts anderem in der Lage sind, als das Browserfenster zu wechseln – beschäftigen Sie sich lieber mit einer Fotoserie von *National Geographic* oder *Outside* als mit Ihrem Facebook- oder Twitter-Profil.

Der Kontakt zur Natur trägt nicht nur zur Förderung der Kreativität bei, sondern könnte auch den Interleukin-6-Spiegel senken. Interleukin-6 (IL-6) ist ein Molekül, das mit Entzündungen assoziiert wird. Ein niedrigerer IL-6-Spiegel kann schädliche, chronische Entzündungen verhindern, die ambitionierte Athleten oft außer Gefecht setzen. Laut einer in der Fachzeitschrift *Emotion* erschienenen Studie ist es vor allen anderen Gefühlen Ehrfurcht – eine Emotion, die oft in und durch die Natur hervorgerufen wird –, die mit einem geringeren IL-6-Spiegel in Verbindung steht. Wir fragten die Hauptautorin der Studie, Dr. Jennifer Stellar, was es damit auf sich hat. Wie kann etwas so Einfaches wie das Verweilen in der Natur, oder selbst das Betrachten einer Landschaftsaufnahme, unsere Biologie verändern?

Stellar sagte uns, dass »wir durch das Gefühl der Ehrfurcht eine stärkere Verbindung zum Universum spüren und von Demut erfüllt werden«. Diese Gefühle »helfen möglicherweise dabei, unsere Stressreaktion »abzuschalten«, was wiederum zu einer Reduktion der Entzündungsreaktionen führt«.

Nach Ihrem nächsten anstrengenden Workout oder hektischen Arbeitstag sollten Sie sich also überlegen, ob Sie nicht lieber einen Park besuchen, bevor Sie in ein Eisbad springen, Schmerzmittel nehmen oder das neueste Nahrungsergänzungsmittel ausprobieren, das angeblich eine entspannende Wirkung hat. Wie Cheryl Strayeds Mutter in dem Buch und gleichnamigen Film *Der große Trip – Wild* sagt: »Du kannst dich bewusst dem Anblick dieser Schönheit aussetzen«, wenn du dich niedergeschlagen fühlst.

Meditation

Wir sind bereits darauf eingegangen, dass Achtsamkeitsmeditation – das Sitzen und Konzentrieren auf die Atmung – dabei helfen kann, den Übergang von einem Stress- in einen Entspannungszustand zu beschleunigen. Achtsamkeitsmeditation stärkt den präfrontalen Cortex, also den Teil des Gehirns, der seinem Nutzer die *bewusste Entscheidung* überlässt, wie er auf Stress reagiert. Wir empfehlen daher das tägliche Meditieren, um den Achtsamkeitsmuskel zu stärken. Außerdem kann ungeplantes, spontanes Meditieren eine wertvolle Hilfe sein, wenn man sich eine kurze Auszeit von körperlich oder geistig anstrengender Arbeit nimmt.

Ob Sie angespannt sind, weil Sie noch schnell einen Bericht schreiben müssen oder im Kraftraum schwere Hanteln stemmen: Achtsamkeitsmeditation kann in beiden Fällen helfen, Ihre Leistung zu verbessern. Das Gefühl des Aufgebrachtseins ist die physiologische Manifestation des Geistes, der sich auf eine Bedrohung gefasst macht und in den Stressmodus schaltet. Wenn Sie auch nach der Pause (in der Sie einen großen Bogen um die Tastatur oder Hantel machen) noch unter Stress stehen, wird ein Großteil der Wirksamkeit der Pause verpuffen. Es lässt sich leicht feststellen, ob Ihre Pause durch unterschwelligen Stress untergraben wird. Das spürt man normalerweise in den (hochgezogenen) Schultern, (angespannten) Unterarmen und im (zusammengepressten) Kiefer. Falls Sie diese Empfindungen spüren, sollten Sie eine kurze Achtsamkeitsmeditation in Erwägung ziehen. Nehmen Sie eine bequeme Sitzposition ein, schließen Sie die Augen und atmen Sie zehnmal tief durch die Nase ein und aus. Konzentrieren Sie sich nur auf die Wahrnehmung Ihrer Atmung. Es können dabei körperliche Schmerzen, Spannungsgefühle und negative Gedanken aufkommen. Ignorieren Sie diese nicht. Nehmen Sie sie zur Kenntnis, lassen Sie sie los und richten Sie Ihre Aufmerksamkeit wieder auf Ihre Atmung.

Ob Sie angespannt sind, weil Sie noch schnell einen Bericht schreiben müssen oder im Kraftraum schwere Hanteln stemmen: Achtsamkeitsmeditation kann in beiden Fällen helfen, Ihre Leistung zu verbessern.

Nach zehn Atemzügen könnten Sie bis zum Ende Ihrer Pause damit fortfahren, sich ausschließlich auf Ihren Atem zu konzentrieren. Oder Sie könnten eine Technik namens »Open Monitoring« anwenden, die manchmal auch als »Körperscan« bezeichnet wird. Atmen Sie hierbei weiterhin gleichmäßig ein und aus, richten Sie Ihre Aufmerksamkeit allerdings nun auf Ihren Körper. Fangen Sie bei Ihren Füßen an und arbeiten Sie sich von unten nach oben vor. Konzentrieren Sie sich darauf, wie sich alles anfühlt: Ihre Zehen in den Schuhen, Ihre Haut am Stuhl (oder an Ihrer Kleidung), Ihre Muskeln, die sich langsam entspannen, und Ihr Herzschlag. Studien zeigen, dass nur sieben bis zehn Minuten Open-Monitoring-Meditation die physiologische Erholung als auch die Kreativität fördern.*

Soziale Erholung

Einer von uns (Steve) hat zahlreiche Methoden ausprobiert, um die Erholung seiner Athleten nach intensiven Trainingseinheiten zu beschleunigen, aber die mit Abstand effektivste Methode ist die soziale Interaktion. Sie haben richtig gehört – Steves Geheimnis ist weder Massage, Kompression noch Kältetherapie. Es besteht darin, eine lockere, entspannte Umgebung zu schaffen, in der seine Athleten in geselliger Runde Zeit miteinander verbringen können. Nach Wettkämpfen oder besonders anstrengenden Trainingseinheiten fordert Steve mehr oder weniger, dass seine Athleten gemeinsam frühstücken, zu Mittag essen oder Film- bzw. Spielabende veranstalten. Sein Ansatz wird von faszinierenden neuen wissenschaftlichen Erkenntnissen untermauert.

Das Verhältnis von Testosteron zu Cortisol ist ein guter Indikator für die systemische Erholung (es gilt die Regel: je höher das Verhältnis, umso besser). Eine Studie der Bangor University in Wales fand heraus, dass Athleten, die ihre Spielanalyse mit Freunden vornahmen, ein besseres hormonelles

* Es sei an dieser Stelle wiederholt, dass Open Monitoring nicht dasselbe ist wie Achtsamkeitsmeditation, in der die Atmung im Mittelpunkt steht. Während sich Ersteres hervorragend für kurze Pausen eignet, sollte es Letztere nicht ersetzen. Achtsamkeitsmeditation ist als tägliche Übung hochwirksam, weil sie Ihnen die Möglichkeit gibt zu entscheiden, wie Sie im Laufe des Tages auf Stress reagieren, und zwar jeden Tag. Deshalb empfehlen wir Ihnen, unabhängig von Ihren Pausen im Alltag Achtsamkeitsmeditation zu praktizieren, die üblicherweise im Sitzen ausgeführt wird.

Profil aufwiesen als Athleten, die ihr letztes Match in einer neutralen Umgebung mit ihnen unbekannten Personen durchgingen. Mehr noch: Die gesellige Runde schnitt auch eine Woche später im Wettkampf besser ab. Der Hauptautor dieser Studie, Dr. Christian Cook, Professor für Physiologie und Leistungsforschung an der Bangor University sagte uns, dass »ein freundschaftliches Umfeld nach dem Training – in dem man mit den anderen Sportlern reden, lachen und eine Abschlussbesprechung halten kann – für die Erholung und künftige Leistungen vorteilhafter zu sein scheint«.

»Die grundlegende Biologie des Zusammengehörigkeitsgefühls hat tiefgreifende Auswirkungen auf die Stressphysiologie. … Es ist schon beinahe poetisch, dass das Gefühl der Verbundenheit zu anderen im wahrsten Sinne des Wortes ein gebrochenes Herz heilen kann.«

Als wir diese Erkenntnis mit Dr. Kelly McGonigal besprachen (der Professorin und Stressexpertin aus Stanford, die uns bereits in Kapitel 3 begegnet ist), war sie nicht überrascht. »Die grundlegende Biologie des Zusammengehörigkeitsgefühls hat tiefgreifende Auswirkungen auf die Stressphysiologie«, erzählte sie uns. Zu den positiven Folgen des sozialen Zusammenhalts zählen die Herzfrequenzvariabilität, die Beruhigung des vegetativen Nervensystems und die Ausschüttung von Hormonen wie Oxytocin und Vasopressin (auch Adiuretin), die entzündungshemmende und antioxidative Eigenschaften besitzen. »Noch verrückter ist vielleicht«, so McGonigal, »dass Oxytocin dazu beiträgt, das Herz zu reparieren. Es ist schon beinahe poetisch, dass das Gefühl der Verbundenheit zu anderen im wahrsten Sinne des Wortes ein gebrochenes Herz heilen kann.«

Obwohl man im Laufe des Tages die Erholung durch soziale Interaktion benutzen kann, ist sie nur wirksam, wenn man sich in einem entspannten Umfeld aufhält. Es bringt nicht viel, mit seinem Kollegen einen Kaffee trinken zu gehen, um über die Arbeit zu sprechen. Deshalb empfehlen wir, diese Strategie am Ende des Arbeitstages anzuwenden. Das ist aber nicht immer einfach. Wenn wir das Gefühl haben, unter Stress zu stehen, neigen wir dazu, uns zurückzuziehen und uns von der Außenwelt abzukapseln. Im schlimmsten Fall bleibt der Stress bestehen und nimmt zu, und wir geraten in einen Teufelskreis des Grübelns: Fragen Sie nur einen Athleten, der ein intensives Workout abgeschlossen hat und mit seiner Leistung unzufrieden ist; einen Künstler, der in seinem Atelier nicht mit seiner Arbeit vorangekommen ist; oder einen Manager, der einen harten Tag im Büro hatte. Auch wenn wir nicht immer gesellig sein wollen, ist es sehr hilfreich, sich mit Freunden zu umgeben und abzuschalten, *vor allem* nach anstrengenden Situationen.

PRAXISTIPPS

- Bringen Sie den Mut auf, über den Tag verteilt Pausen zu machen, *vor allem* wenn Sie nicht weiterkommen oder der Stress unerträglich scheint; je intensiver die Arbeit ist, umso häufiger sollten Sie Pausen einlegen.
- Gehen Sie mindestens sechs Minuten spazieren, um Ihre Kreativität anzuregen und die negativen Auswirkungen langen Sitzens zu verringern. Bewegen Sie sich möglichst im Freien; aber selbst mit einigen Runden im Büro erzielen Sie bereits große Vorteile.
- Setzen Sie sich bewusst dem Anblick der Schönheit aus. Der Aufenthalt in der Natur, oder selbst das Betrachten von Landschafts- oder Naturbildern, erleichtert den Übergang von Stress zu Entspannung und fördert das kreative Denken.
- Meditieren Sie. Fangen Sie mit einigen achtsamen Atemzügen an und konzentrieren Sie sich nur auf den Atem. Sie können auch versuchen, die Open-Monitoring-Technik anzuwenden, indem Sie Ihren Körper scannen und Ihre Aufmerksamkeit auf Ihre physischen Empfindungen richten.
- Verbringen Sie Zeit mit Ihren Freunden! Nach harter – körperlicher oder geistiger – Arbeit trägt die Zeit mit Freunden in lockerer Atmosphäre dazu bei, Stress abzubauen und in die Entspannung zu kommen.

Ja, es stimmt, wir haben Ihnen gerade die wissenschaftlich fundierte Legitimation dafür gegeben, mit Ihren Freunden trinken zu gehen. (Anmerkung: Wir schreiben absichtlich nicht »in der Happy Hour«. Happy Hour ist oft eine Zeit, in der Kollegen zusammenkommen, um sich über die Arbeit zu beschweren und sich selbst zu bemitleiden. Dementsprechend sind diese Stunden oft nicht besonders »happy«. Verbringen Sie Ihre Zeit lieber mit Ihren Freunden.)

Schlaf

Wenn Sie oft müde sind und wissen, dass Sie nicht ausreichend schlafen, sind Sie in bester Gesellschaft. In allerbester Gesellschaft sogar. In der Gesellschaft von circa 195 Millionen Amerikanern, um genau zu sein. Sie haben richtig gelesen: Ganze 65 Prozent der US-Bevölkerung kommen nicht auf die medizinisch empfohlenen 7 bis 9 Stunden Schlaf pro Nacht; 40 Prozent schlafen sogar weniger als 6 Stunden. Das war aber nicht immer so. 1942 schlief der durchschnittliche Amerikaner noch 7,9 Stunden pro Nacht. Heute sind es nur noch 6,8 Stunden.

Ein Großteil, wenn nicht unser gesamter kollektiver Schlafmangel ist auf die Technologien zurückzuführen, mit denen wir jederzeit erreichbar sind und zu jeder Tages- und Nachtzeit arbeiten können. Wir werden von dem Gefühl getrieben, immer online sein und etwas für die Arbeit tun zu müssen. »Der Tag hat einfach nicht genug Stunden«, klagen wir, und deshalb arbeiten wir mittlerweile auch abends und nachts. Das trifft vor allem auf die Geschäftswelt zu, in der wir allzu oft heroisch verklärte Geschichten von Unternehmern hören, die »mit nur vier Stunden Schlaf auskommen«. (Es zeigt sich ein anderes Bild, wenn man diese Unternehmer fragt, wie glücklich sie sind oder wie voll ihr Terminkalender ist.) Es ist keine gute Idee, unmittelbar vor dem Zubettgehen noch zu arbeiten. Denn selbst wenn wir die Arbeit zu einer normalen Uhrzeit beenden, halten uns die Bildschirme, auf die wir starren, anschließend noch stundenlang wach.

Die meisten digitalen Geräte mit Displays, ob es nun Computer, Smartphones, Tablets oder Fernseher sind – also so ziemlich alles, auf das wir zu vorgerückter Stunde starren –, senden sogenanntes blaues Licht aus. Von allen Formen des künstlichen Lichts, die den Schlaf beeinträchtigen können, gilt blaues Licht als mit Abstand am schädlichsten. Während es uns nichts ausmacht, uns in einem von Glühlampen erhellten Raum aufzuhalten, kommen wir wesentlich schlechter damit zurecht, ständig auf einen Bildschirm zu sehen. Blaues Licht wirft unseren zirkadianen Rhythmus (unsere innere Uhr) völlig aus dem Gleichgewicht. Je nachdem, wann wir ihm ausgesetzt sind, kann blaues Licht unsere innere Uhr um bis zu sechs Zeitzonen verschieben. Deswegen ist es am besten, eine kreative Idee, die man mitten in der Nacht hat, auf einem Blatt Papier oder einem Notizblock aufzuschreiben und kein digitales Gerät zu verwenden. Dies sollte auch als Warnung vor der zunehmenden Gewohnheit aufgefasst werden, im Laufe des Abends und der Nacht immer wieder sein Smartphone anzuschalten, um nachzuschauen, ob neue Nachrichten eingegangen sind.

In einer kürzlich durchgeführten Studie, die die negativen Auswirkungen des blauen Lichts untersuchte, wiesen Forscher der Harvard University die Testpersonen an, vier Stunden vor dem Schlafengehen in einem Buch aus Papier oder einem E-Book zu lesen. Nach nur fünf aufeinanderfolgenden Tagen waren die Unterschiede zwischen den beiden Gruppen deutlich erkennbar. Diejenigen, die das E-Book lasen, gaben an, sich wesentlich weniger müde zu fühlen, als sie zu Bett gingen. Dieses Phänomen ist biochemisch erklärbar: Die Leser des E-Books schütteten das Schlafhormon Melatonin 90 Minuten später aus als die Personen, die in einem normalen Buch lasen. Ihre innere Uhr ging davon aus, dass sie einige Zeitzonen überflogen hatten, obwohl das gar nicht der Fall gewesen war.

Viele von uns glauben, dass wir durch Schlaf viel versäumen, aber wir verpassen durch das Wachbleiben noch viel mehr. Schlaf zählt zu den produktivsten Dingen, die wir zur Steigerung unserer Leistungsfähigkeit tun können.

Ihr zirkadianer Rhythmus hatte sich deutlich verschoben, was dazu führte, dass sie schlechter einschliefen und sich nach dem Aufwachen weniger erholt (und geistig träge) fühlten. Besonders beunruhigend ist, dass sich diese Wirkung nach nur fünf Tagen einstellte, in denen vier Stunden vor dem Schlafengehen ein Gerät benutzt wurde, das blaues Licht emittierte. Außerdem sei an dieser Stelle erwähnt, dass die an der Studie teilnehmenden Personen nur zum Vergnügen lasen. Sie können sich vorstellen, dass die Resultate noch wesentlich gravierender ausgefallen wären, wenn sie die Aufgabe gehabt hätten, E-Mails zu versenden oder wichtige Unterlagen zu bearbeiten. Blaues Licht ist an und für sich schon schädlich. Kommt noch ein unruhiger Geist hinzu, wird ziemlich klar, warum wir weniger schlafen als je zuvor.

Am Ende dieses Abschnitts empfehlen wir Ihnen, den Kontakt mit blauem Licht vor dem Schlafengehen zu minimieren, und geben eine Reihe weiterer Tipps, wie Sie nachts besser schlafen können, aber zuvor fühlen wir uns verpflichtet, eine gängige Annahme zu widerlegen. Viele von uns glauben, dass wir durch Schlaf viel versäumen, aber wir verpassen durch das Wachbleiben noch viel mehr. Schlaf zählt zu den produktivsten Dingen, die wir zur Steigerung unserer Leistungsfähigkeit tun können. Wir wachsen nicht im Fitnessstudio oder bei der Arbeit: Wir wachsen im Schlaf.

Schlaf und unser wachsender Geist

Wir können uns im Wachzustand noch so sehr bemühen und anstrengen – wenn wir nicht schlafen, geht ein Großteil unserer Mühe verloren. Im wahrsten Sinne des Wortes. Das liegt daran, weil Schlaf vor allem Einfluss darauf nimmt, wie wir neue Informationen in unserem bereits vorhandenen Wissensschatz festigen und abspeichern – das heißt wie wir uns erinnern. Dass Schlaf für das Lernen eine tragende Rolle spielt, ist eher eine neue Entdeckung. Dr. Robert Stickgold, ein renommierter Schlafforscher von der Harvard University, berichtete der Zeitschrift *New Yorker*, dass man bis vor kurzer Zeit annahm, dass »die einzige bekannte Funktion von Schlaf die Beseitigung der Schläfrigkeit« sei. Diese Auffassung hat sich seit Beginn des 21. Jahrhunderts grundlegend verändert, und dieser Wandel ist zu einem Großteil Stickgolds Forschungen zu verdanken.

Im Jahr 2000 veröffentlichte Stickgold die Ergebnisse eines raffinierten Experiments, das unsere Sichtweise auf den Schlaf nachhaltig veränderte. Stickgold forderte drei Personengruppen dazu auf, das Computerspiel *Tetris* zu spielen – und zwar sieben Stunden lang täglich, drei Tage in Folge. Die eine Gruppe hatte *Tetris* bereits gespielt, die zweite Gruppe kannte das Spiel, und die dritte Gruppe konnte sich nicht daran erinnern, es je gespielt zu haben – sie litt an schwerer Amnesie.

Während des Zeitraums, über den sich das Experiment erstreckte, wurden die Studienteilnehmer nachts wiederholt geweckt und gefragt, ob sie sich an ihre Träume erinnern konnten. Die Antwort lautete in der Regel: *Tetris*. Selbst die unter Amnesie leidenden Probanden berichteten, von *Tetris* geträumt zu haben. Obwohl sie am nächsten Tag keine Details des Experiments mehr wussten, erinnerten sich die Amnesiekranken, von fallenden Gebilden und Mustern geträumt zu haben. Stickgold bewies, dass wir im Schlaf auf einer sehr tiefen Ebene die Erfahrungen und Informationen verarbeiten, die wir im Wachzustand sammeln. Wenn wir schlafen, und vor allem wenn wir träumen, verarbeitet das Gehirn zahllose Dinge, denen wir im Laufe des Tages ausgesetzt sind – die Autos, die auf dem Parkplatz standen, eine Fernsehsendung, unsere Einfälle, neue Personen, die wir kennengelernt haben usw., – und entscheidet, was im Gedächtnis abgespeichert werden soll. Es überlegt sich auch, wo es diese Informationen in unser bereits bestehendes Wissensnetz einfügt.

Seit Stickgolds bahnbrechender Studie haben noch viele weitere Wissenschaftler nachweisen können, dass wir im Schlaf Informationen beurteilen, einordnen und behalten. Wir wissen mittlerweile, dass Schlaf nicht nur wichtig ist, um intellektuelles Wissen zu verarbeiten, sondern auch um emotionale Erfahrungen zu enkodieren. In unseren Gesprächen mit Künstlern stand der Schlaf stets mit Phasen hoher Kreativität und Leidenschaft in Verbindung. Das ist in keiner Weise verwunderlich. Die Forschung zeigt, dass Schlaf die Art und Weise verbessert, wie wir emotionale Ereignisse verarbeiten und abspeichern. Angesichts der regen emotionalen Aktivität, die im Schlaf stattfindet, fragen sich Wissenschaftler mittlerweile, ob Schlaflosigkeit nicht nur die Wirkung, sondern vielleicht auch die *Ursache* für viele Stimmungsstörungen ist. Denn Schlaf hilft uns nicht nur dabei, die auf uns einwirkenden Informationen zu verstehen, sondern auch unsere Gefühle.

Schlaf wirkt sich außerdem auch auf unsere Selbstkontrolle aus. In einer Analyse zahlreicher Studien stellten Forscher der Clemson University fest, dass Menschen, die unter chronischem Schlafmangel stehen, weniger Selbstkontrolle besitzen und mit höherer Wahrscheinlichkeit »impulsiven

Wünschen nachgeben, eine kürzere Aufmerksamkeitsspanne besitzen und Probleme haben, Entscheidungen zu treffen«.

Wer nicht genügend Schlaf bekommt (7 bis 9 Stunden pro Nacht), schneidet in so ziemlich jeder Aktivität schlechter ab, für die Aufmerksamkeit und Anstrengung erforderlich sind – beispielsweise die Lösung komplexer Aufgaben, der Erwerb neuer Fähigkeiten oder die Einhaltung einer Ernährungsumstellung. Schlaf trägt also nicht nur dazu bei, den heutigen Tag optimal zu nutzen, sondern verleiht auch die Energie für die Herausforderungen des nächsten Tages. Triathlon-Coach Matt Dixon, der der Erholung einen so hohen Stellenwert beimisst, sagt nicht ohne Grund, dass Schlaf das wichtigste »Zusatztraining« ist, das es gibt.

Beinahe alle Vorteile des Schlafs treten in den späteren Phasen ein, hauptsächlich im sogenannten REM-Schlaf, in dem man die Augen schnell hin und her bewegt. Wir verbringen nur etwa 20 bis 25 Prozent unseres gesamten Schlafs im REM-Schlaf. Mit der Schlafdauer steigt der Anteil des REM-Schlafs. Das liegt daran, dass die REM-Dauer mit jedem Schlafzyklus zunimmt. Schlaf wirft mit zunehmender Dauer steigende Erträge ab. Bedauerlicherweise ist es so, dass gerade die Stunden 7 bis 9 – auf die ein Großteil von uns verzichtet – die wichtigsten sind.

Schlaf wirft mit zunehmender Dauer steigende Erträge ab. Bedauerlicherweise ist es so, dass gerade die Stunden 7 bis 9 – auf die ein Großteil von uns verzichtet – die wichtigsten sind.

Wir wachsen im Schlaf. Und wir lassen nicht nur unsere kognitiven und emotionalen Muskeln wachsen, sondern auch unsere körperlichen.

Wir wiederholen: »Entspannung« ist alles andere als passiv. Wie Maria Konnikova in ihrer wunderbaren Reihe zum Thema Schlaf im *New Yorker* schreibt:* »Im Schlaf wiederholt, verarbeitet, lernt und interpretiert das Gehirn. Es denkt gewissermaßen.«

* Konnikovas dreiteilige Reihe hat unsere Auffassung von Schlaf grundlegend verändert. Wir empfehlen Ihnen daher, sie zu lesen. Siehe Seite 249 für weitere Details.

Halten wir kurz inne, um diese Aussage in den Kontext der Gleichung Stress + Entspannung = Wachstum einzuordnen. Im Wachzustand setzen wir uns allen möglichen psychischen Stimuli (Stress) aus, die wir im Schlaf (Entspannung) verarbeiten. Wenn wir am nächsten Morgen aufwachen, haben wir uns also weiterentwickelt. Wir wachsen im Schlaf. Und wir lassen nicht nur unsere kognitiven und emotionalen Muskeln wachsen, sondern auch unsere körperlichen.

Schlaf und körperliches Wachstum

Im Laufe der letzten Jahre hatte Brad das Privileg, für die Zeitschrift *Outside* Interviews mit über vierzig Weltklasse-Athleten zu führen, die er zu ihren Trainings- und Lebensgewohnheiten befragte. Darunter sind die weltbesten Läufer, Skifahrer, Radfahrer, Surfer, Kajaker und Kletterer. Zu Brads großem Erstaunen wichen ihre täglichen Gewohnheiten in vielerlei Hinsicht stark voneinander ab. Die einen praktizieren regelmäßig Yoga, die anderen haben sich in ihrem Leben noch nie gedehnt. Die einen ernähren sich vegan und glutenfrei, während die anderen täglich Fleisch essen. Die einen nehmen Eisbäder, die anderen gehen in die Sauna. Aber eine Gemeinsamkeit, die alle Befragten miteinander verbindet, ist der Schlaf. Für die besten Athleten der Welt ist guter Schlaf genauso wichtig wie ihre härtesten Workouts und ihre wichtigsten Meisterschaften. Die dreifache Ironman-Weltmeisterin und Triathlon-Rekordhalterin Mirinda Carfrae erzählte Brad: »Schlafen ist vielleicht das Wichtigste, was ich tue.« Sie meinte das ernst, und zwar aus gutem Grund. Laut der neuesten wissenschaftlichen Erkenntnisse über Leistungsfähigkeit täten die meisten von uns gut daran, Carfraes Einstellung zu übernehmen.

Für die besten Athleten der Welt ist guter Schlaf genauso wichtig wie ihre härtesten Workouts und ihre wichtigsten Meisterschaften.

Wie Sie in Kapitel 2 erfahren haben, gerät der Körper in den sogenannten »katabolen« Zustand, wenn wir ihn unter Stress setzen. Unsere Muskeln, selbst unsere Knochen, zersetzen sich auf mikroskopischer Ebene. Das Hormon Cortisol wird freigesetzt und sagt unserem Körper: »Hilfe! Der

Stress ist einfach zu viel.« Wir werden müde und bekommen Schmerzen bzw. Muskelkater, womit uns unser Körper auf natürlichem Weg mitteilen will, dass er eine Pause braucht. Wenn wir unsere Erholung vernachlässigen und trotzdem weitermachen, setzt sich der Abbau fort und unsere Gesundheit und Leistung lassen nach. Wenn wir aber auf unseren Körper hören und ihm Zeit geben, sich auszuruhen, schaltet er vom katabolen in den anabolen Zustand, in dem er sich erneuern kann, damit er stärker wird. Das heißt also, dass der Stress eines harten Workouts zu einem körperlichen Abbau führt, und nur wenn auf den Stress Entspannung folgt, können Anpassung und Wachstum folgen. Das trifft vor allem auf den Schlaf zu, der ein Katalysator für körperliches Wachstum ist. Im Schlaf verarbeitet also nicht nur das Gehirn die Geschehnisse des Tages, sondern auch der Körper.

Sobald wir mindestens eine halbe Stunde schlafen, fangen anabole Hormone an, unser System zu durchfluten. Testosteron und das Wachstumshormon Somatropin, die für das Muskel- und Knochenwachstum unerlässlich sind, werden nach dem ersten REM-Zyklus ausgeschüttet, und ihr Spiegel bleibt erhöht, bis wir wieder aufwachen. Diese Hormone fördern die Proteinsynthese, also die Neubildung von Proteinen, die speziell daraus ausgerichtet sind, eine körperliche Reparatur zu ermöglichen.* Das heißt, dass ein Großteil des Proteins, das Athleten im Laufe des Tages akribisch abwiegen und verzehren, verschwendet wird, wenn sie nicht ausreichend schlafen.

Falls Sie also auf der Suche nach einem Jungbrunnen sind oder alle möglichen fragwürdigen Nahrungsergänzungsmittel einnehmen, können Sie getrost damit aufhören. Stattdessen sollten Sie sich einfach ins Bett legen und eine Runde schlafen.

Eine längere Schlafdauer wirkt sich nicht nur positiv auf unser Gehirn aus, sondern auch auf unseren Körper, weil mit jedem zusätzlichen Schlafzyklus ein weiterer Schub wirksamer anaboler Hormone freigesetzt wird.

Mit anderen Worten: Wir können mehr von den Hormonen erhalten, für die zahllose Athleten (durch die Einnahme synthetischer Steroide bzw.

* Studien zeigen, dass 20 bis 30 Gramm Protein vor dem Zubettgehen die Proteinsynthese uber Nacht erhöhen Viele Spitzensportler nehmen dies zur Kenntnis und trinken vor dem Schlafen ein Whey- oder Casein-Proteinshake.

Doping) ihre Gesundheit, ihren Ruf und ihre Karriere aufs Spiel gesetzt haben, indem wir einige Stunden länger schlafen. Das im Schlaf ausgeschüttete Testosteron und Somatotropin ist nicht synthetischen Ursprungs und wird durch andere, ebenfalls natürlich vorkommende Hormone ausgeglichen. Im Gegensatz zu den illegalen Steroiden tun sie uns gut. Falls Sie also auf der Suche nach einem Jungbrunnen sind oder alle möglichen fragwürdigen Nahrungsergänzungsmittel einnehmen, können Sie getrost damit aufhören. Stattdessen sollten Sie sich einfach ins Bett legen und eine Runde schlafen.

Bei all diesen Vorteilen ist es nicht weiter verwunderlich, dass die besten Athleten der Welt dem Schlaf so große Bedeutung beimessen. Dabei darf man Ursache und Wirkung nicht miteinander verwechseln: Sie schlafen nicht, weil sie zu den Besten gehören. Sie gehören zu den Besten, weil sie schlafen.

Leider folgen zu viele aktive Menschen nicht dem Beispiel der besten Athleten. Sie glauben irrtümlicherweise, dass es besser sei, noch etwas mehr zu trainieren, und opfern dafür gegebenenfalls ihren Schlaf. Diese Denkweise herrscht vor allem bei sehr beschäftigten Personen vor, beispielsweise bei Amateursportlern (die beruflich eingespannt sind) und Studenten (die für ihre Prüfungen lernen müssen). Verstehen Sie uns nicht falsch: Natürlich müssen Sie hart trainieren, wenn Sie besser werden wollen. Ohne einen ausreichend hohen Stimulus, der für Ihren Körper einen Stress darstellt, können Sie sich noch so sehr entspannen – Sie werden trotzdem kein Wachstum erzielen. Aber es ist in den allerseltensten Fällen eine gute Idee, auf Schlaf zu verzichten und stattdessen eine zusätzliche Trainingseinheit einzuschieben.

An der Stanford University weiß man, wie wichtig Schlaf für beschäftigte Athleten ist. In einer Studie von 2011 wurde den Spielern des Basketballteams gesagt, dass sie in den zwei bis vier Wochen, in denen ihr aktueller Leistungsstand gemessen wurde, ihre Schlafgewohnheiten beibehalten sollten. Nach jedem Training wurden Merkmale für spielerische Kompetenz im Basketball – Dinge wie Sprintgeschwindigkeit, Treffsicherheit und Reaktionszeit – festgehalten. Nach dieser Feststellung des Ist-Zustands erhielten die Spieler den Auftrag, in den nächsten 6 bis 7 Wochen möglichst viel zu schlafen. Die Forscher baten sie darum, mindestens 10 Stunden pro Nacht zu schlafen, und erhofften sich dadurch eine Leistungssteigerung. Die Spieler hörten auf den Rat: Sie schliefen jede Nacht im Durchschnitt 110 Minuten länger als sonst. Im Anschluss an diese Phase wurde ein weiterer Leistungstest vorgenommen. Die Ergebnisse überzeugten auf ganzer Linie: Die Sprintgeschwindigkeit stieg um 4 Prozent, die Treffsicherheit bei Freiwürfen und Dreipunktewürfen nahm um 9 Prozent zu, und auch die Reaktionszeit verkürzte sich erheblich. Das waren keine Mittel- oder Oberstufenschüler. Das waren Athleten der Division I, der höchsten Liga im Hochschulsport. Diese Leistungssteigerung war außergewöhnlich. Der zusätzliche Schlaf führte zu mehr Siegen. 2011 (dem Jahr der Studie) gewann das Stanford-Team 26 Spiele (im Vorjahr waren es nur 15 Siege gewesen) und das National Invitation Tournament (NIT). 2012 erreichte die Mannschaft das NCAA-Achtelfinale, und 2014 gewann sie einen weiteren NIT-Titel.

Um zu beweisen, dass diese Leistungssteigerung kein Zufall war, wiederholten die Forscher das Experiment mit dem Schwimmteam. Das Ergebnis was dasselbe. Nachdem die Schwimmer eine Zeit lang jede Nacht länger geschlafen hatten, stieg ihre Leistung deutlich an. Sie kamen schneller vom Startblock, sprinteten schneller, verbesserten ihre Wendezeit und erhöhten die Anzahl ihrer Arm- und Beinschläge. Laut der Hauptautorin der Studien, Cheri Mah, »gehen viele Coaches in Stanford jetzt viel bewusster mit dem Thema Schlaf um. Manche haben sogar angefangen, ihre Trainingszeiten und Reisetermine anzupassen, um gute Schlafgewohnheiten zu fördern. Diese Studie öffnete vielen Athleten und Coaches die Augen, und seither ist ihnen klar, wie groß die Auswirkungen sind, die der Schlaf auf ihre Leistungen und Ergebnisse hat.« Wenn eine Einrichtung, die über eine der weltbesten Kombinationen aus Athleten und Forschern verfügt, uns zu mehr Schlaf rät, um unsere körperliche Leistung zu verbessern, sollten wir vielleicht auf sie hören.

Tagschlaf

Ungeachtet dessen, was Ihnen alle »Life Hacker« sagen mögen: Ein Tagschlaf kann einen zu kurzen Nachtschlaf nicht kompensieren. Für ein signifikantes physisches oder psychisches Wachstum reicht er nicht aus. Er hilft allerdings, die Energie und Konzentration wiederherzustellen, die normalerweise um die Mittagszeit nachlassen; deshalb ist er eine Strategie, die an langen und anstrengenden Arbeits- oder Trainingstagen durchaus ihre Berechtigung hat. Immer mehr Forschungsarbeiten belegen, dass ein Tagschlaf die Leistung, Aufmerksamkeit, Konzentration und das Urteilsvermögen verbessern kann. Da diese Eigenschaften für alle Personen wichtig sind, die in einer Raumstation um die Erdumlaufbahn kreisen, sollte es nicht verwunderlich sein, dass die NASA mehr über die Vorteile des Tagschlafs in Erfahrung bringen wollte. Als NASA-Wissenschaftler Untersuchungen an Astronauten durchführten, stellten sie fest, dass 25 Minuten Schlaf das Urteilsvermögen um 35 Prozent und die Wachsamkeit um 16 Prozent verbesserte. Es ist daher nachvollziehbar, dass die NASA zum Tagschlaf rät. In einer anderen Untersuchung, die für unseren Alltag auf der Erde relevanter ist, gingen Forscher auf die Unterschiede zwischen dem Abhalten eines Nickerchens tagsüber und dem Trinken einer Tasse Kaffee ein. Sie stellten fest, dass Personen, die tagsüber 15 bis 20 Minuten schliefen, erfrischt aufwachten und im weiteren Tagesverlauf bessere Leistungen erzielten als jene, die 150 Milligramm Koffein zu sich nahmen, was in etwa der Menge an Koffein entspricht, die in einem mittelgroßen Starbucks-Kaffee enthalten ist.

Wenn wir einen kurzen Tagschlaf halten, kann der Teil unseres Gehirns, der im Wachzustand aktiv ist, eine Pause machen. In dieser Hinsicht ist dieser Teil unseres Gehirns wie ein erschöpfter Muskel, der nach einer kurzen Pause wieder einsatzfähig ist. In einer kritischen Überprüfung der Wirksamkeit des Tagschlafs stellten Schlafforscher fest, dass zehn Minuten Schlaf die größten Vorteile mit sich bringt, obwohl die meisten Experten der Meinung sind, dass alles, was unter 30 Minuten liegt, effektiv ist. Auch wenn man nicht wirklich einschläft, kann allein das Schließen der Augen helfen, das aktive Gehirn auszuschalten und zur Ruhe zu bringen. Dauert der Tagschlaf allerdings länger als 30 Minuten, kann er kontraproduktiv sein. Dann riskiert man nämlich, sich nach dem Aufwachen noch benommener und träger zu fühlen als vor dem Einschlafen. Diese sogenannte »Schlafträgheit« tritt ein, wenn wir aus einem tiefen Schlafzyklus gerissen werden. Die Trägheit ist ein natürlicher Mechanismus, den Körper und Gehirn anwenden, um uns zum Weiterschlafen zu verleiten, damit wir das zu Ende bringen können, was wir begonnen haben (daher der Begriff »Trägheit«). Der Tiefschlaf setzt in der Regel erst nach etwa 30 Minuten ein, weshalb Experten dazu raten, beim Tagschlaf diese Dauer nicht zu überschreiten.*

Wenn Sie das nächste Mal dagegen ankämpfen, Ihre Augen am späten Nachmittag offen zu halten, sollten Sie es also mit einem kurzen Nickerchen versuchen. Innovative Firmen wie Google und Apple haben eigens zu diesem Zweck Schlafräume eingerichtet. Auch einige der scharfsinnigsten Denker der Menschheitsgeschichte, darunter Albert Einstein und Winston Churchill, waren große Anhänger des Tagschlafs.

Längere Pausen

Am Ende dieses Jahres wird Bernard Lagat, einer der besten amerikanischen Läufer aller Zeiten, eine Pause machen. Er wird für fünf Wochen seine Sportschuhe an den Nagel hängen und wenig bis gar nicht trainieren. Das ist für den 44-jährigen Athleten keine neue Maßnahme, die er altersbedingt ergriffen hat. Falls überhaupt sind die längeren Pausen, die er seit 1999 jedes Jahr einlegt, mitunter der Grund, warum Lagat, der an fünf Olympischen Spielen teilgenommen und zwei Weltmeisterschaften gewonnen hat, immer noch in der internationalen Laufszene so erfolgreich mitwirkt. »Erholung«, sagt Lagat, »ist unerlässlich.«

* Unter bestimmten Umständen kann es Sinn machen, einen längeren, anderthalb- bis zweistündigen Tagschlaf zu halten. Ein längerer Tagschlaf sorgt dafür, dass in Körper und Geist die Prozesse ablaufen, die normalerweise im Nachtschlaf stattfinden. Leider kann ein längerer Tagschlaf den wesentlich wichtigeren Nachtschlaf beeinträchtigen. Daher raten die meisten Experten nur dann zu einem längeren Tagschlaf, wenn er wirklich nötig ist – und den Nachtschlaf nicht stört. Spitzensportler, die zwei harte Workouts am Tag absolvieren, gehören beispielsweise zu den Personen, die von einem längeren Tagschlaf profitieren könnten. Der berühmte amerikanische Langstreckenläufer Meb Keflezighi sagt, dass sein Tagschlaf je nach Bedarf 15 bis 90 Minuten dauern kann.

PRAXISTIPPS

- Schlaf ist produktiv.
- Versuchen Sie mindestens 7 bis 9 Stunden pro Nacht zu schlafen. Für ambitionierte Sportler, die intensiv trainieren, sind 10 Stunden *nicht* zu viel.
- Wenn Sie die für Sie richtige Schlafdauer finden wollen, sollten Sie 10 bis 14 Tage lang schlafen, wenn Sie müde sind, und ohne Wecker von selbst aufstehen. Ermitteln Sie die durchschnittliche Schlafdauer. Diese brauchen Sie.
- Um nachts besser zu schlafen, sollten Sie folgende Tipps befolgen, deren Wirksamkeit von führenden Schlafforschern bestätigt worden ist:
  - ✓ Stellen Sie sicher, dass Sie sich im Laufe des Tages genügend natürlichem Licht aussetzen (also nicht elektrischem Licht). Das hilft Ihnen bei der Einhaltung eines gesunden zirkadianen Rhythmus.
  - ✓ Treiben Sie Sport. Anstrengendes körperliches Training macht uns müde. Wenn wir müde sind, schlafen wir. Aber trainieren Sie nicht kurz vor dem Schlafengehen.
  - ✓ Schränken Sie Ihren Koffeinkonsum ein, vor allem 5 bis 6 Stunden vor dem Zubettgehen.
  - ✓ Nutzen Sie Ihr Bett nur für Schlaf und Sex. Nicht zum Essen, Fernsehen, Arbeiten oder für andere Dinge. Die einzige Ausnahme bildet das Lesen eines traditionellen Buchs.
  - ✓ Trinken Sie unmittelbar vor dem Zubettgehen keinen Alkohol. Obwohl man unter Alkoholeinfluss möglicherweise schneller einschläft, stört es die späteren und wichtigeren Phasen.
  - ✓ Vermeiden Sie am Abend blaues Licht.
  - ✓ Beginnen Sie nach dem Abendessen keine harten, anstrengenden Aktivitäten – sowohl körperlich als auch geistig.

- ✓ Wenn Sie innerlich nicht zur Ruhe kommen, sollten Sie versuchen, vor dem Zubettgehen eine kurze Achtsamkeitsmeditation zu praktizieren.
- ✓ Kämpfen Sie nicht gegen die Schläfrigkeit an. Was auch immer Sie zu tun haben – es kann bis zum nächsten Morgen warten.
- ✓ Versuchen Sie, Ihr Schlafzimmer so dunkel wie möglich zu halten. Sie sollten es gegebenenfalls in Betracht ziehen, abgedunkelte Jalousien anzubringen.
- ✓ Verbannen Sie Ihr Smartphone aus dem Schlafzimmer. Schalten Sie es nicht nur auf stumm. Lassen Sie es draußen.

- Versuchen Sie, tagsüber 10 bis 30 Minuten zu schlafen, um Ihre Energiespeicher wieder aufzufüllen und sich neu zu konzentrieren, wenn Sie in ein Mittagstief fallen.

Lagat schreibt es seiner jährlichen Auszeit zu, dass er körperlich und geistig über die Jahre hinweg gesund geblieben ist. Die längere Pause gibt seinem Körper die Möglichkeit, sich von seinem umfangreichen Laufpensum zu regenerieren, das aus etwa 130 Kilometern pro Woche besteht. Obwohl Lagats Pause am Jahresende die längste ist, gönnen sich fast alle seine Kollegen, die zur Laufelite gehören, ähnliche Pausen, die zwischen zehn Tagen und fünf Wochen dauern können. Der olympische Silbermedaillengewinner über 1.500 Meter, Leo Manzano, sagte dem *Wall Street Journal* vor einiger Zeit, dass er mindestens einen Monat braucht, um sich von einer Saison zu erholen. Seine Argumentation ist einfach: »Es fühlt sich so an, als würde ich seit November Vollgas geben.«

Nehmen Sie sich einen Augenblick Zeit und stellen Sie sich die Frage, ob es Ihnen jemals wie Manzano ergangen ist. Falls ja: Haben Sie sich dann auch einen Monat frei genommen? Oder ein Wochenende? Wie wir in der Einleitung dieses Buchs besprochen haben, beantwortet die große Mehrheit der amerikanischen Bevölkerung beide Fragen mit einem klaren Nein. Wir arbeiten oft die Wochenenden durch und nehmen selten alle Urlaubstage in Anspruch, die uns im Jahr zustehen. Dementsprechend machen wir auch keinen längeren Urlaub. Stattdessen glauben wir irrigerweise, dass wir von unserer Konkurrenz überholt werden, wenn wir nicht im Dauereinsatz sind. Unser fehlgeleitetes Denken ist das Ergebnis jahrelanger Konditionierung. Wir (Brad und Steve) erinnern uns daran, mit vermeintlich motivierenden Sprüchen wie »Die Konkurrenz schläft nicht« und »Ohne Fleiß kein Preis« aufgewachsen zu sein. Leider haben wir die Vorstellung von *kluger* Arbeit aufgegeben und durch *harte* Arbeit ersetzt, die mittlerweile mit *mehr* Arbeit verwechselt wird.

Wenn es keine »leichten« Phasen gibt, können wir nie richtig Vollgas geben, und die »schweren« Phasen sind dann alles andere als schwer.

Aber hier ist der Haken: Wenn es keine »leichten« Phasen gibt, können wir nie richtig Vollgas geben, und die »schweren« Phasen sind dann alles andere als schwer. Wir hängen in einer Grauzone fest, in der wir uns nie wirklich unter Stress setzen, uns aber auch nie vollständig entspannen. Dieser Teufelskreis wird oft mit scheinbar harmlosen Bezeichnungen umschrieben: »funktionieren« oder sein Programm »durchziehen« – aber er stellt trotzdem ein gewaltiges Problem dar. Weil die allerwenigsten Menschen wachsen, wenn sie ihr Programm lediglich »durchziehen«. Um mit Leib und Seele bei der Sache zu sein, über einen langen Zeitraum hinweg und ohne auszubrennen, sollten wir uns Bernard Lagat zum Vorbild nehmen: Hin und wieder sollten wir wirklich alle Fünfe gerade sein lassen. Abgesehen von seiner Pause am Jahresende nimmt sich Lagat auch am Ende jeder harten Trainingswoche einen Tag frei. An seinem freien Tag denkt er nicht einmal ans Laufen. Stattdessen widmet er sich Dingen, die ihn körperlich und geistig entspannen, wie beispielsweise sich massieren lassen, Dehnübungen machen, seine Lieblingsfernsehserien anschauen, Wein trinken und mit seinen Kindern spielen.

Wir wollen damit nicht sagen, dass Sie sich jetzt willkürlich Tage freinehmen oder sofort einen längeren Urlaub buchen sollen. Stattdessen empfehlen wir Lagats Ansatz, also das strategische Einlegen längerer Pausen nach längeren Stressphasen. Die heute geläufige fünftägige Arbeitswoche beruht letztendlich auf dieser Prämisse. Das Konzept des Wochenendes wurde Anfang des 20. Jahrhundert eingeführt, um sowohl dem christlichen Sonntag als auch dem jüdischen Sabbat gerecht zu werden, den religiös motivierten Ruhetagen. Heute jedoch halten sich nur wenige von uns an den Sonntag oder den Sabbat – im religiösen oder symbolischen Sinne. Stattdessen arbeiten wir an denselben Projekten, die uns auch unter der Woche beschäftigen, oder muten uns in anderen Lebensbereichen zusätzliche Stressoren zu. Wenige von uns entspannen sich am Wochenende wirklich.

Dafür zahlen wir einen hohen Preis: Die Qualität der Arbeit, die wir unter der Woche verrichten, leidet, und das führt wiederum dazu, dass wir uns unter Druck gesetzt fühlen und samstags und sonntags arbeiten, nur um nicht noch weiter abzufallen. Wir sind in einem Teufelskreis gefangen: Durch die moderate Stressbelastung sind wir nicht so erschöpft, dass uns eine richtige Pause notwendig erscheint, doch wegen der ausbleibenden Pause sind wir nicht ausgeruht genug, um uns echten Stress zuzumuten. Wenn Sie in diesem Zyklus gefangen sind, sollten Sie versuchen, ihn am kommenden Wochenende zu durchbrechen. Nehmen Sie sich mindestens einen Tag frei, an dem Sie überhaupt nicht arbeiten oder vergleichbaren Stressoren ausgesetzt sind. Die Vorteile sind signifikant und wissenschaftlich belegt. Studien belegen, dass die Energie und Leistung nach einem Ruhetag zunehmen, und je mehr Sie sich am Wochenende entspannen, umso mehr Kraft haben Sie, um sich im Laufe der folgenden Woche anzustrengen. Wenn Sie das Gefühl haben, dass Sie sich einen freien Tag pro Woche nicht leisten können, sollten Sie dieses Buch Ihrem Vorgesetzten zeigen und es als Anlass benutzen, um ein offenes Gespräch darüber zu führen, dass Sie sich entspannen müssen, um in Ihrem Beruf Ihr Bestes geben zu können. Nichts ärgert uns mehr als Organisationen, die sich logischen Argumenten verschließen, zu viel von ihren Mitarbeitern verlangen und infolge dessen nie genug bekommen.

Beim Schreiben dieses Buchs achteten wir strikt darauf, uns mindestens einen Tag in der Woche freizunehmen. An jenem Tag schrieben und recherchierten wir nicht. Unsere produktivsten Schreibtage waren ausnahmslos entweder der Folgetag oder zwei Tage später. (Brad nahm sich normalerweise am Montag frei. Dementsprechend waren Dienstag und Mittwoch seine produktivsten Schreibtage.) Auch zwei Tage später kann noch viel passieren. Manchmal brauchen Körper und Geist einen Tag, um wieder ins Lot zu kommen. Deswegen nehmen sich viele Athleten am Freitag frei und absolvieren am Samstag ein leichtes Workout, um ihren »Körper aufzuwecken«, wenn sie am Sonntag einen großen Lauf haben. Deswegen legen einige der erfolgreichsten Manager wichtige Besprechungen auf den Dienstag statt auf den Montag. Manche finden sich nach einer Pause sofort wieder ein, andere brauchen etwas länger. In der Regel findet man schnell heraus, zu welcher Kategorie man gehört, und sobald man das weiß, kann man mit einem zeitlich gut abgestimmten Ruhetag viel erreichen. Ruhetage sorgen für eine Erholung vom angesammelten Stress der letzten Zeit und verleihen neue Energie, mit der man sich wieder stärker fordern und antreiben kann.

Mit einem zeitlich gut abgestimmten Ruhetag kann man viel erreichen. Ruhetage sorgen für eine Erholung vom angesammelten Stress der letzten Zeit und verleihen neue Energie, mit der man sich wieder stärker fordern und antreiben kann.

Während Ruhetage gute Übergänge von einer Woche zur anderen darstellen, brauchen Körper und Geist manchmal eine längere Pause. Urlaube sind wie Ruhetage, nur in einem größeren Rahmen: Auch sie sollten strategisch auf akkumulierten Stress folgen. Lagat nimmt seine fünfwöchige Auszeit nicht mitten in der Saison. Er wartet, bis sein letzter Lauf des Jahres abgeschlossen ist, wenn er physisch und psychisch einen hohen Erschöpfungszustand erreicht hat. Für Musiker kann das bedeuten, nach 50 Tagen auf Tour oder der harten Arbeit an einem neuen Album eine Auszeit zu nehmen. Für bildende Künstler und Maler kann es bedeuten, nach der Eröffnung einer Galerie oder dem Ende eines Projekts eine Pause zu machen. Für Intellektuelle und Geschäftsleute könnte die Pause nach langen Arbeitsphasen erfolgen, beispielsweise nach der Veröffentlichung eines Zeitschriftenartikels oder Buchs, oder nach dem Abschluss einer wichtigen Verhandlung.

Planen Sie Ihre Pausen mit Bedacht.

Wir möchten an dieser Stelle ebenfalls erwähnen, dass situative Faktoren – familiäre, finanzielle und berufliche Verpflichtungen – die Planung eines längeren Urlaubs erschweren können. Aber wir möchten Sie dazu auffordern, im Rahmen Ihrer Möglichkeiten Ihre Pausen mit Bedacht zu planen. Die Forschung zeigt, dass Pausen mit einer Dauer von 7 bis 10 Tagen eine positive Wirkung auf die Motivation, das Wohlbefinden und die Gesundheit haben, die bis zu einem Monat anhalten kann. Andere Studien belegen, dass ein einwöchiger Urlaub ein Burnout verringern oder sogar vollständig beseitigen kann. Aber hier ist der Haken an der Sache: Wenn die Bedingungen, die zum Burnout geführt haben, nach wie vor bestehen bleiben, kehren die Symptome nach einigen Wochen wieder zurück.

PRAXISTIPPS

- Ungeachtet der Arbeit, der Sie nachgehen, sollten Sie sich mindestens einen Tag pro Woche freinehmen.
- Planen Sie Ihre freien Tage strategisch so, dass sie auf Phasen folgen, in denen sich der Stress ansammelt.
- Je mehr Stress Sie haben, umso mehr müssen Sie sich entspannen.
- Planen Sie Ihre Urlaube falls möglich so, dass sie auf längere Stressphasen folgen.
- Wenn Sie einen Tag frei haben oder im Urlaub sind, sollten Sie Ihre Arbeit wirklich ruhen lassen. Schalten Sie körperlich und geistig ab und tun Sie Dinge, die Sie entspannen und Ihnen wohltun.

Das ist eine wichtige Erkenntnis. Denn im Gegensatz zur weit verbreiteten Annahme sind längere Pausen keine letzte Rettung, um Berufstätige mit einem kaum zu bewältigenden Arbeitspensum wieder fit und einsatzbereit zu machen. Statt Urlaub als letztes Mittel zu sehen, um einen drohenden Kollaps zu verhindern, ist es besser, längere Pausen als Teil einer größeren Erholungsstrategie zu betrachten, zu der kurze Arbeitspausen, ausreichend viel Schlaf und Ruhetage zählen. Mit anderen Worten: Wenn es um eine umfassende Erholungsstrategie geht, sind Urlaube nicht das Maß der Dinge – sie sind lediglich eine Komponente, eine Chance, um sich nach akkumuliertem Stress neu zu sammeln, damit wir stärker und besser daraus hervorgehen können. Wenn Lagat eine Saison beendet, ist er erschöpft – aber nicht am Boden zerstört. Erschöpfung ist ein Stimulus für Wachstum. Verausgabung bis zum Zusammenbruch hingegen nicht.

Mut zur Entspannung

Die Vorteile, die eine ausreichende Entspannung mit sich bringt, sind eindeutig und werden durch zahlreiche Forschungsarbeiten bestätigt. Trotzdem entspannen sich die allerwenigsten von uns ausreichend. Das heißt nicht, dass die Menschen sich erschöpfen wollen. Wir leben nun einmal in einer Kultur, die Fleiß und beharrliches Arbeiten verherrlicht, auch wenn dieser Ansatz aus wissenschaftlicher Sicht keinen Sinn ergibt. Wir bewundern den Athleten, der nach seinem eigentlichen Workout weitertrainiert, und halten große Stücke auf den Manager, der die Nacht in seinem Büro verbringt. Das heißt nicht, dass harte Arbeit nicht wichtig ist, um zu wachsen. Wie Sie in Kapitel 3 gelesen haben, ist das unerlässlich. Aber hoffentlich haben Sie mittlerweile erkannt, dass harte Arbeit nur dann klug und nachhaltig ist, wenn sie durch Entspannung ergänzt wird. Es entbehrt nicht einer gewissen Ironie, dass eine rigorose, kompromisslose Erholung oft mehr Mut erfordert als harte Arbeit. Fragen Sie nur einmal einen Autor wie Stephen King (»Für mich bedeutet nicht arbeiten Schwerstarbeit«) oder eine Läuferin wie Deena Kastor (»Meine Workouts sind der einfache Teil«). Wenn wir unsere Arbeit ruhen lassen, schleichen sich Schuldgefühle und Unruhe ein, vor allem, wenn wir wissen, dass unsere Konkurrenz weiterarbeitet. Vielleicht gibt es keinen Ort, an dem diese Aussage zutreffender ist als bei der Boston Consulting Group (BCG).

Harte Arbeit ist nur dann klug und nachhaltig, wenn sie durch Entspannung ergänzt wird.

Die BCG zählt zu den erfolgreichsten und renommiertesten Unternehmensberatungen der Welt. Ihre Mitarbeiter unterstützen die Geschäftsführer milliardenschwerer Großkonzerne bei der Lösung ihrer heikelsten Probleme. Je schneller die BCG-Berater Antworten finden, umso wahrscheinlicher erhält die Firma den nächsten Auftrag für ein Multimillionen-Dollar-Projekt. Mit anderen Worten: BCG-Berater arbeiten in einem Umfeld, in dem viel Druck herrscht und viel auf dem Spiel steht.

Es erstaunt daher nicht, dass die Angestellten nicht nur mit Entsetzen, sondern auch mit Spott reagierten, als Forscher eine Reihe von Experimenten vorschlugen, die die Auswirkung festgelegter, vorhersehbarer Auszeiten auf BCG-Berater testen sollten. Die *Harvard Business Review* berichtete: »Das Konzept war so fremdartig, dass [BCG-Vorgesetzte] einige Berater praktisch dazu zwingen mussten, sich freizunehmen, vor allem wenn sich die freien Tage mit hochintensiven Arbeitsphasen überschnitten.« Einige Berater stellten die nicht ganz unberechtigte Frage, ob sie mit der Teilnahme am Experiment nicht ihre Karriere aufs Spiel setzten.

In einem Experiment erhielten Berater die Anweisung, sich in der Wochenmitte einen ganzen Tag freizunehmen. Eine befremdliche Vorstellung für Leute, die normalerweise 12 Stunden pro Tag arbeiteten, 7 Tage in der Woche. Selbst die Partnerin, die die Studie in Auftrag gegeben hatte und sich langsam an die Vorstellung gewöhnte, dass regelmäßige Entspannung eine leistungssteigernde Wirkung hat, wurde »plötzlich unruhig, als sie ihrem Klienten sagen musste, dass ab sofort alle Mitglieder des Teams einen Tag in der Woche nicht da sein würden«. Sie beruhigte Ihren Klienten (und sich selbst) und versprach, das Experiment sofort abzubrechen, sollte die Arbeit darunter leiden.

In einem komplementären und weniger rigorosen Experiment wurde eine andere Gruppe von Beratern darum gebeten, sich an einem Wochentag den Abend freizunehmen. Sie sollten nach 18 Uhr jede Form von Arbeit ruhen lassen. Egal, was im Rahmen des Projekts gerade anstand – es sollte keine E-Mails, Telefonate, SMS, PowerPoint-Präsentationen oder andere arbeitsbezogenen Dinge erledigt werden. Auch diese Idee stieß auf regen Widerstand. Ein Projektmanager fragte: »Was soll ein freier Abend schon bringen? Zwingt mich das nicht einfach dazu, am Wochenende mehr zu tun?«

Wenn die systematische Umsetzung freier Tage scheitern würde, dann bei diesen Workaholics, die von Anfang keine Hemmungen hatten, ihre Skepsis kundzutun. Aber im Laufe der Experimente, die sich über mehrere Monate erstreckten, geschah etwas Unerwartetes. Beide Gruppen revidierten ihre Meinung. Am Ende der Intervention wollten alle teilnehmenden Berater vorhersehbare Auszeiten haben. Das lag nicht nur daran, weil sich die Auszeit positiv auf ihr persönliches Wohlbefinden und ihr Sozialleben – mehr Zeit für Freunde und Familie – auswirkte, sondern weil sie auch deutlich produktiver arbeiteten.

Die Kommunikation unter den Beratern war effizienter und die Qualität der für die Kunden erzielten Ergebnisse verbesserte sich. Die Teilnehmer berichteten, dass sie – von diesen kurzfristigen Vorteilen abgesehen – zuversichtlich waren, auch langfristig gute Arbeit zu leisten. Die Forscher, die das Experiment leiteten, berichteten: »Nach nur fünf Monaten nahmen die Berater in den Teams, die mit den Pausen experimentierten, ihre Arbeitssituation – in jeder Hinsicht – positiver wahr als ihre Kollegen, die nicht am Experiment teilnahmen.«

Die BCG-Berater erkannten, dass es nicht um eine möglichst hohe Stundenzahl ging, sondern vor allem um die Qualität der Arbeit, die in jener Zeit geleistet wurde. Obwohl die Berater 20 Prozent weniger arbeiteten, konnten sie mehr erledigen und fühlten sich dabei besser. Wenn BCG-Berater – neben den besten Sportlern, Denkern und Künstlern der Welt – den Mut aufbringen können, sich zu entspannen, sollten auch Sie dazu in der Lage sein. Das ist nicht einfach und kann eine gewaltige Überwindung darstellen. Aber wir garantieren Ihnen: Wenn Sie erst einmal die in diesem Buch genannten Strategien anwenden, um sich im Laufe des Tages, der Woche und des Jahres zu entspannen, werden Sie Ihre Leistung und Ihr Wohlbefinden steigern.

> *Stress + Entspannung = Wachstum. Diese schlichte, aber trotzdem wichtige Regel hilft Ihnen dabei, Ihre Tage, Wochen und Jahre sinnvoll zu strukturieren.*

In den letzten Kapiteln haben wir das große Geheimnis gelüftet, mit dem sich nachhaltig gute Leistungen erzielen lassen. Diese Lektionen lassen sich mit der Wachstumsgleichung leicht auf den Punkt bringen: Stress + Entspannung = Wachstum. Diese schlichte, aber trotzdem wichtige Regel hilft Ihnen dabei, Ihre Tage, Wochen und Jahre sinnvoll zu strukturieren. So wie ein Coach seinen Athleten mit seinem Trainingsplan einen klaren Kurs vorgibt, weist Ihnen die Wachstumsgleichung zuverlässig den Weg zu besseren

Leistungen. Wir können es nicht oft genug wiederholen – es ist unerlässlich, sich daran zu halten, um ein Leben lang zufrieden zu bleiben und kontinuierliche Fortschritte zu erzielen.

Um besser zu verstehen, wie wir unser Potenzial möglichst umfassend ausschöpfen, müssen wir nun ein wenig ins Detail gehen. Im nächsten Abschnitt wenden wir uns konkreten Ritualen und Routinen zu, die uns helfen können, Spitzenleistungen zu erzielen. Wir gehen der Frage nach, wie es bekannten Schriftstellern immer wieder aufs Neue gelingt, sich in eine geistige Verfassung zu versetzen, in der sie Tausende von Wörtern zu Papier bringen, wie die besten Musiker sich auf Konzerte mit Tausenden von tobenden Fans vorbereiten und wie Spitzensportler sich körperlich und mental darauf einstimmen, in den größten Stadien der Welt aufzutreten. Wir werden lernen, dass die besten Performer nichts dem Zufall überlassen. Sie schaffen es vielmehr, physische und psychische Zustände herzustellen, die ihren Zielen dienlich sind, und ihren Tagesablauf so zu gestalten, dass sie das meiste aus sich herausholen können. Sie werden in Kürze erfahren, wie das geht.

ABSCHNITT 2

PRIMING

6

OPTIMIEREN SIE IHRE ABLÄUFE

Matt Billingslea sucht sich in dem geschäftigen Umkleideraum eine ruhige Ecke. Er braucht einen kleinen Rückzugsort, um sich auf das vorzubereiten, was in Kürze bevorsteht. In nur 30 Minuten wird er in einem ausverkauften Stadion sein, um dort vor Tausenden von Fans aufzutreten. Aber in dem Moment, in dem er seine Aufwärmübungen macht, sieht er wie ein erfahrener Preisboxer aus, der rhythmisch von einer Seite zur anderen springt. Diese Routine ist das Ergebnis jahrelangen Übens, Probierens und Wiederholens. Wie das morgendliche Zähneputzen hat er sie sich zur Gewohnheit gemacht; sie ist ein Pflichtprogramm, das er vor jeder Show durchläuft.

Er fängt mit Armkreisen an und erhöht langsam die Geschwindigkeit und Intensität. Als Nächstes stellt er sich mit dem Rücken an die Wand und macht Rumpfbeugen, um seine Bauch- und Rückenmuskeln zu aktivieren. Während er diese und andere Bewegungen ausführt, baut er aktive Dehn- und Fingerübungen zur Stärkung der Griffkraft ein. Sein Kreislauf wird angeregt, seine Gelenke werden geschmeidig und seine Muskeln warm. Alles das weist darauf hin, dass sein Körper nun bereit ist.

Noch zehn Minuten bis zum Auftritt. Die Spannung steigt. Sein Körper ist vielleicht bereit, sein Geist aber noch nicht. Billingslea richtet seine Aufmerksamkeit darauf, in die richtige mentale Verfassung zu kommen. Er atmet mehrmals tief ein und aus und stellt sich jede seiner Bewegungen vor – wie er seinen Körper in einem Tempo kontrolliert, das sich wie 150 Stundenkilometer anfühlt. Er versucht, einen psychologischen Zustand zu kultivieren, den er als »Flow« bezeichnet. Für Billingslea ist dieser Flow mit einer Geisteshaltung verbunden, in der er nicht über Fehler nachdenkt oder sich von der tobenden Menge ablenken lässt. Im Idealfall, so sagt er uns, hört er komplett auf zu denken, und seine Leistung verselbstständigt sich: »Ich habe schon vorher die ganze Arbeit geleistet, aber in dem Augenblick versuche ich nicht mehr darüber nachzudenken, was ich tue. Ich weiß, dass ich diesen Zustand erreicht habe, wenn mein Körper und mein Geist perfekt aufeinander abgestimmt sind – alles fühlt sich mühelos an, als würde mein Können einfach aus mir herausfließen.«

Billingslea kennt diesen Punkt – den sogenannten Sweet Spot – gut. Er hat ihn schon oft erreicht, und seine Leistung am heutigen wie auch an jedem anderen Abend hängt davon ab, dass er auf ihn zugreifen kann. Alles das bringt uns zurück zu seiner Aufwärmroutine und der Funktion, die sie erfüllt: »Sie hilft mir, in den Flow zu kommen, und zwar immer wieder«, erklärt er. Diese Routine – die er seit Jahren unverändert ausführt – bereitet ihn nicht nur körperlich und mental vor, sondern hilft auch, ein Gefühl von Normalität und Kontrolle zu erzeugen, eine Art Behaglichkeit in einer Situation, die so ziemlich jeder als unbehaglich empfinden würde.

Billingslea betritt das Stadion. Die Bühne wird schlagartig dunkel. Der Jubel der Menge verstummt. *Boom!* Die Scheinwerfer schalten sich ein und die Luft ist vom Lärm der über 50.000 Fans erfüllt, die völlig aus der Fassung geraten, als der Popstar Taylor Swift ihren neuesten Hit anstimmt. Billingslea sitzt nur einige Meter hinter ihr am Schlagzeug und trommelt, was das Zeug hält.

Bevor er zum Rückgrat einer der beliebtesten Bands der Welt wurde, brachte Billingslea Jahre damit zu, sein Können zu perfektionieren. Zahllose Stunden übte er hoch konzentriert, setzte sich physisch und psychisch unter Stress, bevor er Pausen einlegte, um sich zu erholen und ein Wachstum zu ermöglichen. Er tourte durch die USA und hatte Tausende von kleinen Auftritten in Restaurants und Bars. Billingslea ist das Sinnbild des Kämpfers, der sich am Anfang seiner Karriere immer wieder anhören musste, dass er es in der Musikbranche ohnehin nicht schaffen würde. Jene Jahre des Übens, Durchhaltens und Dazulernens – die zu dem führen, was wir »Talent« nennen – bilden die Grundlage für sein Können, das er auf jeder Station von Swifts Welttournee unter Beweis stellt. Aber um sein Talent in vollem Umfang zum Ausdruck zu bringen, verlässt er sich auf eine feste Routine.

Billingslea ist nicht der einzige, der diesen Ansatz verfolgt. Ob sich ein Autor an die Ausarbeitung einer neuen Geschichte macht, ein Athlet sich auf einen Wettbewerb vorbereitet oder ein Manager eine wichtige Geschäftsverhandlung führt – großartige Performer *hoffen* niemals nur, dass sie in einer optimalen Verfassung sind. Um die Weichen für eine optimale Leistung zu stellen, schaffen sie aktiv die Bedingungen, die zu ihrer persönlichen Bestleistung führen. Wie wir in diesem Kapitel erfahren werden, sind diese sogenannten Priming- oder Bahnungsstrategien wegen ihrer spezifischen Komponenten und konsequenten Wiederholung effektiv. Es ist die Kombination – die Ausarbeitung der »richtigen« Routine und ihre anschließende ständige Wiederholung –, die einer Spitzenleistung den Boden bereitet.

> *Großartige Performer hoffen niemals nur, dass sie in einer optimalen Verfassung sind. Um die Weichen für eine optimale Leistung zu stellen, schaffen sie aktiv die Bedingungen, die zu ihrer persönlichen Bestleistung führen.*

In den Flow kommen

Ist Ihnen etwas an Billingsleas Routine aufgefallen? Es kommt überhaupt kein Schlagzeug darin vor! Als wir Billingslea dazu befragten, sagt er uns, dass er früher als Personaltrainer arbeitete. So wie wir mit diesem Buch versuchen, die Mauern zwischen zwei Domänen aufzubrechen und das Wissen aus einem Bereich in einem anderen Feld anzuwenden, fing Billingslea damit an, sein Aufwärmprogramm aus dem Fitnesstraining auf das Schlagzeugspielen anzuwenden und ein wenig damit zu experimentieren. Er stellte fest, dass Liegestütze, Hampelmänner und Laufen am Platz genauso effektiv aufs Schlagzeugspielen vorbereiteten wie aufs Krafttraining. Das macht auch Sinn. Es ist körperlich fordernd, zwei Stunden zu trommeln.

Billingslea stellte fest, dass es wesentlich wichtiger ist, vor einer Show seine Herzfrequenz zu erhöhen und seinen Körper zu lockern, als noch einmal an seiner Schlagzeugtechnik zu feilen. Er weiß, wie man Schlagzeug spielt. Er hat 30 Jahre Erfahrung. Es bringt daher nicht viel, 30 Minuten vor einer Show zu üben. Das würde ihn eher ablenken, weil er möglicherweise ins Grübeln verfällt, obwohl es eigentlich sein Ziel ist, sein bewusstes Denken auszuschalten. Er nutzt das Aufwärmen viel effizienter, wenn er sich darin in die körperliche und geistige Verfassung bringt, mit dem ihm ein optimaler Auftritt gelingt.

Wenn er die Show »kalt« anfangen würde, bräuchte er erst einige Songs, um in den Flow zu kommen. Er würde diesen Zustand also etwas später erreichen, dabei allerdings Gefahr laufen, »von Anfang an zu viel nachzudenken«, was zu Fehlern und Grübelei führen würde.* Um dieses Risiko zu minimieren, sorgt Billingslea dafür, dass er beim Betreten der Bühne körperlich und geistig bereits auf die bevorstehende Aufgabe eingestimmt ist. Infolgedessen kommt er schneller und zuverlässiger in den so schwer fassbaren Flow. Er wartet nicht darauf, dass der Flow zu ihm kommt. Er führt diesen Zustand selbst herbei. Wenn auf dem Höhepunkt einer Show alles perfekt läuft, bringt sich Billingslea körperlich an seine Grenzen. Sein Geist hingegen befindet sich in einem meditativen Trancezustand.

Eine großartige Performerin, die ebenfalls weiß, wie wichtig es ist, von Anfang an in einer optimalen Verfassung zu sein, ist Megan Gaurnier. Gaurnier spielt allerdings nicht Schlagzeug; sie tritt in die Pedale. Die in Kalifornien lebende Radrennfahrerin nahm bereits an den Olympischen Spielen teil und zählt zu den schnellsten Radrennfahrerinnen der Welt. Sie erzählte uns, dass die Fitness, die sie sich im Laufe der vielen Jahre des harten Trainings erarbeitet hat, das Fundament ist, auf dem ihre Leistung beruht. Aber am Wettkampftag verlässt auch sie sich auf eine feste Routine. »Für mich ist es Yoga. Ich mache jedes Mal genau dieselben Yoga-Übungen. Sie dauern insgesamt 20 bis 25 Minuten und versetzen mich körperlich und geistig in

---

* Wenn Billingslea einen »Fehler« macht, fällt das niemandem auf, nicht einmal seinen Bandkollegen. Er sagte uns, dass ihn ein Fehler trotzdem aus der Bahn werfen kann, was ironisch ist, weil nur er merken würde, dass etwas nicht stimmt. Dieses unablässige Streben nach Perfektion und der hohe Anspruch an sich selbst sind zwei Merkmale, die viele Spitzenperformer gemeinsam haben.

die richtige Verfassung. Sie sind absolut notwendig für meinen Erfolg, wenn der Startschuss fällt.«

Gaurnier steht mit ihrer rigorosen Einhaltung einer festgelegten Routine nicht alleine da – viele Athleten verlassen sich darauf. Fast alle Spitzensportler haben ein Aufwärmprogramm, das sie auswendig kennen und das sie auf die Minute genau einhalten. Steves Weltklasseläufer wissen zum Beispiel genau, wann sie vor dem Lauf mit ihrem Warm-up anfangen müssen – normalerweise etwa 60 Minuten vor dem Wettkampf. Jeder von ihnen durchläuft seine individuelle, bewusst gewählte Übungsfolge, die von Joggen bis hin zu dynamischen Mobilisierungen und kurzen Sprints reichen können. Sie verfolgen dasselbe Ziel wie Billingslea und Gaurnier: so an die Startlinie zu treten, dass sie sich körperlich und geistig in einer optimalen Verfassung befinden. Mit dem körperlichen Warm-up bewirken Athleten mehr als nur die Aktivierung des Kreislaufs und die Vorbereitung der Muskulatur auf die bevorstehende Tätigkeit. Es hilft auch dabei, geistige Klarheit und Gelassenheit zu erlangen. Frank Shorter, der letzte US-Amerikaner, der bei den Olympischen Spielen Gold über die Marathon-Distanz gewann (1972), aß am Wettkampftag immer dasselbe Frühstück – Toast, Kaffee und Obst –, ganz gleich, wie wichtig oder unwichtig der Lauf war. In seiner Autobiografie, *My Marathon: Reflections on a Gold Medal Life*, schreibt Shorter: »Beständigkeit war eine andere Methode, um das aufkommende Entsetzen zu unterdrücken.«

Es liegt an Ihnen, die ideale körperliche und geistige Verfassung zu bestimmen, um die Anforderungen der bevorstehenden Aufgabe zu bewältigen, und die beste Methode zu finden, diesen Zustand zu erreichen, damit Sie – wenn es so weit ist – diesen Zustand bereits erreicht haben oder kurz davor stehen.

Sie haben vielleicht festgestellt, dass alle Routinen, die wir bisher vorgestellt haben, sehr unterschiedlich sind. Das liegt daran, dass es nicht die eine, universell beste Routine gibt. Es liegt an Ihnen, die ideale körperliche und geistige Verfassung zu bestimmen, um die Anforderungen der bevorstehenden Aufgabe zu bewältigen, und die beste Methode zu finden, diesen Zustand zu erreichen, damit Sie – wenn es so weit ist – diesen Zustand bereits erreicht haben oder kurz davor stehen. Für die einen kann das Yoga bedeuten; für die anderen Liegestütze.

Während ein solches Vorgehen für Sportler wichtig zu sein scheint, die körperliche Leistungen abrufen wollen, stellt sich zwangsläufig die Frage, wie es bei allen anderen aussieht. Die Drehbuchautorin und Filmemacherin Alexi Pappas, die außerdem eine Weltklasseläuferin ist, sagt, dass sie für ihre kreativen Projekte denselben Ansatz verwendet wie für das Laufen:

> *Ich denke, dass ich mit einer Schreibblockade genauso umgehe wie mit einem Lauf, auf den ich mich mit [Lauf-]Training und Aufwärmen vorbereite: Ich benutze bestimmte Hilfsmittel und ein Aufwärmprogramm, um richtig eingestimmt zu sein. Auch wenn man gegen die besten Läufer des Landes antritt, kann man sich wie gewohnt auf seinen Lauf vorbereiten und die optimalen Voraussetzungen dafür schaffen. Auch beim Schreiben gibt es bestimmte Dinge, die mir wichtig sind – mein Lieblingsplatz oder mein Lieblingstee. Ich betrachte das Filmemachen wie jedes Training. Ich mache keine halben Sachen. Es spielt keine Rolle, ob man einen guten Tag hat oder nicht, man muss einfach tun, was getan werden muss.*

Pappas hat recht. So wie hervorragende Athleten ihre Körper darauf vorbereiten, optimal leistungsfähig zu sein, bereiten auch hervorragende Denker und Künstler ihren Geist vor.

Wärmen Sie Ihren Geist auf

Chade-Meng Tan (der »echt feine Kerl« und Achtsamkeitspionier, der uns bereits in Kapitel 4 begegnet ist) ist dafür bekannt, auf seine ganz eigene Weise Konferenzräume zu betreten. Wenn Tan an einer Besprechung teilnimmt, lässt er seinen Blick kurz schweifen und macht sich eine mentale Notiz zu jeder Person im Raum. Im Gegensatz zum stereotypen Geschäftsmann fällt Tan kein Urteil über die anderen, um sich auf eine »Schlacht« vorzubereiten. Stattdessen nimmt er sich einen kurzen Augenblick Zeit, um jeder Person etwas Nettes zu sagen, auch wenn er sie noch nicht kennt. *Melissa ist eine gute Teamplayerin … Jim ist ein toller Marketing-Manager … Die Frau mit den roten Haaren strahlt eine enorme positive Energie aus …*

Auf diese Weise vermeidet Tan die instinktive Reaktion, jede Person als potenzielle Bedrohung oder Hindernis zu betrachten. Indem er sich einige einfache gedankliche Notizen macht, versetzt er sich in eine gute, kooperative Stimmung. Eine positive Gemütslage ist auch nützlich, um Probleme zu lösen und kreativ zu denken. Im Rahmen eines Experiments an der Northwestern University (Illinois) erhielten die Teilnehmer einen Fragebogen, mit dem sie ihre emotionale Verfassung beurteilen sollten. Abhängig von ihrer Gemütslage wurden sie in zwei Gruppen aufgeteilt: eine positive und eine negative Gruppe. Es war wesentlich wahrscheinlicher, dass die Angehörigen der positiven Gruppe intellektuelle Probleme mit Kreativität lösten. Um herauszufinden, warum das der Fall war, verwendeten Forscher fMRT-Scans, um zu sehen, wie die Gehirne der Probanden arbeiteten, als sie versuchten, Probleme zu lösen. Diejenigen Probanden mit einer positiven Gemütslage wiesen eine stärkere Aktivität in einer Hirnregion auf, die mit Entscheidungsfindung und emotionaler Kontrolle in Verbindung steht. Dieser Bereich, der anteriore cinguläre Cortex, spielt auch für problemlösendes Denken eine wichtige Rolle. Bei denjenigen mit einer negativen Gemütslage ließ sich in dieser Hirnregion hingegen nur wenig bis keine Aktivität nachweisen. Mit anderen Worten: Die Fähigkeit der Teilnehmer, diese entscheidende Hirnregion zu aktivieren, hing von ihrer Stimmung ab. Während positive Gemütslagen problemlösendes und kreatives Denken begünstigten, hemmten negative Gemütslagen diese Funktionen auf einer tiefen neurologischen Ebene. Dieses Experiment ist nur eines von vielen, das zeigt, wie schwer es ist, optimal zu denken, wenn man nicht in sich ruht und angespannt ist.

Es ist schwer, optimal zu denken, wenn man nicht in sich ruht und angespannt ist.

Die Implikationen sind naheliegend: Man kann seine Leistung verbessern, indem man sich vor einer wichtigen Arbeit, bei der man Probleme lösen und kreativ denken muss, in eine positive Gemütslage versetzt. So verrückt es auch klingen mag, die Forschung zeigt, dass etwas so Einfaches wie das Ansehen von Katzenvideos auf YouTube die Leistung bei anschließenden, kognitiv anspruchsvollen Aufgaben verbessern kann.

Genauso wichtig wie die Erzeugung einer positiven Stimmung ist die Vermeidung einer negativen Stimmung. Wenn Sie Ihre Leistung steigern wollen, sollten Sie Personen, Orte und Dinge meiden, die in Ihnen negative Gefühle auslösen. Natürlich wird es immer wieder Situationen geben, in denen Sie keinen Einfluss auf die äußeren Umstände haben, aber es ist wichtig zu wissen, dass sich Ihre Gemütslage auf Ihre Leistung auswirkt. Wie und mit wem Sie Ihre Zeit verbringen, vor allem im Vorfeld bedeutsamer Arbeit, spielt daher eine nicht zu unterschätzende Rolle.

Es ist unmöglich, »Beruf« und »Privatleben« voneinander zu trennen.

Es ist aber auch wichtig, sich im Nachhinein an die Wirkung der Gemütslage zu erinnern, wenn Sie Ihre bzw. die Leistung Ihrer Teamkollegen evaluieren. Neueste Forschungsergebnisse deuten darauf hin, dass es schwierig ist, gute berufliche Leistungen zu erzielen, wenn in anderen Lebensbereichen Disharmonie herrscht. Seien Sie gut zu sich selbst und anderen, die schwere Zeiten durchmachen, und akzeptieren Sie die Tatsache, dass es unmöglich ist, »Beruf« und »Privatleben« voneinander zu trennen.

Doch nicht nur intellektuelle oder kreative Arbeit wird durch die Gemütslage beeinflusst; sondern auch die sportliche Leistung. Denken Sie nur an Tiger Woods, mit dessen sportlicher Laufbahn es steil bergab ging, als er in eine private Krise geriet. Während Woods' Geschichte ein extremes Beispiel ist, hat die Forschung des Trainingswissenschaftlers Dr. Samuele Marcora gezeigt, dass selbst subtile Einwirkungen auf die Gemütslage die athletische Leistung verändern können. In einer Studie ließ Marcora Radfahrer bei maximaler Anstrengung in die Pedale treten und dabei auf einem Monitor Bilder von heiteren oder traurigen Gesichtern einblenden. Diese wurden nur für den Bruchteil einer Sekunde gezeigt – so kurz, dass sie von den Probanden nur unbewusst wahrgenommen wurden. Trotzdem erzielten diejenigen Radfahrer, denen fröhliche Gesichter gezeigt wurden, eine um 12 Prozent bessere Leistung als die andere Gruppe, denen traurige Gesichter präsentiert wurden. Marcoras Forschung ist ein weiterer Beleg dafür, dass sich die Gemütslage tief greifend auf unsere körperliche und geistige Leistung auswirkt. Die Ergebnisse seines Experiments bestätigen viele Jahre der anekdotischen Evidenz, dass Athleten dazu neigen, dann am besten zu sein, wenn nicht nur auf dem Spielfeld, sondern auch privat alles rundläuft.

Obwohl wir uns überwiegend auf die Gemütslage konzentriert haben, gibt es zahlreiche andere Gelegenheiten für psychologisches Priming. Immer wenn uns beim Schreiben dieses Buches eine übliche Pause nicht weiterhalf oder wir uns kurz vor einer Schreibblockade wähnten, griffen wir zu unseren Lieblingsbüchern aus ähnlichen Genres.* Die erneute Lektüre dieser Bücher half jedes Mal, unsere Kreativität neu zu entfachen. Wir waren nicht überrascht, als wir später erfuhren, dass in einer echten Studie (die unserem Selbstexperiment ähnelte) Forscher feststellten, dass Subjekte ihre Fähigkeit zur Mustererkennung – ein gängiger Indikator für die allgemeine kognitive Leistung – nach der Lektüre gut geschriebener Prosa um 37 Prozent verbessern konnten.

PRAXISTIPPS

- Denken Sie über die Aktivitäten in Ihrem Leben nach, die Ihnen besonders wichtig sind.
- Überlegen Sie, welcher physische und/oder psychische Zustand dafür erforderlich ist.
- Schaffen Sie Priming-Reize, um Ihren Geist und/oder Ihren Körper auf diese Aktivitäten vorbereiten.
- Testen und verbessern Sie verschiedene Priming-Techniken, bis Sie eine individuelle Routine entwickelt haben.
- Bleiben Sie konsequent: Verwenden Sie jedes Mal dieselbe Routine, wenn Sie die Aktivität ausführen, an die sie gekoppelt ist (gleich mehr zur Bedeutung der Beständigkeit).
- Denken Sie daran, dass sich Ihre Gemütslage auf Ihre Leistung auswirkt; eine positive Stimmung ist daher sehr hilfreich.

* Wir lasen speziell *Bergauf mit Rückenwind* von Dr. Kelly McGonigal, *Geben und Nehmen* von Adam Grant, *The Sports Gene* von David Epstein, *Still: Die Bedeutung von Introvertierten in einer lauten Welt* von Susan Cain, *Drive: Was Sie wirklich motiviert* von Daniel Pink und *Dein Körper spricht für dich* von Amy Cuddy.

Es ist also gar nicht notwendig, seinen Arbeitsplatz mit Smiley-Bildern zu dekorieren oder sich mit einem lustigen Film auf seinen nächsten großen Wettkampf einzustimmen (obwohl diese Maßnahmen sicher auch nicht schaden). Tatsache ist allerdings, dass die Gemütslage, in der Sie sich vor einer wichtigen Veranstaltung befinden, selbige deutlich beeinflusst. So wie Billingslea, Gaurnier und andere Spitzenathleten sich mit ihrem Aufwärmprogramm körperlich und geistig auf eine bevorstehende Aufgabe einstimmen, können auch Sie Ihr Aufwärmprogramm so gestalten, das es die besten Voraussetzungen für eine optimale Leistung schafft.

Die Bedeutung der Umgebung

Beim Schreiben dieses Buches verließen wir uns nicht nur auf unsere Lieblingsbücher, sondern auch auf Kaffee. Jede Menge Kaffee. Und nicht nur irgendeinen Kaffee, sondern dieselbe Sorte, im selben Café, am selben Tisch, zur selben Uhrzeit, jeden Tag. Außerdem hatten wir Playlists, die wir ausschließlich beim Schreiben hörten, und Brad ging sogar so weit, für die Arbeit an diesem Buch einen ganz bestimmten Computer zu benutzen. Obwohl der Eindruck entstehen könnte, dass wir damit unserem Typ-A-Verhalten frönten, war das nicht der Fall. Vielmehr folgten wir dem Ratschlag eines der produktivsten Autoren aller Zeiten, Stephen King.

King achtet auf jedes Detail seiner Arbeitsumgebung und setzt diese gezielt ein, von dem Zimmer über die Position seines Schreibtischs und den Dingen, die sich darauf befinden bis hin zur Musik, die er beim Schreiben hört (AC/DC, Metallica und Guns N' Roses). Dieser Grundkonstellation haftet also kein Geheimnis an, und sie ist sicher nicht für jedermann geeignet (wir könnten uns zum Beispiel nicht vorstellen zu schreiben und dabei Rockmusik zu hören). Wichtig ist allerdings, dass er eine Umgebung geschaffen hat, mit der er zurechtkommt. In seinem Buch *Das Leben und das Schreiben: Memoiren* bringt King es auf den Punkt: »Die meisten können es [Schreiben] am besten an einem ganz persönlichen Platz.«

Viele teilen Kings Auffassung. Fast jeder Spitzenperformer, der Ihnen in diesem Buch begegnet, räumt dem *Ort*, an dem er sein Können perfektioniert, eine besondere Bedeutung zu. Vom Fitnessstudio eines Weltklasseathleten über das individualisierte Atelier eines preisgekrönten Künstlers bis hin zu Kings Arbeitszimmer: Der Ort, an dem wir arbeiten, spielt eine Rolle. Ein obskures Forschungsfeld namens Umweltpsychologie geht der Frage nach, warum das der Fall ist.

Der Ort, an dem wir arbeiten, spielt eine Rolle.

Die Umweltpsychologie vertritt die Auffassung, dass die Objekte, die uns umgeben, nicht statisch sind; vielmehr beeinflussen und fördern sie bestimmte Verhaltensweisen. Experimente zeigen, dass allein der Anblick eines Objekts eine Gehirnaktivität auslöst, die mit bestimmten Handlungen verbunden ist. Wenn wir zum Beispiel das Bild eines Stuhls sehen, werden die Teile in unserem Gehirn aktiv, die für die Koordination beim Sitzen (das heißt motorische Programme) zuständig sind, auch wenn wir uns gar nicht bewegt haben. Beinahe ist es so, als würde der Stuhl »Komm und setz dich« sagen, und unser Gehirn hört die Aufforderung und reagiert entsprechend. Dieses Phänomen hilft zu erklären, warum Athleten in dynamischen Sportarten wie Football oft berichten, dass sie nicht darüber »nachdenken«, in welche Richtung sie laufen; eine logische Situationsanalyse würde viel zu lange dauern. Wenn eine Lücke auf dem Spielfeld entsteht, lädt sie den Spieler unbewusst dazu ein, dorthin zu laufen.

PRAXISTIPPS

- Schaffen Sie einen »Rückzugsort«, an dem Sie Ihre wichtigste Arbeit erledigen.
- Umgeben Sie sich mit Objekten, die erwünschte Verhaltensweisen begünstigen.
- Arbeiten Sie konsequent am selben Ort und benutzen Sie stets dieselben Gegenstände.
- Im Laufe der Zeit wird diese Umgebung Ihre Produktivität auf einer tiefen neurologischen Ebene verbessern.

Wir sind von unserer Umgebung also gar nicht so getrennt wie wir vielleicht denken. Vielmehr führt unser Gehirn eine subtile Konversation mit den Objekten, die uns umgeben, und je angeregter das Gespräch ist, umso schneller geht der Dialog hin und her. Wenn ein Baby zum ersten Mal einen Stuhl sieht, laufen die motorischen Programme in seinem Gehirn nicht automatisch ab, um die Verbindung zum Muster des Sitzens herzustellen. Aber wenn das Baby mit der Zeit Tausende von Stühlen gesehen und auf ihnen gesessen hat, löst der Anblick eines Stuhls im Gehirn automatisch die Reaktion aus, darauf Platz nehmen zu wollen.

Dieses Konzept klingt vielleicht ein wenig esoterisch, aber die praktischen Implikationen sind naheliegend und alltagsrelevant. Wenn wir einen Raum gestalten, in dem wir unsere Tätigkeiten ausüben, ist es hilfreich, uns mit Objekten zu umgeben, die erwünschte Handlungen begünstigen und unerwünschte Handlungen unterbinden. In seinem Buch *The Evolving Self* (dt.: *Dem Sinn des Lebens eine Zukunft geben*) schreibt Dr. Mihaly Csikszentmihalyi, dass es notwendig sei, seine Umgebung bewusst zu gestalten, um optimale Leistungen abrufen zu können. Die Dinge, die uns bei der Arbeit umgeben, werden zu »Erweiterungen des Selbst … Dinge, die der Geist nutzen kann, um eine harmonische Lebenserfahrung zu schaffen.«

Die Dinge, die uns bei der Arbeit umgeben, werden zu »Erweiterungen des Selbst … Dinge, die der Geist nutzen kann, um eine harmonische Lebenserfahrung zu schaffen.

Indem wir außerdem konsistent und wiederholt in derselben Umgebung arbeiten, wird die Verbindung zwischen uns und unserer Umgebung stärker. Die Arbeit des Verhaltens-Neurowissenschaftlers Dr. Daniel Levitin stützt Brads Verwendung eines ausschließlich zum Schreiben genutzten Computers. Laut Levitin verstärkt sich die Verbindung zwischen Subjekt (Autor) und Objekt (Computer), wenn ein Objekt wie ein Computer nur für eine spezifische Aufgabe wie das Schreiben eingesetzt wird. Mit der Zeit lädt allein der Anblick dieses spezifischen Computers zum Schreiben ein und löst in Brads Gehirn den Impuls aus, über den Text bzw. Artikel nachzudenken, an dem er gerade arbeitet.

Strategische Routinen gehen weit über abergläubische Verhaltensweisen wie das Tragen derselben Socken oder Unterwäsche vor einer wichtigen Veranstaltung hinaus. Vielmehr versetzen uns die Aktivitäten, die wir vor einem großen Auftritt ausführen, psychisch und physisch in einen bestimmten Zustand, und die Umgebung, in der wir arbeiten, begünstigt bestimmte Verhaltensweisen und prägt diese. Wenn wir immer wieder derselben Routine folgen und in derselben Umgebung arbeiten, schaffen wir tief in unserem Gehirn und unserem Körper enge Verbindungen. Wir verbinden unsere vorbereitenden Tätigkeiten und unseren Arbeitsplatz mit dem Akt des Arbeitens an sich. Wir konditionieren uns also zur Arbeit.

Konditionierung

Sie haben schon gelesen, dass Stephen King es mit seiner Schreibroutine und Umgebung genau nimmt. Immer wenn er sich setzt und mit dem Schreiben beginnt, ist er daher auf Produktivität eingestellt. King glaubt nicht an Zufälle oder daran, dass sich die Inspiration von selbst einstellt. »Warten Sie nicht auf die Muse!«, schreibt King in seinen Memoiren. »Wie ich schon sagte, ist er ein starrköpfiger Typ, der sich von dem ganzen kreativen Getue nicht becircen läßt. … Sie müssen einfach nur sicherstellen, dass die Muse weiß, wo Sie jeden Tag zwischen neun und zwölf oder zwischen drei und sieben zu finden sind. Wenn er Bescheid weiß, kommt er mit Sicherheit früher oder später vorbei.«

So wie sich Matt Billingslea mit Aufwärmübungen zuverlässig in den Flow-Zustand versetzt, oder Megan Gaurnier Yoga benutzt, um sich körperlich und geistig auf das Radfahren vorzubereiten, verlässt sich auch King auf seine Routine, um kontinuierlich kreative Einfälle zu bekommen. »Ihr Zeitplan – jeden Tag ungefähr zur gleichen Zeit herein und erst wieder he-

»Ihr Zeitplan – jeden Tag ungefähr zur gleichen Zeit herein und erst wieder heraus, wenn die tausend Wörter auf (virtuellem) Papier sind – soll Sie an das Träumen gewöhnen. Er soll Sie in Traumstimmung versetzen, so wie Sie sich auf den Schlaf einstimmen, indem Sie jeden Abend ungefähr zur gleichen Zeit und mit den gleichen Ritualen ins Bett gehen.«

raus, wenn die tausend Wörter auf (virtuellem) Papier sind – soll Sie an das Träumen gewöhnen. Er soll Sie in Traumstimmung versetzen, so wie Sie sich auf den Schlaf einstimmen, indem Sie jeden Abend ungefähr zur gleichen Zeit und mit den gleichen Ritualen ins Bett gehen.«

Kings Verwendung fester Rituale ist unter großen Denkern nichts Neues. Ein weiterer bekannter Befürworter ist der Psychologe B. F. Skinner. Anfang der 1960er-Jahre, als Skinner seine bahnbrechendsten Erkenntnisse gewann, hielt er sich an einen strikten Tagesablauf. 1963 notierte er in seinem Tagebuch:

> *Ich stehe manchmal zwischen 6 und 6:30 Uhr auf und höre dann oft im Radio die Nachrichten. Mein Frühstück, eine Schale Cornflakes, steht auf dem Küchentisch. Die Kaffeemaschine ist an eine Zeitschaltuhr angeschlossen und startet von selbst. Ich frühstücke alleine … gegen 7 Uhr gehe ich in mein Arbeitszimmer, ein holzvertäfeltes Zimmer im Keller. Mein Schreibtisch ist ein langer, moderner Tisch im skandinavischen Stil, mit einer Reihe von Regalen, die ich selbst gebaut habe und in denen meine eigenen Veröffentlichungen, aber auch Wörterbücher, Nachschlagewerke und andere Bücher stehen. Im Laufe des Vormittags gehe ich in mein Büro. Zurzeit verlasse ich das Haus kurz vor 10 Uhr, damit ich Debbie auf dem Weg zu ihren Sommerkursen mitnehmen kann …*

Und seine Beschreibungen gehen weiter, er skizziert fast auf die Minute genau den Ablauf jedes einzelnen Tages.

Skinner war das ultimative Gewohnheitstier. Anfang und Ende seiner Schreibsitzungen wurden sogar durch das Klingeln eines Weckers eingeläutet. Die große Ironie ist natürlich, dass Skinner die Macht der Gewohnheit nutzte, um ein theoretisches Konzept zu entwickeln, die die Macht der Gewohnheit untermauerte: Behaviorismus. Die Kernaussage des Behaviorismus ist, dass bestimmte Aktionen durch äußere Hinweisreize ausgelöst oder »konditioniert« werden können. In Skinners bekanntesten Konditionierungsexperimenten lernten Ratten, Hebel zu betätigen, und Tauben, Tischtennis zu spielen. Er brachte den Tieren diese Dinge bei, indem er bestimmte erwünschte Verhaltensweisen mit Nahrungsbelohnungen verknüpfte. (Jeder, der jemals ein Haustier mit Leckereien erzogen hat, kann Skinner dafür danken.)

Skinner glaubte, dass beinahe jeder Auslöser bestimmte Verhaltensweisen herbeiführen konnte, solange sie (das heißt Auslöser und Verhalten) konsequent aneinandergekoppelt und positiv verstärkt werden. Aus behavioristischer Sicht diente Skinners eigene akribische Routine als Auslöser für das Schreiben als erwünschtes Verhalten, das durch die positiven Gefühle verstärkt wurde, die er am Ende eines produktiven Arbeitstags empfand.

Die moderne Psychologie weiß mittlerweile, dass menschliches Verhalten wesentlich komplexer ist als Skinners Behaviorismus. Aber der Kern der Theorie hat sich in der Wissenschaft der Gewohnheiten bis heute gehalten, der zufolge Verhaltensweisen durch die unmittelbar vorangehenden Aktivitäten angestoßen werden können. Vielleicht würden wir heute nicht mehr sagen, dass jemand Routinen benutzt, um sich zu »konditionieren«. Wir würden vielmehr sagen, dass er es sich »zur Gewohnheit gemacht« hat, hervorragenden Leistungen zu erzielen. Aber im Grunde sind das zwei Seiten derselben Medaille. Indem wir unsere Arbeit dauerhaft an dieselbe Routine koppeln (und falls möglich an dieselbe Umgebung), verselbstständigt sich die hervorragende Leistung gewissermaßen und wird zum Automatismus.

PRAXISTIPPS

- Setzen Sie zentrale Verhaltensweisen mit spezifischen Hinweisreizen und/oder Routinen in Zusammenhang.
- Üben Sie konsequent und häufig; führen Sie denselben Hinweisreiz/dieselbe Routine jedes Mal unmittelbar vor dem Verhalten aus, an das es gekoppelt ist.
- Verbinden Sie Schlüsselaktivitäten möglichst mit demselben Kontext (das heißt Uhrzeit, Umgebung usw.).
- Falls Ihre Aktivität in unterschiedlichen Umgebungen stattfindet, müssen Sie Hinweisreize/Routinen entwickeln, die sich überall ausführen lassen (zum Beispiel tiefe Atemzüge, positive Selbstgespräche und so weiter).
- Beständigkeit ist das A und O. Die beste Routine ist nichts wert, wenn Sie sie nicht regelmäßig ausüben.

Von der Psychologie zur Biologie

Dave Hamiltons britischer Akzent fällt auf dem Spielfeld in Lancaster, Pennsylvania auf, wo er als Leiter der Abteilung für Leistungssteigerung das US-amerikanische Frauenhockey-Team betreut. Hamilton wird das Ende der Medaillenflaute zugeschrieben, die bis 1984 zurückreicht. Erst vor Kurzem wurde Hamilton aus England angeworben, wo er den britischen Hockeyfrauen bei den Olympischen Spielen 2012 zu einer Bronzemedaille verhalf.

So wie das US-Team vor 2012 waren auch die Britinnen lange erfolglos geblieben und hatten seit 20 Jahren keine Medaille gewonnen. Trotz aller Indikatoren, die auf Spitzenleistungen hinwiesen, hatte das Team in entscheidenden Spielen Probleme; sie waren »Trainingsweltmeister«, konnten ihre Leistung am Spieltag aber nicht abrufen.

Weil Hamilton Trainingswissenschaftler ist, begann er zu analysieren, warum seine Spielerinnen aus ihrem vorbildlichen Training kein vorbildliches Ergebnis machen konnten.

Hamilton hielt alles fest und fing beim Trainingsprogramm an. Hier gab es keine Auffälligkeiten. Das war angesichts des hohen Spielniveaus, das er in jeder Trainingseinheit beobachtete, nicht verwunderlich. Es würde ihm also nicht weiterhelfen, die Physiologie seiner Spielerinnen zu verändern. Allerdings fragte sich Hamilton, welche Auswirkungen es wohl hätte, wenn er ihre Biologie verändern würde. Würde er ihnen dadurch einen kleinen Vorteil verschaffen, den sie am Spieltag gut gebrauchen könnten?

Hamilton wollte vor allem mehr über das Hormon Testosteron erfahren. Mehr als jedes andere Hormon trägt es zur Verbesserung der körperlichen Leistungsfähigkeit bei. Muskelwachstum, Kraft und Energie nehmen dadurch zu. Testosteron hat aber nicht nur sehr prägnante Auswirkungen auf unsere Physiologie, sondern steht auch mit gesteigerter Kreativität, besserem Erinnerungsvermögen und höherer Aufmerksamkeit in Verbindung. Mit anderen Worten: Testosteron ist für nahezu alle Aktivitäten ein wirksames Mittel zur Leistungssteigerung. Synthetisches Testosteron ist im Sport zwar verboten, aber Hamilton war davon überzeugt, dass er die Menge an natürlich im Körper vorkommendem Testosteron bei seinen Spielerinnen erhöhen konnte. Er verordnete ihnen mehr Schlaf und wollte, dass sie mindestens acht Stunden pro Nacht schliefen (mehr zum Thema Schlaf und Testosteron in Kapitel 5). Darüber hinaus maß er mittels Speichelproben, wie so ziemlich alles ihren Testosteronspiegel beeinflusste. Beispielsweise evaluierte er, wie sich das Testosteron durch negatives bzw. positives Feedback, Ansprachen vor dem Spiel, motivierende Filme, soziales Umfeld und ein eher sprint- oder ausdauerlastiges Aufwärmtraining veränderte.

Hamilton stellte fest, dass es keine allgemeingültige Formel für die Erhöhung des Testosteronspiegels gibt. Vielmehr reagierten die Frauen unterschiedlich auf verschiedene Stimuli: Bei manchen erhöhte sich der Testosteronspiegel durch kurze Sprints, bei anderen durch langsame Dauerläufe; bei manchen stieg er an, wenn sie sich alleine auf ein Spiel vorbereiteten, während andere davon profitierten, wenn sie sich in der Gruppe aufwärmten und so weiter. Eine Sache blieb aber in allen Fällen gleich: Nämlich dass die Erhöhung des Testosteronspiegels vor dem Spiel die Leistung der Spielerinnen signifikant verbesserte. Der Schlüssel zu Hamiltons Rätsel, und letztendlich zur olympischen Bronzemedaille für die britischen Hockeyfrauen, war die Erhöhung ihres Testosteronspiegels.

Mit diesem Wissen arbeitete Hamilton vor den Olympischen Spielen 2012 mit jeder einzelnen Spielerin, um individualisierte Routinen zu entwickeln, die sie vor dem Match absolvieren sollte. Er stellte sicher, dass die Routine für jede Athletin »optimal« war, indem er während der Anpassung ihrer Routine ihren Testosteronwert maß. So hatte jede Spielerin rechtzeitig vor den Olympischen Spielen 2012 ihr eigenes Programm, das speziell auf die maximale Erhöhung ihres Testosteronspiegels ausgelegt war. Wie die Olympia-Medaille in jenem Jahr anschaulich bewies, funktionierte dieser neuartige Ansatz bestens.

Hamilton verwendete Wiederholungstests, um die Routinen seiner Spielerinnen zu optimieren, doch vielleicht wäre eine solche Präzision gar nicht nötig gewesen. Er erzählte uns, dass der Testosteronspiegel bei seinen Spielerinnen ausnahmslos am höchsten war, wenn sie sich gut fühlten: »Wenn es um die Leistung am Spieltag ging, taten wir eigentlich nichts anderes, als den Athletinnen das Gefühl zu geben, körperlich und geistig bereit zu sein, wenn der Schiedsrichter das Spiel anpfiff.«

Am Anfang dieses Kapitel lernten wir, dass Routinen deshalb so effektiv sind, weil sie spezifische Verhaltensweisen und bestimmte physische und psychische Zustände herbeiführen. Hamiltons Erfahrung zeigt außerdem, dass eine individualisierte Routine mehr leistet als die bloße mentale Einstimmung auf eine bevorstehende Aufgabe. Sie verändert auf biologischer Ebene unser Hormonprofil, was sich wiederum positiv auf unsere Kraft, Energie, Zuversicht, Kreativität, Aufmerksamkeit und Gedächtnisleistung auswirkt. Mit anderen Worten: Die Entwicklung einer individualisierten Routine konditioniert uns nicht nur zur Leistungsbereitschaft; sie verbessert auch die Leistung an sich.

Wenn die Wachstumsgleichung das Fundament ist, auf dem unser Talent beruht, helfen uns eine perfekt auf uns zugeschnittene Routine und Umgebung dabei, dieses Talent in vollem Umfang zum Ausdruck zu bringen.

7

MINIMALISMUS FÜR MAXIMALE RESULTATE

Dr. Michael Joyner, Arzt und Forscher an der renommierten Mayo Clinic, ist nicht nur Experte für menschliche Leistungsfähigkeit, er ist selbst ein hervorragender Performer. Joyner hat über 350 Artikel zum Thema verfasst und für seine Arbeit zahlreiche Auszeichnungen erhalten. Vor Kurzem wurde er an der Mayo Clinic zum »Distinguished Investigator« ernannt und erhielt über das prestigeträchtige Fulbright-Programm einen Zuschuss. Neben seiner Tätigkeit als Forscher arbeitet Joyner auch als Anästhesist, behandelt regelmäßig Patienten, betreut zahlreiche angehende Mediziner und leitet informell das, was er als »meine eigene Variante der Montessori-Schule« bezeichnet. Er schreibt für die Zeitschrift *Sports Illustrated* und wird in anderen führenden Veröffentlichungen oft als Experte zitiert. Und falls das immer noch nicht reichen sollte: Joyner ist (mit mittlerweile 58 Jahren) immer noch ein aktiver Sportler, der in seiner Blütezeit die Marathondistanz in erstklassiger Zeit lief. Außerdem ist er ein Ehemann und Vater von kleinen Kindern.

Joyner hat keine spezielle Genmutation, die ihm grenzenlose Energie verleiht, und er arbeitet auch keine zwölf Stunden am Tag. Er beseitigt aber jede Form von Ablenkung und verzichtet auf Aktivitäten, die nichts mit seiner Arbeit zu tun haben. Das will nicht heißen, dass Joyner ein »Fachidiot« ist, der sich nur in seinem Forschungsbereich auskennt. Er ist eher das genaue Gegenteil. »Ich nehme mir jeden Tag 60 bis 90 Minuten Zeit, um Texte zu lesen, die nichts mit meinem Fachgebiet zu tun haben«, erzählte er uns. »Das hilft mir bei der Entwicklung neuer Ideen.« Aber Joyner liest nur so viel, weil er festgestellt hat, dass Kreativität seiner Forschung zuträglich ist, und vielfältiger Lesestoff ist eine seiner Inspirationsquellen. Er investiert keine Zeit oder Energie in Dinge, die für seine Arbeit unwichtig sind. »Um ein Maximalist zu sein«, sagt er, »muss man ein Minimalist sein.« Das heißt aber nicht, dass Sie ein besonders eng abgestecktes Themenfeld bearbeiten oder sich extrem spezialisieren sollen. Wie wir in diesem Buch gesehen haben, verfolgen viele hervorragende Performer verschiedene Interessen, die erst im eklektischen Zusammenspiel den Erfolg bringen. Es heißt allerdings, dass Sie alle oberflächlichen, irrelevanten Dinge in Ihrem Leben identifizieren und versuchen sollten, diese wegzulassen. Sie sollten sich genau überlegen, wie Sie Ihre wertvollste Ressource nutzen: Zeit.

»Um ein Maximalist zu sein«, sagt er, »muss man ein Minimalist sein.«

Joyners Tagesablauf veranschaulicht diese Philosophie. Er steht zwischen 4:30 und 5:00 Uhr auf, wenn seine Familie noch schläft. In dieser frühen Morgenstunde, wenn sein Geist frisch ist und er von niemandem abgelenkt wird, erledigt er seine dringendste und wichtigste Arbeit des Tages. Wenn seine Frau und Kinder aufstehen, ist er bereit für eine Pause und verbringt diese Zeit bewusst mit ihnen. Eine Stunde später, wenn er das Haus verlässt, nimmt er seine bereits gepackte Sporttasche, in der sich dieselbe Sport- und Arbeitskleidung wie jeden Tag befindet. »Ich will über meine Garderobe nicht nachdenken müssen«, erzählt er uns. Er fährt mit dem Fahrrad ins Fitnessstudio, das nur einige Kilometer von seinem Büro entfernt ist. »Ich habe mir genau ausgesucht, wo ich lebe«, sagte er. »Ich wollte keine Zeit mit Pendeln verschwenden oder über den Verkehr nachdenken müssen. Also suchte ich mir meinen Wohnort unter dem Gesichtspunkt aus, dass ich mit dem Fahrrad zur Arbeit fahren kann. Außerdem sorgt das Radfahren dafür, dass ich an den Tagen, an denen ich keine Zeit fürs Training habe, wenigstens ein bisschen aktiv bin.«

An seinem Arbeitsplatz beteiligt sich Joyner nicht an politischen Winkelzügen oder Bürogerede. Und während er zahllose Seminare abhält und

Konferenzen besucht, zu denen er praktisch täglich eingeladen wird, verzichtet er oft bewusst darauf, weil sie ihn von seiner hoch konzentrierten Arbeit ablenken. Wenn Joyner abends nach Hause kommt, gibt er sich große Mühe »abzuschalten« und nimmt selten, wenn überhaupt, an sozialen Aktivitäten teil. Um herausragende Arbeit zu leisten, sagte er uns, »muss man oft Nein sagen, damit man – wenn es dann so weit ist – mit vollem Elan Ja sagen kann«. Joyner gibt zu, dass das alles andere als einfach ist. »Ich hätte in New York, Boston oder Washington DC leben können«, erklärte er, »aber es zog mich nach Rochester, Minnesota, weil ich mich in dieser Stadt leichter auf die Dinge konzentrieren kann, die mir am wichtigsten sind: meine Forschung und meine Familie.« Und da er sowohl seine Forschung als auch seine Familie liebt, ist er mit seiner Entscheidung hochzufrieden.

Joyner hat nicht nur seinen Alltag, sondern sein ganzes Leben so organisiert, dass es keine Ablenkungen und Entscheidungen enthält, »die eigentlich völlig unwichtig sind«. Auf diese Weise verfügt er über genug Energie und Willenskraft für die Aktivitäten, die für ihn von entscheidender Bedeutung sind. Joyner erreicht also so viel und ist in seinem Gebiet ein »Maximalist«, weil er in fast allen anderen Bereichen ein »Minimalist« ist.

Falls Ihnen Joyners Philosophie und Lebensweise bekannt vorkommen, liegt das daran, weil sie den Gewohnheiten eines anderen großen Performers ähneln, der uns bereits in Kapitel 3 begegnet ist: Dr. Bob Kocher. Dr. Bob plant seinen Tag minutiös und stellt sicher, dass jeder Zeitblock einem konkreten Zweck dient. Wie Joyner überlässt Dr. Bob nichts dem Zufall und entscheidet ganz bewusst, wie er seine Energie investiert bzw. nicht investiert. Emil Alzamora, ein preisgekrönter Künstler, über den Sie später noch mehr erfahren werden, richtete sich sein Atelier, das er als seine »Höhle« bezeichnet, in seinem Garten ein. Sein Ziel war es, »das zu minimieren, was zwischen mir und meiner Kunst steht«. Es ist diese Art von Intentionalität, die Alzamora, Dr. Bob, Joyner und so viele andere große Performer eint. Große Performer entscheiden ganz bewusst, worauf sie ihre Energie richten, und schützen diese vor allen störenden Einflüssen. Dazu zählen selbst scheinbar einfache Dinge wie die Entscheidung, welches Hemd man anzieht.

Entscheidungsmüdigkeit

Wenn Sie das nächste Mal vor Ihrem Computer sitzen, sollten Sie im Internet nach Bildern von Mark Zuckerberg recherchieren, dem Gründer und CEO von Facebook. (Sie wissen ja, dass wir nicht viel davon halten, dass Sie zum Smartphone greifen, aber tun Sie's, wenn es nicht anders geht.) Sie werden vermutlich feststellen, dass sich die Bilder sehr ähneln. Abgesehen von sehr seltenen Anlässen, die eine andere Garderobe erfordern, trägt Zuckerberg fast immer das gleiche Outfit: blaue Jeans, graues T-Shirt und einen Kapuzenpullover. Zuckerberg versucht damit nicht, eine modische Aussage zu treffen oder den legeren Dresscode von Silicon Valley salonfähig zu machen (obwohl er mit Sicherheit dazu beigetragen hat). Vielmehr hat er seine Kleidung auf das Wesentliche beschränkt, um seine Produktivität und Leistung zu steigern.

Ende 2014, als Zuckerberg zum ersten Mal eine öffentliche Frage-Antwort-Runde abhielt, lautete die Frage, die am meisten Aufmerksamkeit erregte: »Warum tragen Sie jeden Tag das gleiche T-Shirt?«

»Ich möchte mein Leben einfach halten, damit ich möglichst wenige Entscheidungen treffen muss und mehr Energie darauf richten kann, der Gesellschaft auf bestmögliche Weise zu dienen«, antwortete Zuckerberg, der allerdings umgehend darauf hinwies, »mehrere T-Shirts der gleichen Sorte« zu besitzen. Er erklärte weiter, dass sich viele kleine Entscheidungen – wie die Auswahl der Kleidung – mit der Zeit summieren und ziemlich anstrengend sein können. »Ich habe das große Glück, jeden Tag aufwachen und über einer Milliarde Menschen helfen zu können. Und ich habe das Gefühl, dass ich meine Arbeit nicht richtig mache, wenn ich meine Energie auf alberne oder belanglose Dinge verschwende.«

Zuckerberg ist nicht das erste Genie, das seine Garderobe auf ein Minimum beschränkt. Es heißt, dass Albert Einstein einen Kleiderschrank mit »mehreren identischen grauen Anzügen« hatte. Steve Jobs trug fast immer einen schwarzen Rollkragenpullover, blaue Jeans und Turnschuhe der Marke New Balance. Präsident Barack Obama erzählte vor einiger Zeit der Zeitschrift *Vanity Fair*: »Sie werden feststellen, dass ich immer dieselben grauen oder blauen Anzüge trage. Ich versuche, die Anzahl meiner Entscheidungen zu reduzieren. Ich will nicht darüber nachdenken, was ich essen oder anziehen soll, weil ich viel zu viele andere Entscheidungen treffen muss.« Wir könnten unsere Liste beliebig fortsetzen und weitere große Performer nennen, die triviale Entscheidungen aus ihren Leben entfernt haben. Aber kann die Beseitigung so einfacher Entscheidungen – blaues oder rotes Hemd, Cornflakes oder Müsli – unsere Leistung wirklich beeinflussen?

Sie erinnern sich sicher an die Aussage, dass der Verstand wie ein Muskel ist – diese Theorie wurde von dem Psychologen Dr. Roy Baumeister aufgestellt, dem wir in Kapitel 1 begegnet sind. Demzufolge besitzen wir einen begrenzten Vorrat an mentaler Energie, die wir im Laufe des Tages verwenden und die daher schwindet.* Diese Theorie konzentrierte sich zunächst auf die Selbstkontrolle: dass wir Versuchungen im Tagesverlauf mit höherer Wahrscheinlichkeit erliegen, wenn wir ihnen zuvor widerstanden haben. Aber Wissenschaftler stellten bald fest, dass es nicht nur anstrengend ist, Versuchungen zu widerstehen, sondern auch Entscheidungen zu treffen.

Richter müssen auf der Grundlage vorhandener Beweise unparteiische Entscheidungen treffen. Wir erwarten, dass sie fähig sind, unwichtige Dinge und subjektive Meinungen zu filtern, um jeden Gerichtsfall in einer Art Vakuum zu beurteilen. Deswegen ist es besonders überraschend, dass die Forschung zeigt, wie die Urteile von Richtern stark von der Anzahl der Entscheidungen beeinflusst werden, die sie zuvor getroffen haben. Eine Studie stellte zum Beispiel fest, dass Richter am Anfang des Tages in 65 Prozent aller Fälle Häftlingen zu einer Bewährungsstrafe verurteilten, am Ende des Tages war dieser Wert aber beinahe auf 0 Prozent gesunken. Diese Richter unterlagen der sogenannten »Entscheidungsmüdigkeit«. Mit der steigenden Anzahl an Entscheidungen, die sie treffen mussten, wurden sie geistig müde und besaßen weniger Energie, um die Gerichtsfälle kritisch zu beurteilen, weshalb sie auf eine einfachere Standardentscheidung zurückgriffen und grundsätzlich keine Bewährungsstrafen mehr verhängten.

Richter sind nicht die einzigen Personen, die für Ihren Scharfsinn geschätzt werden, aber unter Entscheidungsmüdigkeit leiden. Vor einiger Zeit ergab eine Studie, dass Ärzte im Laufe des Tages hinsichtlich der Verord-

* Die Willensstärke lässt sich am besten »wieder auffüllen«, indem man eine Pause von der anspruchsvollen Arbeit macht. Das erklärt, warum wir am Morgen mit einem vollen Tank Willensstärke aufwachen – für die meisten von uns ist Schlaf die längste Pause.

nung von Medikamenten signifikant mehr Fehler machen. Dr. Jeffrey Lindner, Hauptautor der Studie, erzählte der *New York Times*: »Es mag viele in Staunen versetzen, aber Ärzte sind eben auch nur Menschen; es kann also sein, dass wir am Ende unseres Arbeitstages erschöpft sind und deswegen schlechtere Entscheidungen treffen.«

Natürlich ist die intellektuelle Leistung, ob man eine Bewährungsstrafe verhängt oder welche Medikamente in welcher Dosis man einem Patienten verschreibt, wesentlich größer als die Entscheidung, welche Farbe das Hemd haben soll, das man anzieht. Trotzdem scheinen uns selbst triviale Entscheidungen zu erschöpfen. Experimente zeigen, dass Personen, die aus einer Reihe von Konsumgütern eine bestimmte Auswahl treffen mussten (zum Beispiel die Farbe des T-Shirts, die Duftnote der Duftkerze, die Shampoomarke, die Art von Süßigkeit und sogar den Sockentyp), bei allen möglichen Tests – zur Messung der Körperkraft, des Durchhaltewillens oder problemlösenden Denkens – schlechter abschnitten als jene, die nur eine Option erhielten. Im Laufe des Tages haderten diejenigen, denen mehrere Auswahlmöglichkeiten zur Verfügung standen, auch in anderen Lebensbereichen stärker. Die Forscher gelangten zu dem Schluss, dass selbst bei den einfachsten Dingen »das Treffen von Entscheidungen eine erschöpfende Wirkung hat« und dadurch die Leistung in künftigen Aktivitäten beeinträchtigt.

Jedes Mal, wenn wir eine bewusste Entscheidung treffen, ganz gleich wie unwichtig sie scheinen mag, geht unser Gehirn verschiedene Szenarien durch und evaluiert alle Optionen. Je mehr Entscheidungen wir treffen, umso mehr Energie verbraucht das Gehirn. So wie jeder andere Muskel wird unser mentaler Muskel müde.* Das Treffen selbst kleiner Entscheidungen erschöpft uns nicht nur im Laufe des Tages, sondern unterbricht auch unseren aktuellen Gedankengang. Das Gehirn muss das, woran es gerade arbeitet, fallen lassen (oder den kreativen Flow-Zustand verlassen, um wie-

* Unser mentaler Muskel ist nicht nur für unsere Denkfähigkeit entscheidend, sondern auch für unsere Selbstbeherrschung. Auch wenn Ihre Aktivität körperlicher Natur ist, kann Ihre Fähigkeit, an Ihre Grenzen und darüber hinaus zu gehen – eine der härtesten Bewährungsproben für die Selbstkontrolle, die es gibt – von den Entscheidungen abhängig sein, die Sie im Laufe des Tages bereits getroffen haben. Mit anderen Worten: Ungeachtet dessen, was Sie tun, kann die Streichung einer unwichtigen Entscheidung Ihre Leistung verbessern. Deswegen unternehmen viele Coaches alles, was in ihrer Macht steht, damit ihre Athleten am Spieltag an nichts denken müssen.

der bewusst zu denken), um sich Gedanken darüber zu machen, welche Socken wir anziehen sollen.

Das heißt nicht, dass wir auf Autopilot schalten und ab sofort keine Entscheidungen mehr treffen sollten. Wir sollten allerdings die Tatsache anerkennen, dass wir über einen begrenzten Energievorrat verfügen und uns daher nur den Dingen widmen sollten, die wirklich wichtig sind. Je mehr Dinge unserer Meinung nach wichtig sind, umso weniger Energie steht uns für jede einzelne Sache zur Verfügung. Nur indem wir Minimalisten werden, können wir Maximalisten werden.

Wir sollten die Tatsache anerkennen, dass wir über einen begrenzten Energievorrat verfügen und uns daher nur den Dingen widmen sollten, die wirklich wichtig sind.

Der Schlüssel zum Minimalismus ist es, so ziemlich alles zu einer Routine zu machen, das für Ihre Arbeit unbedeutend ist. Wenn Sie Ihre Entscheidungen automatisch treffen, fallen das bewusste Nachdenken und die damit verbundene Hirnaktivität weg. Sie bewegen sich von einer Ausgangssituation (ich muss mich anziehen) zur direkten Ausführung einer Handlung (zum Beispiel jeden Tag das gleiche Hemd anziehen), ohne dass zwischen dem Start- und Endpunkt Energie verloren geht. In gewisser Weise schlagen Sie der Erschöpfung ein Schnippchen und heben sich Ihre mentale Kraft für Dinge auf, die Ihnen wirklich wichtig sind. Je mehr Entscheidungen Sie automatisieren, umso mehr Energie steht Ihnen für die Arbeit zur Verfügung, die Sie für relevant erachten. Um maximale Leistungen zu erzielen, müssen Sie also herausfinden, was Ihnen wirklich wichtig ist – wofür es sich Ihrer Meinung nach lohnt, Energie zu investieren –, und Ihren Aufwand in allen anderen Bereichen minimieren.

PRAXISTIPPS

- Werden Sie ein Minimalist, um ein Maximalist zu sein:
- Überlegen Sie sich, wie viele Entscheidungen Sie im Laufe eines Tages treffen.
- Identifizieren Sie die Entscheidungen, die unwichtig sind und für Sie keine Rolle spielen.
- Automatisieren Sie möglichst viele dieser Entscheidungen. Gängige Beispiele hierfür sind:
  - ✓ Was Sie anziehen
  - ✓ Was Sie zu den Mahlzeiten essen
  - ✓ Wann Sie tägliche Aktivitäten ausführen (trainieren Sie zum Beispiel immer um dieselbe Uhrzeit, damit Sie nicht darüber nachdenken müssen)
  - ✓ Ob Sie sozialen Verpflichtungen nachkommen (das ist nicht immer empfehlenswert, aber in wichtigen Arbeitsphasen schotten sich viele große Performer von der Außenwelt ab und meiden gesellige Veranstaltungen.)
- Sie sollten nicht nur so viele Entscheidungen wie möglich eliminieren, sondern auch keine Energie verschwenden, um über andere Personen zu lästern, Allianzen zu schmieden oder sich darüber zu sorgen, was andere möglicherweise über Sie denken. (Außer es ist Ihr erklärtes Ziel, in die Politik zu gehen – dann sind diese Dinge sogar von großer Bedeutung.)
- Denken Sie nicht nur an die Entscheidungen, die Sie täglich treffen, sondern auch an die kurz- und langfristigen Folgen größerer Lebensentscheidungen, wie zum Beispiel die Wahl Ihres Wohnorts (Fahrtzeit zum Arbeitsplatz, Lebenshaltungskosten und so weiter).

Lerchen und Eulen

Wenn Sie bei der Gestaltung Ihres optimalen Tages im ersten Schritt herausfinden, *was* Sie tun müssen (und vielleicht wichtiger noch: was Sie nicht tun dürfen), sollte es Ihnen im zweiten Schritt darum gehen, *wann* die richtige Zeit dafür ist. In seinem Buch *Musenküsse: Die täglichen Rituale berühmter Künstler* beschreibt Mason Currey den Alltag von über fünfzig der bekanntesten bildenden Künstler, Schriftsteller, Musiker und Intellektuellen, die je gelebt haben. Es ist nicht weiter erstaunlich, dass fast alle von ihnen Minimalisten waren, und sie alle hielten sich an relativ strenge Tagesabläufe. Aber die Abläufe an sich, das heißt wie diese Performer ihren Alltag gestalteten, weichen teilweise stark voneinander ab. Das gilt vor allem für die *Tageszeiten*, zu denen sie ihre beste Arbeit hervorbrachten. Mozart beispielsweise schuf seine Meisterwerke spät nachts. Beethoven hingegen war am frühen Morgen am produktivsten. Das Fazit ist also nicht, dass die meisten großen Performer zu einer bestimmten Tageszeit zu Höchstform aufliefen bzw. dass sie um eine bestimmte Uhrzeit besonders produktiv waren. Vielmehr fanden sie alle heraus, wann sie am frischesten und konzentriertesten waren, und gestalteten ihren Alltag entsprechend. Sie richteten ihren Tag nach ihrem Chronotyp aus, das heißt nach dem einzigartigen Anstieg und Abfall der Energie, den jeder Mensch innerhalb von 24 Stunden erlebt.

Wir bezeichnen Menschen, die am Vormittag besonders wach und leistungsfähig sind, als »Lerchen«, und zählen jene, die am Abend munter werden, zu den »Eulen«. Zahlreiche Studien bestätigen, dass es diese Kategorien tatsächlich gibt. Ob es sich um körperlich oder kognitiv anspruchsvolle Aufgaben handelt, neigen die meisten Menschen dazu, entweder am Anfang des Tages zu Höchstform aufzulaufen (Lerchen) oder gegen Ende des Tages (Eulen). Diese individuellen Unterschiede stehen mit dem Biorhythmus in Zusammenhang, der individuell verschieden ist – wann verschiedene Hormone, die Einfluss auf die Energie und Konzentrationsfähigkeit nehmen, ausgeschüttet werden, wann unsere Körpertemperatur steigt oder fällt. Während bei den einen der energiespendende Hormonschub früher einsetzt, ist das bei den anderen erst später der Fall.

BESTIMMEN SIE IHREN CHRONOTYP

Um Ihren Chronotyp zu bestimmen, können Sie einen evidenzbasierten Fragebogen ausfüllen, der von Forschern des Schlaf-Forschungszentrums an der Loughborough University in England entwickelt worden ist. Nähere Informationen über die Vollversion finden Sie im Literaturverzeichnis und den Quellenangaben am Ende des Buches, aber Ihre Antworten auf drei Fragen sollten Ihnen schon jetzt einen guten Anhaltspunkt geben, wo Sie sich im Spektrum zwischen Lerche und Eule befinden.

1. Wenn Sie Ihren Abend völlig frei gestalten könnten und am nächsten Morgen keinerlei Verpflichtungen hätten, um welche Uhrzeit würden Sie zu Bett gehen?
2. Sie müssen zwei Stunden körperlich harte Arbeit verrichten. Wann würden Sie diese Arbeit erledigen, wenn Sie die freie Wahl hätten?
3. Sie müssen einen zweistündigen Test ablegen und wissen, dass er geistig sehr fordernd sein wird. Wann würden Sie diesen Test absolvieren, wenn Sie die freie Wahl hätten?

Dieser Fragebogen ist zwar eine wertvolle Hilfe, aber am besten entwickeln Sie ein Gefühl für Ihre optimale Tagesplanung, wenn Sie auf Ihren Körper hören. Achten Sie in den nächsten zwei Tagen genau darauf, um welche Uhrzeit Sie am meisten Energie haben und wann Sie geistig träge und unaufmerksam werden und Ihre Arbeit zu leiden beginnt.

Zwei Tage Reflexion können aufschlussreich sein, aber monatelanger Kaffee- und Zuckerkonsum zur »Bekämpfung« der Erschöpfung kann Ihren Chronotyp völlig aus der Bahn werfen. Am besten ermitteln Sie Ihren Chronotyp, wenn Sie sieben Tage ohne Wecker aufstehen können oder die Erschöpfung, die sich im Laufe des Tages einstellt, nicht kompensieren müssen. Sie werden nicht nur sehr genau Ihren Chronotyp bestimmen können, sondern auch von einer »Reset«-Phase profitieren, in der Sie Ihren Körper zurücksetzen und seinen natürlichen Rhythmus wiederherstellen.

Sie könnten auch Ihr Blut in einem Labor untersuchen lassen, um genau herauszufinden, wann Sie am leistungsfähigsten sind, aber Sie können sich das Geld und die Mühe genauso gut sparen, indem Sie einige grundlegende Fragen beantworten. Alle großen Performer, mit denen wir im Rahmen unserer Arbeit an diesem Buch gesprochen haben, erzählten uns, dass es bestimmte Zeiten gab, in denen sie zu Höchstform aufliefen, und mit Ausnahme einer Handvoll Olympioniken ließ niemand von ihnen Bluttests vornehmen, um sich ganz sicher zu sein. Sie gingen einfach ein wenig in sich.

Während es also bestimmte Uhrzeiten oder Stunden am Tag gibt, in denen wir besonders konzentriert und produktiv sind und unsere beste Arbeitsleistung erbringen (das heißt vormittags für Lerchen und abends für Eulen), gilt das genaue Gegenteil für Kreativität und schöpferische Einfälle. Wie wir in Kapitel 4 erfahren haben, muss man, um kreativ zu sein, Abstand zu seinem Projekt nehmen und seinen Geist schweifen lassen. So setzten wir die kreative Kraft unseres Unterbewusstseins frei (das aufgabenpositive Netzwerk). In der Zeit, in der wir extrem wachsam und fokussiert sind, dominiert unser Bewusstsein. Aber wenn wir müde werden und es uns schwerfällt, unsere Konzentration aufrechtzuerhalten, kann unsere kreative Seite zum Vorschein kommen. Es sollte daher nicht verwunderlich sein, dass Forscher festgestellt haben, dass Lerchen abends am besten Aufgaben bewältigen, für die schöpferischer Einfallsreichtum erforderlich ist, während Eulen vormittags am kreativsten sind.

Wir (Steve und Brad) haben im Laufe der Zeit festgestellt, dass wir Lerchen sind, und unsere Schreibtage entsprechend gestaltet. Wir nutzten die Vormittage für Korrekturen und den Feinschliff einzelner Textpassagen (konzentrierte Arbeit) und die Nachmittage für die Entwicklung neuer Ideen und die Vorbereitung der nächsten Schreibphase (kreative Arbeit). Das ermöglichte einen effizienten Arbeitsablauf: Vormittags widmeten wir uns der Verbesserung der Rohfassung und der Ausarbeitung der kreativen Gedanken, die nachmittags am Tag zuvor entstanden sind.

Große Performer kämpfen nicht gegen den natürlichen Rhythmus ihres Körpers an; vielmehr nutzen sie ihn zu ihrem Vorteil. Sie verlegen ihre anspruchvollste Arbeit, die eine hohe Anstrengung erfordert (bei Athleten sind das ihre Workouts) ganz bewusst auf den Vormittag bzw. Abend. Wenn sich ihre Biologie verändert und ihre Aufmerksamkeit nachlässt, nehmen sie sich

Aufgaben vor, die für ihre Arbeit zwar immer noch wichtig sind, aber weniger Konzentration beanspruchen. Hierzu zählen beispielsweise die Beantwortung von E-Mails, die Planung notwendiger, aber extrem unproduktiver Besprechungen oder häusliche Tätigkeiten. Wenn ihre Aufmerksamkeit schließlich massiv nachlässt, »zwingen« sie sich nicht zum Weiterarbeiten. Stattdessen lassen große Performer ihre Gedanken schweifen und gönnen sich körperlich eine Pause, in der sie oft geniale Einfälle oder Geistesblitze haben. Große Performer sind sich ihres Chronotyps durchaus bewusst und tun alles, was in ihrer Macht steht, um ihre Aktivitäten mit ihrem Energieniveau abzustimmen. Sie können versuchen, dasselbe zu tun.

PRAXISTIPPS

- Bestimmen Sie Ihren Chronotyp, indem Sie die vorgestellten Tipps und Vorschläge anwenden.
- Gestalten Sie Ihren Tag entsprechend – legen Sie bestimmte Aktivitäten bewusst auf eine bestimmte Tageszeit, um die Anforderungen der Aktivität an Ihr Energieniveau anzugleichen.
  - ✓ Die Zeit, in der Sie am aufmerksamsten sind, sollte Ihrer wichtigsten Arbeit vorbehalten sein.
  - ✓ Timen Sie Aufgaben, die weniger anspruchsvoll sind, so, dass Sie diese in Phasen erledigen können, in denen Sie weniger aufmerksam sind.
  - ✓ Kämpfen Sie nicht gegen die Erschöpfung an! Nutzen Sie diese Phase vielmehr zur Erholung und Entwicklung kreativer Ideen, die Sie in der nächsten Phase hoher Energie und Konzentration ausarbeiten können.
- Arbeiten Sie im Einklang mit Ihrem Chronotyp – so maximieren Sie nicht nur Ihre Leistung, sondern schaffen auch ein gutes Gleichgewicht zwischen Stress und Entspannung.

Wählen Sie Ihre Freunde mit Bedacht

2010 versuchte die United States Air Force Academy die Frage zu beantworten, warum manche Kadetten während ihrer Ausbildung an der Akademie ihre Fitness verbessern können, andere hingegen nicht. In einer Studie des National Bureau of Economic Research, die sich über vier Jahre erstreckte und eine Kohorte von Kadetten untersuchte, stellten die Forscher fest, dass zwar insgesamt eine unterschiedlich hohe Zu- bzw. Abnahme der Fitness zu verzeichnen war, innerhalb der einzelnen Schwadronen aber kaum Variabilität vorlag. Jede Schwadron besteht aus etwa 30 Kadetten, die vor Studienbeginn den einzelnen Schwadronen willkürlich zugeteilt werden. Die Kadetten verbringen einen Großteil ihrer Zeit mit ihren Kameraden aus derselben Schwadron, die zu einer zweiten Familie wird: Sie essen, schlafen, lernen und trainieren gemeinsam. Obwohl alle Schwadronen auf die exakt gleiche Weise trainierten und sich entspannten, war in einigen Schwadronen im Laufe der vier Jahre eine deutliche Fitnesssteigerung erkennbar, in anderen hingegen nicht.

Motivation breitet sich in einem engen Gruppengefüge genauso leicht aus wie eine Krankheit. Und sie ist genauso ansteckend.

Es zeigte sich, dass die Motivation des unfittesten Mitglieds der Gruppe der ausschlaggebende Faktor dafür war, ob die 30 Kadetten einer Schwadron besser wurden oder nicht. Wenn die unfitteste Person den Ehrgeiz hatte, besser zu werden, übertrug sich seine Motivation, und alle verbesserten sich. Wenn die unfitteste Person allerdings lustlos oder, schlimmer noch, negativ eingestellt war, zog sie alle anderen herunter. Motivation breitet sich in einem engen Gruppengefüge genauso leicht aus wie eine Krankheit. Und sie ist genauso ansteckend.

Selbst die Beobachtung anderer Menschen kann die eigene Motivation beeinflussen. Forscher an der University of Rochester zeigten Probanden ein Video, in dem sich jemand als intrinsisch (die Motivation kommt von innen) oder extrinsisch motiviert (die Motivation kommt von außen, in Form von Anerkennung und Belohnung) bezeichnete, als es darum ging, ein Spiel zu spielen. Diejenigen, die sich Videos ansahen, in denen sich die Person als intrinsisch motiviert bezeichnete, berichteten anschließend, ebenfalls intrinsisch motiviert zu sein. Als die Forscher die Teilnehmer alleine ließen, fingen diejenigen, die das intrinische Video angesehen hatten, ganz von selbst an, das Spiel zu spielen, das im Mitschnitt gezeigt wurde, während diejenigen, die das extrinsische Video angesehen hatten, nichts dergleichen taten. Besonders faszinierend ist der Umstand, dass diese Effekte sehr deutlich waren und es keine Rolle spielte, ob jemand vor dem Experiment als intrinsisch oder extrinsisch motiviert identifiziert worden war. Es ist beinahe so, also würde die eigene Einstellung im Vergleich zur Einstellung derjenigen, von denen man umgeben ist, verblassen.

Ihr Freundes- und Bekanntenkreis hat tief greifende Auswirkungen auf Ihr eigenes Verhalten.

Motivation ist aber nicht die einzige ansteckende Emotion. Die Forschung zeigt, dass der Anblick einer Person, die Freude oder Trauer zum Ausdruck bringt (indem sie lächelt oder ihr Gesicht verzieht), das neuronale Netz, das mit diesen Emotionen in Verbindung steht, in unserem eigenen Gehirn aktiviert. Dasselbe trifft auf Schmerz zu; allein der Anblick einer leidenden Person aktiviert unsere eigene neuronale Schmerzreaktion. Das ist der Grund dafür, warum wir bei traurigen Filmszenen weinen, uns im Beisein glücklicher Freunde wohlfühlen und beim Anblick eines Menschen zusammenzucken, der sich vor Schmerzen windet. Die Psychologin Dr. Emma Seppäla von der Stanford University bringt es auf den Punkt: »Wir sind auf Empathie programmiert.«

Wir sind nicht nur auf Empathie programmiert, es gibt auch deutliche Belege dafür, dass es sozial ansteckende Emotionen gibt, die sehr konkrete Handlungen und Verhaltensweisen auslösen. Studien belegen, dass man mit einer 57 Prozent höheren Wahrscheinlichkeit übergewichtig ist, wenn man Freunde mit Übergewicht hat. Wenn einer Ihrer Freunde mit dem Rauchen aufhört, dann nimmt die Wahrscheinlichkeit, dass auch Sie rauchen, um 36 Prozent ab. Diese sozialen Einflüsse bleiben erstaunlich stark, auch wenn man nicht direkt mit jemandem zu tun hat. Wenn also der Freund eines Freundes zunimmt, steigt die Wahrscheinlichkeit, dass auch Sie zu-

»Was in einem Land geehrt wird, wird dort auch gedeihen.« Dasselbe gilt für ein Team oder eine soziale Gruppe.

nehmen werden, um 20 Prozent. Selbst wenn ein Bekannter, den Sie kaum kennen, mit dem Rauchen anfängt, erhöht sich die Wahrscheinlichkeit, dass Sie künftig zum Glimmstängel greifen, um 11 Prozent. Mit anderen Worten: Ihr Freundes- und Bekanntenkreis hat tief greifende Auswirkungen auf Ihr eigenes Verhalten. Selbstverständlich sind Ihre Handlungen wichtig, aber auch Ihr sozialer Umgang ist relevant.

Zur Blütezeit der griechischen Kultur bemerkte Platon: »Was in einem Land geehrt wird, wird dort auch gedeihen.« Dasselbe gilt für ein Team oder eine soziale Gruppe. Wenn Sportmannschaften eine Siegesserie haben, ist fast immer die Rede von der guten Chemie, die schon in der Umkleidekabine spürbar sei. Oft ist es nicht das Team mit der größten Anzahl von Einzeltalenten, die die Meisterschaft gewinnt, sondern das Team, das am besten zusammenarbeitet. Dasselbe gilt auch jenseits des Spielfelds. Um es mit den Worten des Business- und Management-Gurus Peter Drucker auszudrücken: »Kultur isst Strategie zum Frühstück.«

PRAXISTIPPS

- Akzeptieren Sie die Tatsache, dass die Menschen, mit denen Sie sich umgeben, großen Einfluss auf Sie ausüben.
- Positive Energie, Motivation und Engagement sind ansteckend. Tun Sie, was Sie können, um ein soziales Umfeld zu schaffen, das Sie unterstützt, und umgeben Sie sich mit einer Kultur der Leistungsbereitschaft.
- Führen Sie sich vor Augen, dass Sie nicht nur sich selbst, sondern auch anderen helfen, wenn Sie positiv und motiviert sind.
- Leider sind Negativität und Pessimismus ebenfalls ansteckend. Lassen Sie sich weder auf das eine noch das andere ein. Eine Kette ist nur so stark wie ihr schwächstes Glied.

Wir arbeiten zwar nicht alle in Teams, aber die Bedeutung der Menschen, mit denen wir uns umgeben, ist trotzdem universell wichtig. Mit wem wir tagein, tagaus interagieren, wen wir in schwierigen Zeiten um Hilfe bitten und mit wem wir unser berufliches Umfeld teilen – alle diese Dinge haben weitreichende Folgen für unsere emotionale Verfassung und Leistung. Wenn wir ständig gegen die Einstellung unserer Mitmenschen arbeiten müssen, ist es nur eine Frage der Zeit, bevor auch wir, so wie ein Teil der Air-Force-Kadetten, heruntergezogen werden.* Bewegen wir uns hingegen in einem Umfeld, das uns fordert, fördert und motiviert, können wir mehr erreichen als alleine. Wie die bei den Olympischen Spielen teilnehmende Radrennfahrerin Megan Gaurnier sagt: »Ich kann nicht genug betonen, wie wichtig es ist, sich beruflich und privat mit den richtigen Leuten zu umgeben – das ist das A und O.«

Wenn wir uns in einem Umfeld bewegen, das uns fordert, fördert und motiviert, können wir mehr erreichen als alleine.

Tun, was getan werden muss

Die besten Performer gehen bei ihrer Tagesplanung strategisch vor: Sie sind Minimalisten, um Maximalisten zu sein; sie lassen ihre biologische Uhr für sich arbeiten; und sie umgeben sich mit positiven Menschen, die sie unterstützen und dieselben Wertvorstellungen teilen. Aber ein perfekt gestalteter Tag ist nichts wert, wenn man ihn ungenutzt verstreichen lässt. Um es mit den Worten des Schriftstellers James Clear auszudrücken: »Die mit Abstand wichtigste Fähigkeit bei jedem Unterfangen ist es, seine Arbeit zu tun. Nicht die Arbeit zu tun, die

Die besten Performer haben ihre hervorragenden Leistungen vor allem ihrer Beständigkeit und Konsequenz zu verdanken.

* Lustlosigkeit und Negativität sind angesichts einer Herausforderung besonders schädlich. Ein lustloser oder negativer Kollege schürt bereits bestehende Zweifel und verstärkt diese.

einem leichtfällt. Nicht die Arbeit zu tun, die einen gut aussehen lässt. Nicht die Arbeit zu tun, wenn man Lust dazu hat. Sondern einfach nur seine Arbeit zu tun.«

Die besten Performer haben ihre hervorragenden Leistungen vor allem ihrer Beständigkeit und Konsequenz zu verdanken. Sie treten jeden Tag an und tun das, was getan werden muss. Viele sozialwissenschaftliche Forschungsarbeiten belegen, dass Einstellungen oft die Folge bestimmter Verhaltensweisen sind. Großartige Performer wissen um diesen Zusammenhang und sorgen dafür, dass sie an allen Arbeitstagen wenigstens anfangen.

Wenn der preisgekrönte Autor Haruki Murakami einen Roman entwirft, plant er seinen Tagesablauf genau und hält sich an eine strikte Routine. Aber er wird Ihnen auch sagen, dass die Routine einzig und allein dazu dient, die Weichen für das zu stellen, was am wichtigsten ist – nämlich überhaupt zur Arbeit anzutreten. Er wird Ihnen auch sagen, dass das alles andere als einfach ist:

> *Wenn ich an einem Roman arbeite und im Schreibmodus bin, stehe ich morgens um 4 Uhr auf und arbeite 5 bis 6 Stunden. Am Nachmittag laufe ich 4 Kilometer oder schwimme 1.500 Meter (oder beides), dann lese ich und höre Musik. Ich gehe um 9 Uhr zu Bett. Ich halte mich jeden Tag an diesen Ablauf und mache keine Ausnahmen. Seine ständige Wiederholung ist das, was zählt; es ist wie eine Selbsthypnose. Ich hypnotisiere mich jeden Tag, um in einen tieferen Bewusstseinszustand zu treten. Um die Wiederholung aufrechtzuerhalten – 6 bis 12 Monate – braucht man eine ordentliche Portion körperliche und geistige Kraft. So gesehen ist das Schreiben eines Romans wie ein Überlebenstraining. Eine starke Konstitution ist genauso wichtig wie Kreativität.*

Wenn man einmal genauer darüber nachdenkt, fällt auf, dass alles, worüber wir in diesem Kapitel gesprochen haben, dem übergeordneten Ziel dient, überhaupt erst zur Arbeit anzutreten und sein Bestes zu geben. Vielleicht liegt das wahre Geheimnis der weltbesten Performer nicht in der täglichen Routine, die sie entwickeln, sondern an ihrer konsequenten Umsetzung derselben: dass sie das tun, was getan werden muss, auch wenn ihnen gar nicht danach ist. Nennen Sie es intrinsischen Antrieb, Leidenschaft oder Durchhaltevermögen; es muss in jedem Fall aus dem tiefsten Inneren kommen. Aber interessanterweise ist diese innewohnende Kraft oft mit etwas »Äußerem« verwurzelt. In schweren Zeiten kämpfen große Performer oft gar nicht für sich selbst. Sie kämpfen für etwas, das über sie und ihr Leben hinausgeht. Man könnte sogar sagen, dass sie die Vorstellung des Selbst transzendieren. Um dieses Thema geht es im nächsten Kapitel.

ABSCHNITT 3

ZWECK

8

TRANSZENDIEREN SIE IHR SELBST

Als Tom Boyle die Panik in der Stimme seiner Frau hörte, wusste er sofort, dass etwas nicht stimmte. »Oh Gott! Tom! Tom! Hast du das gesehen?«, rief sie entsetzt.

Tom und seine Frau wurden Zeugen, wie der 18-jährige Kyle Holtrust, der gerade mit seinem Fahrrad durch ein Wohnviertel in Tucson, Arizona, fuhr, von einem Chevrolet Camaro erfasst wurde. Als Boyle an der Unfallstelle eintraf, fiel ihm sofort auf, dass die beiden Vorderräder des Wagens leicht vom Boden abgehoben waren. Bevor er vollständig begriff, was das zu bedeuten hatte, hörte er Schreie: »Holt mich raus, holt mich raus! Es tut so weh! Holt mich raus!« Holtrust war am Leben, aber unter dem Auto eingeklemmt, das ihn zu erdrücken drohte.

Ohne nachzudenken fing Boyle an, den Vorderbau des Camaro anzuheben. Holtrust brüllte: »Höher! Höher!« Boyle hob das Auto noch ein Stück weiter an. Nach einer gefühlten Ewigkeit hörte Boyle Holtrust ächzen: »Okay. Ich bin frei, aber ich kann mich nicht bewegen. Ich kann meine Beine nicht bewegen! Hol mich raus. Bitte! Hol mich bitte raus.«

Damit konnte Boyle leider nicht dienen. Er hielt gerade über anderthalb Tonnen Metall in seinen Händen. Während er den Camaro weiter oben hielt, rief er den unter Schock stehenden Unfallfahrer herbei, der das Geschehen vom Straßenrand beobachtete. »Ich musste ihn vier- oder fünfmal ansprechen, bis er endlich reagierte und [Holtrust] befreite«, erzählte Boyle dem *Arizona Daily Star.* »Der Fahrer schien in einer Art Schockstarre gefangen zu sein.«

Als Holtrust endlich unter dem Auto hervorgezogen werden konnte, war er in einer schlechten Verfassung, aber er war bei Bewusstsein und am Leben. Nach wenigen Minuten traf ein Krankenwagen ein, der Holtrust in ein nahegelegenes Krankenhaus brachte. Dort wurde er wegen schwerer Kopf- und Beinverletzungen behandelt, aber er war außer Lebensgefahr. Angesichts der Umstände grenzte dies an ein Wunder.

Obwohl Boyle dreimal mehr Gewicht gehoben hatte als der Weltrekordhalter im Kreuzheben – der Rekord liegt bei 500 kg, ein Camaro wiegt etwa 1.680 kg – fing er keine Karriere als Kraftsportler an, sondern kehrte am nächsten Tag zu seiner Arbeit als Vorarbeiter in einer Autolackiererei zurück. Abgesehen davon, dass sich Boyle für wenige Augenblicke in den unglaublichen Hulk verwandelt hatte, war er ein ganz normaler Mann.

Diese Geschichte klingt unglaublich, aber es sind viele ähnliche Vorfälle belegt. Solche unvorstellbaren Kraftleistungen sind so geläufig, dass Wissenschaftler diese Formen »übermenschlicher« und »hysterischer« Kraft als Realität anerkennen. Übermenschliche Kraft zeigt sich in Situationen, in denen es um Leben und Tod geht. Laut Dr. J. Javier Provencio, Leiter der neurologischen Notaufnahme der Cleveland Clinic, schaltet der Körper unter gewöhnlichen Bedingungen weit vor seinen eigentlichen Grenzen ab. Angst, Erschöpfung und Schmerzen dienen als Schutzmechanismen. Diese Empfindungen signalisieren uns, dass wir mit hoher Wahrscheinlichkeit scheitern oder uns verletzen, wenn wir nicht aufhören. Also stellen wir die Aktivität ein. Aber in außergewöhnlichen Situationen, wenn beispielsweise das Leben eines Menschen auf dem Spiel steht, sind wir in der Lage, diese Schutzmechanismen außer Kraft zu setzen. Wir spüren dann weder Angst, Erschöpfung noch Schmerz. Infolgedessen können wir uns näher an unsere tatsächlichen Grenzen bringen (und beispielsweise einen Camaro vom Boden heben). Wenn man Boyle an einem normalen Sonntagnachmittag dazu aufgefordert hätte, ein Auto anzuheben, hätte er vermutlich nur gelacht und es nicht einmal versucht. Selbst wenn man ihm Tausende von Dollar geboten hätte, hätte er es nicht geschafft. Sein Geist hätte seinen Körper vorher abgeschaltet. Boyle konnte das Auto nur anheben, weil Holtrust darunter eingeklemmt war.

Aber was wäre, wenn es eine Möglichkeit gäbe, auf die Quelle dieser unglaublichen Kraft in unserem Leben zuzugreifen und sie regelmäßig zu nutzen? Dr. Victor Strecher, Professor für öffentliche Gesundheit an der University of Michigan, sagt, dass das durchaus möglich ist. Strecher weiß das nicht nur aus seiner Forschungsarbeit, sondern auch aus eigener Erfahrung. Er ist jemand, der weiß, wie es ist, eine schwere Last von sich zu heben.

Die Grenzen des Selbst durchbrechen

Strecher ist in der Gegend von Ann Arbor, Michigan, eine lebende Legende. Er ist ein vielfach ausgezeichneter Professor, Experte für die Veränderung gesundheitsbezogener Verhaltensweisen und erfolgreicher Unternehmer, der 2008 seine lokal entwickelte Gesundheitstechnologie-Firma an einen milliardenschweren Konzern verkaufte. Aber vermutlich ist Strecher besonders für die Energie und den Enthusiasmus bekannt, die er im Vorlesungssaal ausstrahlt.

Ihm beim Unterrichten zuzusehen ist wie eine Bühnendarbietung, die allerdings nicht inszeniert ist. Er geht in seiner Lehrtätigkeit auf, und man merkt ihm seine Leidenschaft deutlich an. Die Energie, mit der er den Vorlesungssaal erfüllt, ist beinahe greifbar.

Als sich Brad 2010 auf seinen Masterstudiengang an der University of Michigan vorbereitete, riet ihm jeder dazu, Strechers Kurs zu besuchen. Und dabei befasste sich Brad nicht einmal mit der Veränderung gesundheitsbezogener Verhaltensweisen und Kommunikation – die Kurse, die Strecher anbot. Brad erinnert sich daran, wie sein Studienberater, ein Ökonom, ihm empfahl, Strecher live zu erleben. »Das wird Ihrem Gehirn guttun.« Als Brad sich für Strechers Kurs einschreiben wollte, stellte er allerdings fest, dass er in jenem Semester keine Lehrveranstaltungen abhielt.

Im Frühjahr 2010 machten Strecher und seine Familie Urlaub in der Dominikanischen Republik. Das Wetter war perfekt. Er war von seiner Frau, seinen Töchtern und deren Partnern umgeben. Wenn jemand weiß, wie wichtig es ist, diese Art von schönen Erlebnissen mit seinen Angehörigen zu teilen, dann Strecher. Der Mann hatte gelernt, nichts für selbstverständlich zu nehmen.

Mit 14 Monaten erkrankte die jüngere seiner beiden Töchter, Julia, schwer an Windpocken. Der Virus breitete sich aus und griff ihr Herz an, das zu versagen drohte. Julias Gesundheitszustand verschlechterte sich schnell, ihr Leben hing am seidenen Faden. Es musste ein Wunder geschehen, das erstaunlicherweise auch eintrat. Am Valentinstag 1991 war Julia eines der ersten Kinder, das jemals ein Spenderherz erhielt. Der Eingriff, der am Medical Center der University of North Carolina vorgenommen wurde, verlief erfolgreich. Julia überlebte.

Acht Jahre später, sie war mittlerweile neun Jahre alt, erkrankte Julia erneut. Obwohl Strecher und seine Frau Jeri versuchten, nicht gleich bei jeder Kleinigkeit in Panik zu verfallen (obwohl es ihnen niemand hätte vorwerfen können), spürten sie, dass mit ihrer Tochter etwas nicht stimmte. Mit ihrer Ahnung lagen sie richtig. Sie gingen mit ihr zum Arzt, der ihnen die Hiobsbotschaft mitteilte: Auch ihr zweites Herz begann zu versagen. Es musste ein zweites Wunder her, ein zweites Herz. Für die Strechers bedeutete das die Rückkehr in die Notaufnahme der Kinderklinik und weitere schlaflose Nächte.

Julia wurde ein weiteres Spenderherz eingesetzt, aber diesmal traten gravierende Komplikationen auf. Strecher glaubte, dass seine Tochter nicht überleben würde. Er erinnert sich, wie seine Frau Jeri selbst in diesen schrecklichen Augenblicken einen kühlen Kopf behielt und schon weiterdachte. »Jeri traf alle nötigen Vorkehrungen, damit Julias Organe entnommen und gespendet werden konnten«, sagte er uns. »Wir glaubten wirklich, dass das Ende gekommen war.« Aber wie durch ein Wunder erholte sich Julia. Strecher sagte, dass es damals niemand genau erklären konnte, und er es auch heute nicht kann. Es war ein weiteres Wunder geschehen.

Julia wuchs zu einer klugen, hübschen jungen Frau heran. Sie hatte gerade ihr erstes Jahr an der Krankenschwesternschule beendet, als sie mit ihrem Freund und ihrer Familie die Frühlingsferien in der Dominikanischen Republik verbrachte. Alles war wunderbar – bis das Unvorstellbare eintrat. Am 2. März 2010 hörte Julias Herz plötzlich auf zu schlagen. Diesmal schlug weder dieses Herz noch ein anderes. Julia starb im Alter von nur 19 Jahren.

Julias Tod brach ihrem Vater das Herz. Strecher verfiel in eine Depression und litt auf eine Weise, die nur jemand verstehen kann, der ein Kind verloren hat. Nach der zweiten Herztransplantation war sich Strecher durchaus bewusst, dass Julias Leben ein Geschenk war, und er machte es sich zu seinem Lebenszweck, seiner Tochter zu helfen, ein schönes und erfülltes Leben zu führen. Sie reisten gemeinsam durch die Welt, ritten in Nordthailand auf Elefanten, flogen in den Rocky Mountains Gleitschirm und sprangen von zehn Meter hohen Felsen in einen See. Aber dieser Zweck starb mit Julia. »Es war mir völlig egal, ob ich am Leben war oder nicht«, erinnert sich Strecher. »Mir war der Boden unter den Füßen weggezogen worden.«

Drei Monate nach Julias Tod brach Strecher alleine auf und zog sich in eine entlegene Holzhütte im Norden Michigans zurück. Eines frühen Morgens, Strecher hatte von Julia geträumt, paddelte er in einem Kajak über einen See. Es war fünf Uhr, die Sonne ging gerade auf, und abgesehen von den kleinen Wellen, die das Boot leise zum Schaukeln brachten, war das Wasser um Strecher ruhig. »Ich fing an zu weinen und spürte, wie Julia in mich fuhr«, erinnert er sich. »Sie sagte: Du musst dein Leben weiterleben, Dad.«

Strecher fiel später auf, dass dieses Ereignis am Vatertag stattfand.

In jenem Augenblick erkannte Strecher seine innere Leere. Er erzählte uns, dass Julias Worte ihm klarmachten, dass er so nicht weiterleben konnte – ohne ein »Warum«. Er musste seinen Zweck neu definieren. Dann hatte er eine Eingebung. Er kam auf die Idee, dass sein Zweck künftig vielleicht darin bestehen konnte, anderen bei ihrer Suche zu helfen. Er hatte das starke Gefühl, dass Julia ihm dies zu verstehen geben wollte.

Strecher klammerte sich an die Botschaft seiner Tochter und schritt sofort zur Tat. Einen Großteil seiner Forschung richtete er auf die Untersuchung der Kraft, die ein Zweck freisetzen kann. Er fing auch wieder an zu unterrichten. Sie können sich vorstellen, dass das nicht einfach war. »Ich sah in jedem Studenten Julias Gesicht«, sagt er. Im Laufe der Zeit entwickelte Strecher neue Zwecke in seinem Leben. Dazu zählte »alle Studenten so zu unterrichten, als wären sie meine eigene Tochter«. Dann geschah etwas Bemerkenswertes. Strecher fing langsam an, sich besser zu fühlen.

Er litt zwar immer noch, aber er verließ den dunklen Ort, aus dem es scheinbar keinen Ausweg gab. Sein Fortschritt vollzog sich nicht schlagartig, aber er fing an, jedem neuen Tag mit mehr Zuversicht entgegenzusehen. Er verspürte wieder Lebensfreude. Wie es der Zufall wollte, half ihm seine Forschung dabei, die innere Wandlung zu erklären, die er selbst durchmachte.

Strecher entdeckte, dass sich ein roter Faden durch die Menschheitsgeschichte zieht: Wenn man sich auf einen selbst-transzendierenden Zweck konzentriert, der über die eigene Person und das eigene Leben hinausgeht, ist man zu weit mehr in der Lage, als man für möglich gehalten hätte. Strechers Auffassung zufolge liegt das daran, dass unser Ego minimiert ist, wenn wir uns intensiv auf etwas konzentrieren, das größer ist als wir selbst. Unser Ego erfüllt größtenteils die Rolle, uns bzw. unser Selbst zu schützen. Es ist unser Ego, das uns zur Abschottung und Flucht rät, wenn wir bedroht werden. Wenn wir unser Selbst transzendieren und aufhören, unser Ego zu beachten, können wir die Ängste, Sorgen und physiologischen Schutzmechanismen überwinden, die uns oft davor zurückhalten, einen großen Durchbruch zu erreichen. Auf diese Weise eröffnet sich ein großes Spektrum an Möglichkeiten.

> *Wenn wir unser Selbst transzendieren und aufhören, unser Ego zu beachten, eröffnet sich ein großes Spektrum an Möglichkeiten.*

Indem Strecher sich darauf konzentrierte, anderen zu helfen und seine Studenten so zu unterrichten, als wären sie seine eigene Tochter, war er in der Lage, seinen Verlust zu überwinden. Indem Boyle sich darauf konzentrierte, Kyle Holtrusts Leben zu retten, war er in der Lage, ein anderthalb Tonnen schweres Auto vom Boden anzuheben. Obwohl diese beiden Geschichten scheinbar nichts miteinander zu tun haben, zeigen sie, wie jemand durch eine selbstlose Tat Schmerz, Angst und Erschöpfung überwinden und etwas scheinbar Unmögliches vollbringen kann.

Um dieses Phänomen besser zu verstehen, wenden wir uns nachfolgend einem Forschungsbereich zu, der auf den ersten Blick nichts mit dieser Thematik zu tun hat: der Trainingswissenschaft.

Ist Erschöpfung reine Einbildung?

Anfang der 1990er-Jahre stieß der Trainingswissenschaftler Dr. Tim Noakes in einem Physiologie-Labor an der Universität Kapstadt, Südafrika, im Rahmen seiner Untersuchungen auf eine völlig neue Betrachtungsweise der Erschöpfung. Bis dahin nahm man an, dass Erschöpfung ein physisch bedingtes Phänomen ist. Wenn eine körperliche Anstrengung zu groß ist oder zu lange anhält, kann die arbeitende Muskulatur die an sie gestellten Anforderungen nicht mehr erfüllen, was letztendlich dazu führt, dass sie ihren Dienst versagt. Fragen Sie nur einmal einen Athleten – es spielt keine Rolle, ob einen Marathonläufer oder Kraftdreikämpfer – und er wird dieses Gefühl allzu gut kennen. Es ist nicht besonders angenehm. Was zuerst noch halbwegs erträglich ist, wird zunehmend schlimmer, bis es schließlich unerträglich ist. Der Läufer verlangsamt sein Tempo, bis er nur noch trabt; der Kraftdreikämpfer scheitert bei der letzten Wiederholung. So sehr sie sich auch anstrengen, sie haben keine Energie mehr und ihre Muskeln hören auf zu kontrahieren.

Noakes war aber nicht davon überzeugt, dass die Erschöpfung ein rein körperliches Phänomen ist, das sich darauf zurückführen lässt, dass den Muskeln die Energie ausgeht. Er stellte sich die Frage, warum so viele Athleten, die scheinbar am Rande der Erschöpfung waren, plötzlich noch einmal ihre Kräfte mobilisieren und zu einem letzten Sprint ansetzen konnten, sobald die Ziellinie in Sicht kam. Wenn die Muskeln wirklich tot waren, so Noakes' Argument, wäre ein solcher Endspurt unmöglich. Um seine Theorie zu bestätigen, stattete er seine Athleten mit elektrischen Sensoren aus und wies sie an, mit ihren Beinen so lange Gewichte zu stemmen, bis sie nicht mehr konnten. (In der Trainingswissenschaft bezeichnet man dies als »Auslösung des Muskelversagens«.) Als die Gewichtsblöcke nach unten knallten und alle Teilnehmer aufgaben, gaben sie an, ihre Muskeln nicht mehr kontrahieren zu können. Noakes setzte die Sensoren unter Strom, und zum großen Erstaunen aller Anwesenden – vor allem der Teilnehmer, deren Beine tot waren – fingen ihre Muskeln an zu kontrahieren. Obwohl die Teilnehmer ihre Muskeln nicht mehr willentlich anspannen konnten, bewies Noakes auf diese Weise, dass die Muskeln noch über Reserven verfügten. Die Teilnehmer fühlten sich zwar kraftlos und erschöpft, empirisch betrachtet hatten die Muskeln ihr Potenzial aber noch nicht ausgeschöpft.

Noakes wiederholte dieses Experiment in leichten Abwandlungen und stellte jedes Mal dasselbe Ergebnis fest. Obwohl die Testpersonen zu Protokoll gaben, dass sie völlig erschöpft und nicht mehr in der Lage waren, ihre Muskeln zu kontrahieren, nachdem sie – wie sie *glaubten* – bis zum Muskelversagen trainiert hatten, fingen ihre Muskeln jedes Mal aufs Neue an zu arbeiten, sobald sie elektrisch stimuliert wurden. Dies veranlasste Noakes zu der Schlussfolgerung, dass körperliche Erschöpfung – entgegen der gängigen Annahme – nicht im Körper eintritt, sondern im Gehirn. Nicht die Muskeln werden müde; vielmehr schaltet unser Gehirn sie ab, obwohl sie noch einige Prozent mehr leisten könnten. Noakes mutmaßt, dass dieser Notschalter ein eingebauter Schutzmechanismus des Körpers ist. Es wäre durchaus möglich, seinen Körper an seine tatsächliche physiologische Grenze zu bringen (das heißt Verletzung und Organversagen), doch um einen ernsthaften Schaden zu vermeiden, schaltet sich das Gehirn dazwischen und vermittelt den Eindruck, sich bereits an dieser Grenze zu befinden. Noakes bemerkt, dass das Gehirn unser »zentraler Regulator« ist, der unsere Erschöpfung steuert. Es ist also unser »Ego«, das einschreitet, wenn es Angst verspürt und eine Bedrohung wahrnimmt. Mit anderen Worten, wir sind auf Rückzug programmiert, wenn wir in bedrohliche Situationen geraten. Aber wie Boyle und Strecher zeigen, ist es möglich, sich über den »Central Governor« hinwegzusetzen.

Der Zweck und die Hinwegsetzung über den zentralen Regulator

Der Appalachian Trail (AT) ist 3.516 Kilometer lang und erstreckt sich vom Springer Mountain in Georgia bis zum Mount Katahdin in Maine. Die meisten Wanderer brauchen fünf bis sieben Monate, um den AT von Anfang bis Ende zu gehen. Aber 2011 versuchte eine junge Frau namens Jennifer Pharr Davis, den Geschwindigkeitsrekord zu brechen und die Wanderung in weniger als fünfzig Tagen zu schaffen.

Am zwölften Tag ihres Rekordversuchs hatte Pharr Davis noch über 2.650 Kilometern vor sich, war aber physisch und psychisch bereits am Ende. Die vielleicht schlimmste Kombination für Wanderer – Shin-Splints und Durchfall – hatte ihrem Körper in den letzten vier Tagen schwer zugesetzt. Sie war in einer Spirale aus negativen Gedanken und Angst gefangen. »Es kam einfach alles zusammen«, erzählte uns Pharr Davis. »Ich war schon viel zu langsam und dachte mir: ›Ich schaffe diesen Rekord einfach nicht mehr.‹ Ich gab innerlich auf.« Sie näherte sich einem Treffpunkt in New Hampshire, den sie mit ihrem Ehemann Brew vereinbart hatte, der sie bei ihrer Wanderung unterstützte. Sie war enttäuscht, dass sie aufgeben musste, aber zugleich erleichtert, dass es vorbei war.

Eigentlich hatte ihre Reise schon sieben Jahre zuvor ihren Anfang genommen, als Pharr Davis 21 Jahre alt war. Als sie ihr College-Studium abschloss, musste sie sich eingestehen, dass ihre traditionelle Bildung »in einem hermetischen Umfeld« stattgefunden hatte. Sie wusste nichts über die Natur und hatte das Gefühl, dass ihr etwas Wichtiges im Leben entgangen war. Obwohl sie nicht genau wusste, warum, sehnte sie sich danach, in einen engeren Kontakt zur Natur zu treten. Nach ihrem Abschluss 2005 wanderte Pharr Davis zum ersten Mal auf dem AT. Diese Erfahrung lehrte sie weit mehr als rudimentäre Überlebensstrategien. »Ich traf wunderbare Menschen und empfand eine unbeschreibliche Ehrfurcht«, erzählte sie. »Ich lernte, Menschen und Erfahrungen über materielle Dinge zu stellen.« Aber die vielleicht wichtigste Erfahrung war, dass sie eine sehr tiefe Verbindung zur Natur verspürte. »Ich entdeckte, dass ich nicht von der Natur getrennt bin, sondern ein Teil von ihr sein kann, mit ihr im Fluss.« Pharr Davis sagte, dass sie sich beim Wandern Gott besonders nah fühlte. »Ich erkannte, dass meine Gabe vielleicht darin bestand, mich schnell in der Wildnis zu bewegen. Als praktizierende Christin hatte ich das Gefühl, die Pflicht zu haben, diese Gabe zu nutzen.«

Und das tat sie auch. Pharr Davis wurde eine engagierte Wanderin und verbrachte ihre Freizeit zunehmend in der Natur. Nur einige Jahre später, 2008, mit mehr Training und der Unterstützung durch ihren Ehemann (auf dem Trail, aber auch abseits davon) legte Pharr Davis den AT in 57 Tagen zurück. Das war die schnellste bekannte Zeit, die jemals von einer Frau gelaufen wurde. Damals war das Wandern zu einem festen Bestandteil ihres Lebens geworden. Sie fing an zu denken, dass sie den Rekord vielleicht brechen konnte.

Der Rekord stand bei 47,5 Tagen und wurde lange Zeit von männlichen Ultramarathonläufern gehalten. Wenn Pharr Davis den bestehenden Rekord brechen wollte, wäre das so, als wenn eine Frau im Boston Marathon alle Männer überholen würde (also nahezu unvorstellbar).

Aber sie glaubte fest an sich und erhielt von ihrem Ehemann Brew Beistand. Sie widmeten sich diesem Ziel und verbrachten die nächsten drei Jahre mit Training und Vorbereitung.

Am 28. Juni 2011 ging Pharr Davis nun also in New Hampshire auf ihren Mann zu, ihre Motivation und Aussicht auf einen neuen Rekord waren zerschlagen. »Als ich Brew endlich erreichte, sagte ich ihm, dass ich aufgab, aber er war nicht damit einverstanden.« Brew, der den Rekordversuch unterstützte, erinnerte sie daran, dass er so viel für sie geopfert hatte und dass das eine Teamleistung war. Erst in jenem Augenblick, als sie in die Augen ihres Mannes blickte, erkannte sie etwas Entscheidendes. »Bis dahin war alles immer nur um mich und den Rekord gegangen«, sagte sie. »Ich jagte dem Rekord hinterher; das war alles, woran ich dachte.« In jenem Augenblick gewann Pharr Davis eine Erkenntnis, die alles veränderte:

> *Ich fühlte mich von dem Rekord befreit. Ich fing an zu wandern und ließ mich von meinem Glauben leiten. Ich wollte meinen Gott ehren, zu den Gründen zurückkehren, die mich überhaupt erst zum Wandern gebracht haben – die Liebe zur Natur, die Liebe zu meinem Mann und um meine Gabe zu nutzen. Ich erinnerte mich daran, dass das Gefühl der Gottverbundenheit besonders stark war, wenn ich mich auf dem Trail als Teil der Natur begriff, wenn ich meinen Mann liebte, wenn ich mich an meiner Gabe erfreute. Plötzlich ging es bei der Wanderung nicht mehr um den Rekord oder um mich. Der ganze Lauf wurde ein Akt der Verehrung einer Sache, die größer war als ich selbst.*

Obwohl ihr körperliches Unbehagen während der Wanderung phasenweise zu- und abnahm, verpuffte Pharr Davis' psychischer Stress nach diesem Perspektivwechsel. Sobald sie aufhörte, sich auf sich selbst zu konzentrieren, und ihre Aufmerksamkeit auf einen größeren Kontext richtete, konnte sie ihr Tief schnell überwinden. Sie gewann eine neue Perspektive, Kraft und Energie. Sie sagte uns, dass ihre Erschöpfung nachließ und es ihr leichter fiel, sich ihren Ängsten zu stellen. Sie dachte an die Liebe, die sie für ihren Mann, die Natur und Gott empfand, und wanderte einfach weiter.

43 Tage später, nach durchschnittlich 75 Kilometern pro Tag über unwegsamstes Gelände, hatte Pharr Davis das Unmögliche geschafft. Sie übertraf den bestehenden (von einem Mann gehaltenen) Rekord um 26 Stunden – eine Leistung, für die sie von *National Geographic* die Auszeichnung »Abenteurerin des Jahres« erhielt.*

Als wir Professor Strecher von der University of Michigan, der sich mit dem Thema Lebenszweck befasst, von Pharr Davis erzählten, antwortete er mit einer außergewöhnlich kurzen E-Mail: »Wow.« Später sagte er uns, dass Pharr Davis' Erfahrung auf dem Appalachian Trail ein anschauliches Beispiel für die Minimierung des Egos ist. Er erklärte, dass sie die Kraft des Zwecks nutzte, um ihre Ängste und Zweifel zu überwinden, und wies uns auf neue Erkenntnisse der Hirnforschung hin, die Einblicke in das bieten, was sich damals möglicherweise gerade in ihrem Kopf abgespielt hat.

Für eine Studie, die vor einiger Zeit in den *Proceedings of the National Academy of Sciences* veröffentlicht wurde, verwendeten Strecher und Kollegen fMRT-Scans, um zu untersuchen, was im Gehirn passiert, wenn Testpersonen bedrohliche Botschaften gezeigt werden. Probanden, die dazu aufgefordert wurden, über ihre wichtigsten Grundwerte nachzudenken, bevor sie eine bedrohliche Botschaft erhielten, wiesen eine stärkere neuronale Aktivität in einem Bereich des Gehirns auf, der mit »positiver Bewertung« in Verbindung steht. Ihre neurologische Grundlage wurde für eine ansonsten bedrohliche Situation empfänglicher. Sie setzten ihren zentralen Regulator außer Kraft. Statt angesichts der Bedrohung die (innere) Flucht zu ergreifen, bewegte ihr Gehirn sie auf die Herausforderung zu. Mehr noch: Diese Effekte waren nicht auf das Labor beschränkt. Diejenigen, die über ihre Grundwerte nachdachten, überwanden die Bedrohungen und Ängste in ihrem Leben wesentlich schneller als eine Kontrollgruppe.

---

* Im Frühjahr 2016 lief ein Ultraausdauersportler namens Karl Meltzer den AT in 45 Tagen und 22 Stunden und stellte damit einen neuen Rekord auf. Als Brad Meltzer für *Runner's World* interviewte, gab dieser interessanterweise zu Protokoll, dass er sich während des Laufs aus einem Stimmungstief befreien konnte, wenn er Dankbarkeit für alle jene empfand, die ihn unterstützten. Je weniger Meltzer an sich selbst dachte, umso besser war seine Leistung.

Pharr Davis' körperliche Leistung auf dem AT ist außergewöhnlich und zweifellos eine Gabe, die zumindest teilweise auf gute genetische Voraussetzungen zurückzuführen ist. Aber was sie psychisch schaffte, ist nicht minder bemerkenswert und für jeden von uns machbar. Indem wir uns auf etwas konzentrieren, das über uns selbst hinausgeht und unsere tiefsten Überzeugungen widerspiegelt, können wir uns Herausforderungen mit größerer Zuversicht stellen und unsere Leistung verbessern.

> *Indem wir uns auf etwas konzentrieren, dass über uns selbst hinausgeht und unsere tiefsten Überzeugungen widerspiegelt, können wir uns Herausforderungen mit größerer Zuversicht stellen und unsere Leistung verbessern.*

Nicht nur körperliche Leistungen lassen sich mit einem selbst-transzendierenden Zweck steigern. In einer Meta-Analyse mit Daten von über 200.000 Probanden (Nichtsportlern) aus unterschiedlichen Berufszweigen stellten Forscher fest, dass die Überzeugung, dass sich die eigene Arbeit positiv auf andere auswirkt, mit einer besseren Leistung assoziiert war. Andere Forschungsarbeiten legen nahe, dass ein Zweck das Risiko für einen Burnout reduziert und sogar dabei hilft, anstrengende, aber gesundheitsförderliche Verhaltensweisen wie beispielsweise eine Ernährungsumstellung oder den Verzicht auf Zigaretten einzuhalten. Das ergibt auch Sinn: In Situationen, die uns Angst machen oder uns überfordern, versucht das Gehirn – unser zentraler Regulator, unser Ego, unser Selbst – automatisch, uns vor einem Scheitern zu bewahren. Es will uns von der Bedrohung fernhalten und sagt uns daher, dass wir uns in die andere Richtung bewegen sollen. Unser Ego versucht, uns nicht nur vor körperlichen, sondern auch vor emotionalen Verletzungen zu bewahren – es will nicht riskieren, dass wir uns blamieren, und deshalb steuert es uns auf den sicheren Weg. Erst wenn wir unser Selbst transzendieren, können wir unsere selbst auferlegten Grenzen durchbrechen.

Es ist paradox, aber je weniger wir an uns selbst denken, umso besser werden wir.

PRAXISTIPPS

- Unser Ego/Selbst/zentraler Regulator dient als Schutzmechanismus, der uns davon abhält, unsere wahren Grenzen zu erreichen.
- Bei großen Herausforderungen ist unser Ego biologisch darauf programmiert, uns zu schützen und in die entgegengesetzte Richtung zu lenken.
- Indem wir uns auf einen selbst-transzendierenden Zweck konzentrieren oder auf einen Grund, der über uns hinausgeht, können wir unser Ego außer Kraft setzen und unsere selbst auferlegten Grenzen überwinden.
- Sofern Ihnen das möglich ist, sollten Sie Ihre Aktivitäten mit einem höheren Zweck verknüpfen (mehr dazu in Kapitel 9). Wenn Sie vor großen Herausforderungen stehen und Ihr Verstand Ihnen zum Aufgeben rät, sollten Sie sich fragen, welche Motive hinter Ihrem Handeln stehen. Ist Ihr Motiv »jemand oder etwas, das größer ist als ich selbst«, steigt die Wahrscheinlichkeit, dass Sie konsequent bleiben und weitermachen.
- Weniger über sich selbst nachzudenken ist eine der besten Strategien, um besser zu werden.

Zweck und Motivation

Ein selbst-transzendierender Zweck ermöglicht uns nicht nur, unsere größten Ängste zu besiegen und unsere Grenzen zu überwinden, er verbessert auch unsere Leistung bei weniger heldenhaften, alltäglichen Dingen. In einer Studie fanden Forscher der Wharton School an der University of Pennsylvania heraus, dass Krankenhaus-Putzkräfte, die Bettpfannen leerten und den Boden wischten, besser arbeiteten und mit ihrer Tätigkeit zufriedener waren, wenn sie ihre Arbeit als Teil des Heilungsprozesses betrachteten, den die Patienten vor Ort durchliefen. Das Reinigungspersonal wurde ständig daran erinnert, dass es mit seiner Arbeit dazu beitrug, die Verbreitung von Keimen aufzuhalten und so einen aktiven Beitrag zur Genesung der Patienten zu leisten. Für sie ging es nicht mehr nur darum, Erbrochenes zu entfernen; es ging darum, Leben zu retten. Manche Krankenhäuser verzichten mittlerweile sogar auf Berufsbezeichnungen wie »Hausmeister« oder »Reinigungskraft« und verwenden neue Formulierungen wie »Mitarbeiter des Gesundheitsteams« oder »Mitarbeiter für Umwelthygiene«.

Stellen Sie sich die Frage, ob Sie sich vielleicht mehr anstrengen würden, wenn Sie wüssten, dass eine andere Person oder ein höherer Zweck davon profitieren. Beinahe jeder große Performer, den wir hierzu befragten, beantwortete diese Frage mit einem eindeutigen Ja.

Andere Forschungsergebnisse zeigen, dass College-Studenten, die Ehemalige telefonisch um Spenden baten, ihre Leistung verbesserten, nachdem ein ehemaliger Student mit ihnen darüber gesprochen hatte, wie dankbar er für ihre Arbeit ist. Es handelte sich dabei aber nicht um irgendeinen früheren Studenten, sondern um einen Ehemaligen, der die Universität durch ein Stipendium besuchen konnte, das durch eben solche Spendenanrufe ermöglicht worden war. In dem Monat nach diesem Treffen sammelten die Studenten 171 Prozent mehr Geld.

Das sind nur zwei von vielen Beispielen, die zeigen, dass man seine alltägliche Leistung – auch bei profanen Tätigkeiten – verbessern kann, wenn man seine Arbeit in Bezug zu einem höheren Zweck setzt. Stellen Sie sich die Frage, ob Sie sich vielleicht mehr anstrengen würden, wenn Sie wüssten, dass eine andere Person oder ein höherer Zweck davon profitieren. Beinahe jeder große Performer, den wir hierzu befragten, beantwortete diese Frage mit einem eindeutigen Ja.

Um mehr darüber zu erfahren, warum das der Fall ist, beschlossen wir – so wie bei unserer Auseinandersetzung mit der Frage, wie ein Zweck uns bei der Überwindung unserer Ängste helfen kann – interdisziplinär vorzugehen und unseren Blick erneut auf die Trainingswissenschaft zu richten.

Dr. Samuele Marcora ist Forschungsleiter des Instituts für Sport- und Trainingswissenschaft an der University of Kent. Wie Noakes glaubt auch er, dass Erschöpfung sowohl physische als auch psychische Komponenten beinhaltet. Marcora ist allerdings der Auffassung, dass Erschöpfung weit komplizierter ist als ein schützender zentraler Regulator, der die Notbremse zieht, wenn wir an unsere Grenzen gelangen.

Vielmehr ist Marcora der Überzeugung, dass wir ständig unser subjektives Belastungsempfinden, das wir mit einer Aktivität assoziieren (das heißt wie anstrengend sich etwas anfühlt), gegen unsere Motivation abwägen, diese Aktivität auszuführen. Wenn das subjektive Belastungsempfinden größer ist als die Motivation, fahren wir das Tempo herunter oder reduzieren die Intensität, bis beide Waagschalen ausgeglichen sind. Daraus folgt: Je motivierter wir sind, umso mehr sind wir bereit, eine stärkere subjektive Belastung zu tolerieren. Laut Marcora kann ein Athlet seine Leistung verbessern, indem er sein subjektives Belastungsempfinden verringert (das heißt seinen Körper so trainiert, dass es ihm nicht mehr schwerfällt, den Kilometer in 3:06 Minuten zu laufen) oder indem er seine Motivation erhöht.

Wenn es um die Steigerung der Motivation geht, legen viele wissenschaftliche Abhandlungen nahe, dass Altruismus deutlich effektiver ist als traditionelle Anreize wie Geld oder Ansehen. Vielleicht ist das der Grund, warum nach erstaunlichen Rekordleistungen – die mit großen Schmerzen und hoher Leidensfähigkeit in Zusammenhang stehen – Athleten niemals sagen, dass sie darüber nachdachten, wie großartig sie sich fühlen würden, wenn sie auf dem Siegerpodest stehen oder das Preisgeld in Empfang nehmen. Nach dem Überqueren der Ziellinie berichten sie fast immer, dass sie bei einsetzenden Schmerzen an ihre Familie, an Gott oder einen krebskranken Freund dachten. Sie waren in der Lage, den Schmerz zu ertragen und weiterzumachen, obwohl ihr Körper »Stopp« rief, weil sie durch einen selbst-transzendierenden Zweck extrem motiviert waren.

Eines unserer Lieblingsbeispiele ist Ashton Eaton, der zweimalige Olympiasieger im Zehnkampf, den viele für den größten Athleten aller Zeiten halten. Um bei der Weltmeisterschaft 2015 einen neuen Rekord aufzustellen, musste Eaton in der letzten Disziplin, dem 1.500-Meter-Lauf, eine Zeit von 4:18 Minuten unterbieten. Das ist an sich schon eine beachtliche Herausforderung. Aber Eaton hatte bereits neun Disziplinen hinter sich und die Goldmedaille nahezu sicher. Er war über alle Maßen erschöpft und hatte wenig davon, an seine Grenzen zu gehen – noch dazu hatte er den Rekord, den er zu brechen versuchte, vor einigen Jahren selbst aufgestellt.

Dennoch beschloss er, einen Rekordversuch zu unternehmen. Sie fragen sich vielleicht, was ihn dazu bewog, die damit verbundenen Schmerzen zu ertragen. Eaton erzählte den Medien: »Ich dachte nur daran, dass es nicht für mich ist und ich deshalb weitermachen muss.« Als die Reporter nachhakten, erklärte er: »Ich dachte nur daran, wie ich als kleiner Junge vor dem Fernseher saß und Leute wie Michael Johnson oder Carl Lewis springen und laufen sah und dass sie der Grund sind, warum ich heute hier bin. Ich dachte, vielleicht sitzt heute auch irgendwo ein Junge vor dem Fernseher, und wenn ich den Weltrekord breche, weckt das möglicherweise seine Lust am Sport.« Eaton lief die 1.500 Meter in 4:17 Minuten.

Ein anderes Beispiel ist Meb Keflezighi, der 2014 als erster Amerikaner seit über 30 Jahren den Boston Marathon gewann. Sein historischer Sieg war vor allem deshalb besonders, weil es ein Jahr nach dem schrecklichen Bombenattentat war, das 2013 auf den Boston Marathon verübt wurde. Keflezighi schreibt seine unglaubliche Leistung der Inspiration zu, die er verspürte, als er für alle jene lief, die bei dem Attentat (das mittlerweile als »Boston Bombing« bezeichnet wird) ums Leben gekommen waren. Er schrieb ihre Namen sogar auf seine Startnummer. Keflezighi lief für eine größere Sache und mit einer größeren Motivation, weil er nicht nur die Opfer des Attentats repräsentierte, sondern auch der beste amerikanische Läufer im Feld war. »Am Schluss musste ich an die Menschen denken, die gestorben waren«, sagte er. »Sie halfen mir, meine letzten Kräfte zu mobilisieren.«

Marcoras Forschung und die Beispiele von Eaton und Keflezighi stammen zwar aus dem Sport, aber es lässt sich leicht erkennen, dass diese Theorie auch in anderen Bereichen Gültigkeit besitzt. Indem das Reinigungspersonal im Krankenhaus und die Studenten mit den Spendenanrufen ihre Arbeit einem höheren Zweck unterordneten, steigerten sie ihre Motivation enorm. Infolgedessen konnten sie in ihrem beruflichen Kontext eine größere subjektive Belastung ertragen – ob dies nun bedeutete, gründlich zu putzen oder konzentriertere, engagiertere Telefonate mit einer größeren Anzahl von Ehemaligen zu führen. In beiden Fällen erhöhte sich ihre Leistung.

Ein Zweck fördert die Motivation; Motivation hilft uns dabei, ein höheres subjektives Belastungsempfinden zu ertragen; und dieses Ertragen eines höheren subjektiven Belastungsempfindens führt oft zu einer besseren Leistung. Diese Gleichung ist in jedem Bereich gültig – sowohl auf dem Sport- als auch am Arbeitsplatz. Und wie wir gleich sehen werden, gilt sie auch für die schönen Künste.

Emil Alzamora liegt die Kunst im Blut. Schon seine Mutter und seine Großmutter waren erfolgreiche Künstlerinnen. Er wuchs in Lima, Peru, auf, unweit des Töpferateliers seiner Familie. Alzamora fing an zu zeichnen, bevor er laufen konnte. »Wohin ich auch sah, überall war Kunst«, erinnert er sich. »Ich war von ihr umgeben.« Obwohl seine Familie ihn niemals unter Druck setzte, die Familientradition aufrechtzuerhalten, zog es ihn in diese Richtung. Er übersiedelte in die USA und begann sein Studium am College of Fine Arts an der Florida State University, das er mit magna cum laude abschloss. Das einzige Problem war, dass er in seinem Studium zwar viel über Kunsttheorie und Kunstgeschichte gelernt hatte, aber trotzdem nicht viel Ahnung von der Bildhauerei besaß, die ihn besonders faszinierte.

Um sich die nötige Erfahrung anzueignen, zog er nach New York City und fing an, bei Polich Tallix zu arbeiten, einer weltbekannten Kunstgießerei. Dort arbeitete er neben einigen der besten Bildhauer der Welt. »Es war sehr anstrengend«, erzählt er, »aber zum ersten Mal begriff ich, was es heißt, ein Bildhauer zu sein.« Alzamora lernte schnell und machte sich in der Kunstszene einen Namen. Es dauerte nicht lange, bevor seine Werke weltweit ausgestellt wurden, unter anderem im UNO-Hauptquartier, in der PepsiCo-Zentrale und dem Queens Museum. Sein Werk erhielt in zahlreichen Publikationen positive Rezensionen, darunter im einflussreichen Kunstressort der *New York Times*. Wenngleich das Lob und der Ruhm eine wunderbare Bestätigung sind, ist die eigentliche Arbeit für Alzamora noch viel wunderbarer. »Ich komme mir vor wie ein Ausdauersportler«, erzählte er uns. »Mein kreatives Schaffen ist eine körperliche Tour de Force. Es ist ein ständiger Kampf gegen die Erschöpfung.«

Aber die körperlichen Anforderungen sind für Alzamora nichts im Vergleich zur Verantwortung, die er seiner Familie gegenüber empfindet. Das Leben als freiberuflicher Künstler ist nicht einfach. Man hat keine Sicherheiten und Garantien. Der Künstler ist von den Launen der Galeristen, Kritiker und Sammler abhängig und extreme Höhenflüge und Abstürze sind keine Seltenheit. Obwohl man viele Jahre der harten Arbeit, Risikobereitschaft und späten Bezahlung auf sich nehmen muss, um auch nur den Hauch einer Chance zu haben, an die Spitze der Kunstwelt zu kommen, kann es sich immer noch wie ein zäher Kampf anfühlen, wenn man es nach oben geschafft hat. Wie wir in der Einleitung dieses Buchs erwähnt haben, sind Ängste und Depressionen unter Künstlern weit verbreitet, und Alzamora gab uns gegenüber zu, ebenfalls an Angstzuständen zu leiden. Aber er sagte uns auch, dass er jeden Morgen beim Aufstehen an seine Mission denkt, »durch meine Kunst Wachstum und Positivität in die Welt zu bringen, und dass dieser Anspruch größer ist als meine Angst«.

»Es ist ein echter Kampf, mit den Aspekten der Kunstszene zurechtzukommen, die nichts mit der Kunst an sich zu tun haben«, meint Alzamora. »Sie kann eine ziemliche Schlangengrube sein, die von Kalkül und Intrigen bestimmt ist.« Er erzählte uns außerdem, dass die vielen geschäftlichen Aspekte der Branche ihn oft frustrieren und an seinen Kräften zehren: dass er nicht nur seine Kunst, sondern auch sich selbst »verkaufen« muss. »Wenn es nach mir ginge, würde ich aufstehen, frühstücken und den ganzen Tag Kunst erschaffen, und zwar jeden Tag. Aber leider sind diese Zeiten vorbei.«

Alzamora ist ein Realist; er weiß, dass er Geld verdienen muss, um seine Familie zu ernähren. Aber das macht es ihm auch nicht leichter, sich mit den Dingen zu befassen, die nicht direkt etwas mit Kunst zu tun haben und mit seinem steigenden Bekanntheitsgrad immer zeit- und arbeitsintensiver werden. Er sagte uns, dass er, wenn er seine Schmerzgrenze erreicht hat und am liebsten alles hinwerfen will, nicht an den möglichen finanziellen Gewinn oder den Ruhm denkt, der ihm mit seinem nächsten Meisterwerk möglicherweise zuteilwird. »Wenn ich wirklich niedergeschlagen bin und aus meinem Loch nicht herauskomme, denke ich daran, warum ich mir das alles überhaupt antue«, sagte er. »Ich schaffe Kunst, damit die Menschen lachen, weinen, sich miteinander und mit der Erde verbunden fühlen. Um Teil von etwas Größerem zu sein. Dafür lohnt es sich, den ganzen Mist auf mich nehmen.«

Zweck und »Grit«

Die an der University of Pennsylvania tätige Psychologin Dr. Angela Duckworth würde vielleicht sagen, dass Alzamora ein besonders »ausdauernder und leidenschaftlicher« Künstler ist. Duckworth erhielt ein »Genie-Stipendium« der MacArthur Fellowship für Ihre Arbeit über »Grit«, auf Deutsch etwa Biss, Mumm oder die Tendenz, mit anhaltendem Interesse und Engagement auf sehr langfristige Ziele hinzuarbeiten. Duckworth sagt, dass Grit »in jedem Bereich das Merkmal erfolgreicher Personen« ist. Menschen mit Grit kämpfen sich durch, wenn andere aufgeben.

Vor allem wenn sie hart auf die Probe gestellt werden, verwenden Menschen mit Grit ein höheres, übergeordnetes Ziel als Inspiration und Leitbild, um bei der Stange zu bleiben.

Duckworth stellte fest, dass Grit keine angeborene Eigenschaft ist. Sie kann vielmehr mit der Zeit kultiviert werden. Auch wenn es keine spezielle Art gibt, um Grit zu entwickeln, ist diese Eigenschaft oft an einen ausgeprägten Sinn für einen höheren Zweck gekoppelt. Vor allem wenn sie hart auf die Probe gestellt werden, verwenden Menschen mit Grit ein höheres, übergeordnetes Ziel als Inspiration und Leitbild, um bei der Stange zu bleiben.

Wie Duckworth und Kollegen 2014 in einer Abhandlung schrieben: »Extrem aversive Erfahrungen könnten erträglicher zu werden, wenn sie als etwas betrachtet werden, das positive Konsequenzen mit sich bringt, die das Selbst transzendieren.« Und wieder offenbart sich die Kraft des Zwecks, diesmal als Grundlage für Grit.

Das vielleicht extremste Beispiel von Grit sind Überlebende des Holocaust. Selbst nachdem sie misshandelt worden waren und zusehen mussten, wie ihre Angehörigen in Gaskammern ermordet wurden, gaben sie nicht auf. Wenngleich die Schrecken des Holocaust für alle jene von uns, die sie nicht miterlebt haben, unvorstellbar sind, gibt der Psychiater und Holocaust-Überlebende Dr. Viktor Frankl Auskunft darüber, wie er und andere es schafften zu überleben. In seinem Buch *… trotzdem Ja zum Leben sagen* schrieb Frankl: »Ein Mensch, der sich dieser Verantwortung bewusst geworden ist, die er gegenüber dem auf ihn wartenden Werk oder einem auf ihn wartenden liebenden Menschen, ein solcher Mensch wird nie imstande sein, sein Leben hinzuwerfen.«

Natürlich ist dies das extremste Beispiel, und wir möchten keinesfalls einen anstrengenden Arbeitstag im Büro oder Kraftraum mit den Gräueln des Holocaust vergleichen. Aber wir wollten Frankls Erkenntnisse erwähnen, weil sie auf sehr tiefgreifende und anschauliche Weise erklären, wie die Motivation durch einen selbst-transzendierende Zweck helfen kann, selbst die härtesten und grausamsten Situationen zu ertragen.

PRAXISTIPPS

- Wir gleichen ständig unser subjektives Belastungsempfinden, das heißt wie anstrengend sich etwas anfühlt, mit unserer Motivation aus.
- Wenn wir eine höhere Belastung ertragen wollen, die oft zu einer besseren Leistung führt, müssen wir unter Umständen unsere Motivation erhöhen.
- Unsere Motivation lässt sich am besten erhöhen, indem wir unsere Arbeit mit einem höheren Zweck oder Sinn verbinden.
- Altruistisches Handeln macht die Welt nicht nur zu einem besseren Ort, es macht Sie auch zu einem besseren Performer.
- Vor allem wenn wir das Gefühl haben, müde oder erschöpft zu sein, sollten wir über unsere eigentlichen Beweggründe nachdenken.

Zurückgeben, um etwas zurückzubekommen

Burnout schlägt oft zu den ungünstigsten Zeiten zu. Wenn Sie ein Athlet ist, sind Sie vielleicht in der Form Ihres Lebens oder auf dem Weg dorthin. Wenn Sie ein Manager sind, sind Sie vielleicht gerade befördert worden, nachdem Sie sich monatelang abgearbeitet haben. Wenn Sie ein Künstler sind, stehen Sie vielleicht kurz davor, Ihr neuestes Meisterwerk zu vollenden.

Und dann wird Ihnen plötzlich alles zu viel. Sie verlieren Ihren Antrieb, Ihre Leidenschaft und Ihr Interesse. Sie brennen aus.

Burnout ist eng mit unserer Kampf-oder-Flucht-Reaktion verbunden. Nach einer längeren, stressreichen Phase setzt unser Fluchtinstinkt ein und drängt uns dazu, vor der wahrgenommenen Bedrohung zu fliehen, die den Stress verursacht. Burnout kommt oft bei Menschen vor, die sich nicht schonen und ständig zu Höchstleistungen antreiben. Das liegt daran, weil sich durch das ständige Wachstum und die ständige Entwicklung über Tage, Wochen, Monate und Jahre hinweg der Stress anhäuft. Wie wir in Abschnitt 1 dieses Buchs besprochen haben, kann man ein Burnout verhindern, wenn man auf eine Stressphase eine angemessene Entspannung folgen lässt. Aber selbst dann gilt: Wenn wir uns zu weit aus unserer Komfortzone bewegen (und das ist schließlich das Ziel), riskieren wir es, den Bogen zu überspannen. Wenn das geschieht, fangen wir an auszubrennen.

Normalerweise wird dazu geraten, bei einem Burnout eine längere Auszeit zu nehmen, in der man seine Arbeit ruhen lässt, wie auch immer diese aussehen mag. Manchmal kann eine solche radikale Maßnahme effektiv sein, oft ist sie aber keine Option. Ein Sportler, der sich auf die Olympischen Spiele vorbereitet, kann nicht sechs Monate vor der Qualifikation sein Training einstellen, und die meisten Berufstätigen können nicht »einfach so« drei Monate ihrer Arbeit fernbleiben. Wenn sich jemand vollständig von der Sache distanziert, die zum Burnout geführt hat, riskiert er außerdem, seinen Bezug dazu zu verlieren und möglicherweise nie wieder zurückzukehren.

Die gute Nachricht ist, dass die Verhaltensforschung eine Alternative bietet, die keine längere Auszeit erfordert und den Antrieb und die Motivation sogar stärken kann. Wir nennen diesen Ansatz »zurückgeben, um etwas zurückzubekommen«. Er beruht auf der Forschung der beiden Psychologie-Professoren Dr. Shelley Taylor von der University of California, Los Angeles, und Dr. Adam Grant von der Wharton School der University of Pennsylvania. Hierbei geht es darum, dass man sich bei einem Burnout nicht von seiner Arbeit distanzieren, sondern sich ihr vielmehr nähern sollte – aber auf andere Weise.

Nämlich indem man seinem Feld etwas »zurückgibt«. Dieses Zurückgeben kann viele Formen annehmen, unter anderem ehrenamtliche Arbeit und Mentoring, aber die Grundidee ist, dass man sich darauf konzentrieren sollte, anderen zu helfen. Diese Selbstlosigkeit aktiviert das Belohnungs- und Lustzentrum im Gehirn. Man steigert dadurch nicht nur sein allgemeines Wohlbefinden, sondern stellt auch wieder positive Gefühle zu seiner Aufgabe her. Deshalb führt das Zurückgeben oft zu neuer Energie und Motivation. In seinem *New-York-Times*-Bestseller *Geben und Nehmen* verweist Grant auf Forschung mit Beispielen aus den verschiedensten Berufszweigen – von Lehr- bis Pflegetätigkeiten –, um zu zeigen, dass das Zurückgeben ein wirksames Mittel gegen Burnout ist.

Zurückgeben ist ein wirksames Mittel gegen Burnout.

Aber sind Lehren und Pflegen nicht Aktivitäten, bei denen man anderen hilft? Theoretisch ja, und deshalb arbeiten in diesen Bereichen vor allem Menschen, die von Natur aus altruistisch veranlagt sind. Aber wie jeder Lehrer oder jede Krankenschwester Ihnen sagen wird, kann man im Alltag allzu leicht die direkte Auswirkung auf den Schüler/Patienten aus dem Blick verlieren und sich wie ein Rädchen in einem ineffizienten Getriebe fühlen. Deswegen können Lehrer und Krankenschwestern ihr Burnout wirksam bekämpfen, wenn sie anderen direkt helfen und greifbare Ergebnisse sehen. Grant schreibt, dass »das Gefühl, eine nachhaltige Wirkung zu haben, vor Stress schützen und Erschöpfung vorbeugen kann«, und er rät Personen in sehr stressreichen Berufen dazu, aktiv nach Gelegenheiten zu suchen, um auf unmittelbare Weise etwas »zurückzugeben«.

Während wir endlos über Grants überzeugende Forschung schreiben könnten, die für das Zurückgeben spricht, ist seine persönliche Geschichte genauso aussagekräftig. Lange bevor er ein Bestsellerautor und einer der am besten bewerteten Professoren der USA wurde, war er ein ambitionierter Turmspringer, der an der Highschool zweimal All-American-Auszeichnungen erhielt, bevor er nach Harvard ging und dort ebenfalls als Turmspringer aktiv war.

In unserer Diskussion über das Geben erinnerte sich Grant an sein letztes Schuljahr, in dem er selbst unter schwerem Burnout litt. »Damals«, sagt er uns, »bedeutete mir das Turmspringen alles. Im Sommer vor meinem letzten Schuljahr trainierte ich neun Stunden täglich und musste meine Fußsohlen sogar mit Gewebeband abkleben, weil ich durch den ständigen Kontakt mit dem rauen Sprungbrett die oberste Hautschicht abgetragen hatte.« Grants Training lief sogar besser als erwartet, und als er im letzten Schuljahr zu seinem wichtigsten Wettkampf antrat, zählte er zu den Favoriten. Er war in der Form seines Lebens – er sagte uns, dass er »für eine Spitzenleistung bereit war«. Und dann hatte er einen schlechten Tag. Was der Höhepunkt nach vier Jahren harter Arbeit werden sollte, stellte sich als völliges Desaster heraus. Er patzte bei seinen Sprüngen und wurde in der Wertung von Athleten überholt, die zuvor keine ernste Konkurrenz für ihn darstellten. »Ich fiel in ein tiefes Loch«, sagte Grant. »Ich war depressiv und wollte nie wieder auf ein Sprungbrett steigen.«

Grant hatte die Nase voll vom Sport und wollte auch auf dem College nichts mehr damit zu tun haben. Aber die anderen Athleten und Trainer konnten nicht zusehen, wie er seine Karriere wegwarf, vor allem weil seine besten Jahre noch vor ihm lagen. Nach vielen ernsten Gesprächen und gutem Zureden brachten Grants Mentoren ihn schließlich dazu, in die Schwimmhalle zurückzukehren. Nicht als Athlet, sondern als Coach für jüngere Turmspringer. »Das änderte meine Einstellung von Grund auf«, erzählt Grant. »Es machte mir großen Spaß, anderen Turmspringern dabei zuzusehen, wie sie besser wurden. Es erinnerte mich daran, was mir am Turmspringen so gefiel – wie sehr ich durch den Sport gereift war.« Kurz nach seiner Trainertätigkeit kehrte Grant auf das Sprungbrett zurück und absolvierte in seiner Zeit am College eine erfolgreiche Karriere.

Grants Geschichte ging uns sehr nahe. Wie Sie schon auf den ersten Seiten dieses Buchs gelesen haben, hatte auch Steve die Lust am Laufen verloren. Es gab eine Phase, in der er nichts mit dem Sport zu tun haben wollte, dem er die ersten 22 Jahre seines Lebens praktisch vollständig gewidmet hatte. Aber Steve kehrte nicht durch eine längere Auszeit oder sportpsychologische Therapie zum Laufsport zurück. Vielmehr kehrte er als Coach zurück. Lange bevor Steve ein Coach war, der Olympioniken betreute, arbeitete er zunächst mit Schülern.

So wie Grant jüngere Turmspringer coachte, fand Steve Erfüllung darin, ein bunt zusammengewürfeltes Team von Jugendlichen zu trainieren, die dringend einen Mentor brauchten. Damals war Steve am Boden zerstört, weil er es nicht geschafft hatte, die Meile in unter vier Minuten zu laufen. Aber als sah er, wie sich seine Zöglinge darüber freuten, die Meile in unter sechs Minuten zu schaffen, musste er lächeln. Augenblicke wie diese erinnerten ihn daran, worum es in dem Sport eigentlich ging: um faires Kräftemessen und die einfache Tatsache, dass man hart an sich arbeiten muss, um besser zu werden. Indem er seine Aufmerksamkeit darauf richtete, anderen zu helfen statt selbst der beste Läufer der USA zu werden, entdeckte Steve langsam wieder seine Leidenschaft für den Sport.

PRAXISTIPPS

- Finden Sie Gelegenheiten, im Kontext Ihrer Arbeit etwas zurückzugeben. Sie könnten als Coach oder Mentor andere Personen betreuen oder aber in einem kleineren Rahmen aktiv werden und sich beispielsweise konstruktiv in Online-Foren einbringen.
- Das einzige Kriterium ist, dass Ihr »Geben« eng mit Ihrer Arbeit verbunden ist und Sie keine Gegenleistung erwarten.
- Obwohl »Geben« äußerst wirksam ist, um Burnout zu verhindern und abzuwenden, sollten Sie trotzdem danach streben, Burnout zu vermeiden, indem Sie Stress durch angemessene Entspannung lindern.

Die Kraft des Zwecks

Nicht jeder Mensch hat einen selbst-transzendierenden Zweck. Und es ist völlig illusorisch, einen selbst-transzendierenden Zweck aus dem Ärmel schütteln zu wollen. Einen selbst-transzendierenden Zweck schüttelt man nicht einfach so aus dem Ärmel. Er kommt aus dem tiefsten Inneren. Man muss ihn nur finden. Professor Strecher von der University of Michigan entwickelte ein Hilfsmittel, das Interessierten dabei hilft, auf der Basis ihrer Grundwerte ihren selbst-transzendierenden Zweck zu entdecken. Wir wendeten Strechers Schritt-für-Schritt-Anleitung selbst an und definierten für die Arbeit an diesem Buch den folgenden Zweck:

> *Menschen zu helfen, auf gesunde und nachhaltige Weise ihr Potenzial auszuschöpfen und Burnout, Unzufriedenheit und Unglücklichsein entgegenzuwirken.*

Wir haben diesen Zweck im Laufe des Schreibprozesses immer wieder herangezogen und regelmäßig darüber nachgedacht, vor allem wenn wir demotiviert, übermäßig selbstkritisch oder einfach nur müde waren.

Im nächsten Kapitel zeigen wir Ihnen, wie Sie Ihren eigenen selbsttranszendierenden Zweck entwickeln können (bzw. ihn bestätigen, falls Sie ihn schon haben), und zeigen Ihnen einige der besten Methoden, wie sie ihn nutzen können.

Aber um ein letztes Mal zu betonen, wie stark die Kraft des Zwecks ist, wollen wir dieses Kapitel mit den Worten des Holocaust-Überlebenden und Psychiaters Viktor Frankl abschließen:

> *Wir begegnen da einem Phänomen am Menschen, das ich für fundamental anthropologisch halte: die Selbst-Transzendenz menschlicher Existenz! Was ich damit umschreiben will, ist die Tatsache, dass Menschsein allemal über sich selbst hinausweist auf etwas, das nicht wieder es selbst ist – auf etwas oder auf jemanden: auf einen Sinn, den zu erfüllen es gilt, oder auf anderes menschliches Sein, dem wir da liebend begegnen. Im Dienst an einer Sache oder in der Liebe zu einer Person erfüllt der Mensch sich selbst. Je mehr er aufgeht in seiner Aufgabe, je mehr er hingegeben ist an seinen Partner, umso mehr ist er Mensch, umso mehr wird er er selbst. Sich selbst verwirklichen kann er also eigentlich nur in dem Maße, in dem er sich selbst vergisst, in dem er sich selbst übersieht.*

9

ENTWICKELN SIE IHREN ZWECK

In diesem Kapitel werden Sie Ihren Zweck entwickeln.* Wenn Sie Ihren Zweck bereits gefunden haben, sollten Sie die Gelegenheit nutzen, ihn zu optimieren und zu bestätigen. Anschließend werden Sie einige einfache Methoden kennenlernen, die Ihnen dabei helfen, ihn in ihren Alltag einzuarbeiten, damit Sie Ihr Leben nach ihm ausrichten und von seiner leistungssteigernden Wirkung profitieren können. Doch bevor wir uns eingehender mit Ihrem Zweck befassen, ist es wichtig, einige gängige Fehlannahmen aus dem Weg zu räumen.

- Sie müssen weder an einen Gott noch an eine andere höhere Macht glauben, um einen Zweck zu haben.
- Dem Zweck haftet nichts Mystisches an. Wie Sie in Kürze herausfinden werden, entwickeln Sie Ihren Zweck durch rationale Reflexion. Es ist völlig in Ordnung, wenn Sie mehr als einen Zweck haben. Im letzten Kapitel stellten wir Ihnen zum Beispiel den Zweck vor, der uns dazu

* Diese Anleitung ist von einer App namens »On Purpose« inspiriert, die Dr. Victor Strecher entwickelt hat. Wir danken Strecher nicht nur dafür, uns geholfen zu haben, unseren Zweck zu definieren, sondern auch dafür, dass wir seine Anleitung verwenden dürfen, damit Sie Ihren Zweck bestimmen können. Nähere Informationen über Strechers Ansatz auf www.JoolHealth.com.

bewegte, dieses Buch zu schreiben, aber wir haben in anderen Lebensbereichen andere Zwecke.

- Es ist allerdings auch völlig in Ordnung, nur einen Zweck zu haben. Manche Leute haben einen übergeordneten Zweck, der sich wie ein roter Faden durch ihr ganzes Leben zieht. Zum Beispiel:
- Meinem Gott zu dienen und ihn zu ehren, indem ich mich jeden Tag bemühe, die beste Version meiner Selbst zu sein.
- Positive Energie in alles zu bringen, was ich unternehme, und jeden, mit dem ich interagiere, an dieser Energie teilhaben zu lassen.
- Innezuhalten und im Voraus zu überlegen, wie sich meine Handlungen auf andere auswirken werden.

- Es ist in keiner Weise verwerflich, einen Zweck zu haben, der *Sie selbst* in den Mittelpunkt stellt. Aber wie Sie im vorigen Kapitel gelesen haben, macht ein selbst-transzendierender Zweck die Welt nicht nur zu einem besseren Ort, er verbessert auch Ihre Leistung. Auch wenn es nicht zwingend erforderlich ist, raten wir Ihnen dazu, Ihre Kräfte auf Ziele und Aufgaben zu richten, die größer sind als Sie selbst.
- Ihr Zweck kann sich im Laufe der Zeit verändern. Das sollte er auch! Vielleicht ist die einzige Konstante im Leben die Veränderung. Es ist also völlig legitim, die Anleitung beliebig oft zu wiederholen.

Es sollte 15 bis 20 Minuten dauern, einen ersten Entwurf Ihres Zwecks zu entwickeln, und wir empfehlen, diese Ausarbeitung in einer Sitzung bzw. einem Durchgang zu machen. Wir raten allen Lesern dringend dazu, der Anleitung zu folgen,* aber wenn Sie Ihren Zweck bereits gefunden und ausformuliert haben, können Sie gleich auf Seite 221 blättern; dort besprechen wir, wie Sie seine leistungssteigernde Kraft am besten zur Wirkung bringen können.

* Wir (das heißt Brad und Steve) geben zu, dass wir es selbst nicht mögen, wenn Leser in einem Buch zu solchen Aktivitäten aufgefordert werden. Aber wir versprechen Ihnen, dass sich diese Übung lohnt.

Wählen Sie Ihre Grundwerte

Bei den Grundwerten handelt es sich um Ihre fundamentalen Überzeugungen und Prinzipien. Diese Dinge sind Ihnen am wichtigsten und bestimmen Ihr Denken und Handeln. Wählen Sie aus der folgenden Liste bis zu fünf Grundwerte aus. Die Aufzählung erhebt keinen Anspruch auf Vollständigkeit; wenn Ihnen also andere Prinzipien einfallen, die hier fehlen, dann können Sie diese selbstverständlich benutzen und aufschreiben.

- Ansehen
- Beziehungen
- Bildung
- Disziplin
- Effizienz
- Ehrgeiz
- Ehrlichkeit
- Enthusiasmus
- Fleiß
- Gemeinschaftssinn
- Hingabe
- Inspiration
- Kreativität
- Lebensfreude
- Loyalität
- Mitgefühl
- Motivation
- Mut
- Optimismus
- Positivität
- Pragmatismus
- Sicherheit
- Spiritualität
- Traditionsverbundenheit
- Unabhängigkeit
- Verantwortungsbewusstsein
- Verlässlichkeit
- Vitalität
- Wissen

Als wir darüber nachdachten, welchen Zweck wir mit dem Schreiben dieses Buchs verfolgen, wählten wir zum Beispiel die folgenden Grundwerte aus:

- Beziehungen
- Gemeinschaftssinn
- Kreativität
- Lebensfreude
- Wissen

Personalisieren Sie Ihre Grundwerte

Schreiben Sie ein oder zwei Sätze für jeden Wert, den Sie sich ausgesucht haben, um ihn zu individualisieren und einen persönlichen Bezug dazu herzustellen. In diesem Schritt haben wir die Grundwerte angepasst, die maßgeblich unsere Entscheidung beeinflusst haben, dieses Buch zu schreiben:

- **Beziehungen**: Die Gelegenheit nutzen, interessante Menschen kennenzulernen, mit denen wir auch nach der Fertigstellung dieses Buchs in Kontakt bleiben und von denen wir lernen können.
- **Gemeinschaftssinn**: Lesern zu helfen, mehr aus sich herauszuholen und diesen Prozess zu genießen.
- **Kreativität**: Gedanken interdisziplinär miteinander zu kombinieren und neue, aufschlussreiche Verbindungen aufzuzeigen.
- **Lebensfreude**: Spaß haben! Wir haben Freude am Lernen und an der Herausforderung der Kommunikation – das dürfen wir nicht vergessen! Wenn wir den Schreibprozess genießen, äußert sich das im Endergebnis.
- **Wissen**: Wissen in einem Fachbereich zu erwerben, der uns beiden viel bedeutet: Gesundheit und menschliche Leistungsfähigkeit. Das erworbene Wissen selbst anwenden und es mit unseren Lesern teilen, damit auch sie es anwenden können.

Sortieren Sie Ihre Grundwerte nach ihrer Wichtigkeit

Jetzt kommt der schwierigste Teil. Nach der Personalisierung Ihrer Grundwerte müssen Sie diese nun in absteigender Reihenfolge sortieren, das heißt, der erste Punkt sollte Ihnen am wichtigsten sein. Unser Ranking sieht wie folgt aus:

1. Kreativität
2. Gemeinschaftssinn
3. Beziehungen
4. Wissen
5. Lebensfreude

Formulieren Sie Ihr persönliches Leitbild

Herzlichen Glückwunsch! Sie haben Ihre Grundwerte ausgewählt und eingehend über sie nachgedacht. Jetzt sind Sie bereit für die Formulierung Ihres persönlichen Leitbilds. Es sollte Ihre individuellen Grundwerte widerspiegeln und maximal drei Sätze lang sein. Hier einige Beispiele:

- Menschen zu helfen, auf gesunde und nachhaltige Weise ihr Potenzial auszuschöpfen und Burnout, Unzufriedenheit und Unglücklichsein entgegenzuwirken.
- Für jemanden da zu sein, der mich braucht – weil ich von meinen Mitmenschen so viel Unterstützung und Fürsorge erhalten habe, als ich sie gebraucht habe!
- Den Kindern in meiner Schule eine sichere, saubere Lernumgebung zu ermöglichen.
- Mehr über die Natur zu erfahren, sie zu verstehen und dieses Wissen an andere weiterzugeben.
- Mich mehr mit meinem Partner zu beschäftigen.
- Der beste Athlet zu sein, der ich sein kann, und andere zu inspirieren, ihre eigenen Grenzen auszuloten.
- Kunst zu erschaffen, damit die Menschen lachen, weinen, sich miteinander und mit der Erde verbunden fühlen.

Die Kraft Ihres Zwecks nutzen

Wir hoffen, dass Sie die Ausarbeitung eines Zwecks genauso aufschlussreich gefunden haben wie wir. Falls Sie sich unsicher sind und nicht wissen, ob Sie den perfekten Zweck gefunden haben, ist das nicht weiter problematisch. Selbst wenn Sie das Gefühl haben, dass es Ihnen gelungen ist, raten wir Ihnen dazu, Ihren Zweck (und den Weg dorthin) neu anzusehen, wenn Sie das Buch nach einiger Zeit in die Hand nehmen. Wir raten dazu, ständig an seiner Formulierung zu feilen, vor allem am Anfang.

Sie sollten schon bald das gute Gefühl haben, ein persönliches Leitbild zu besitzen, das genau Ihre Persönlichkeit und Ihre Prioritäten widerspiegelt. Nun ist es an der Zeit, Ihren Zweck in die Tat umzusetzen. Nachfolgend geben wir Ihnen einige Tipps, wie Sie sich systematisch an Ihren Zweck erinnern, um seine Kraft zu nutzen. Wie Sie gleich sehen werden, ist keiner unserer Vorschläge besonders schwierig oder zeitaufwändig. Diese einfachen Maßnahmen sollten maximal drei Minuten täglich in Anspruch nehmen, sind aber trotzdem sehr wirksam, um Ihren Alltag mit Ihrem Zweck zu durchdringen. Sie dienen dazu, aus Ihnen einen gesünderen, glücklicheren und besseren Menschen zu machen. Auch wenn der vorige Satz so klingt, als wäre er einem Selbsthilfebuch entsprungen, werden Sie schon bald feststellen, dass er auf wissenschaftlichen Fakten beruht.

Visuelle Hinweisreize

Schreiben Sie Ihren Zweck auf und hängen Sie ihn an Orten auf, an denen Sie einen Motivationsschub gebrauchen könnten. Wenn Sie unter Stress stehen, haben Sie dann Ihren Zweck vor Augen, der Sie daran erinnert, warum Sie so hart arbeiten. Wie im vorigen Kapitel ausgeführt, belegen Forschungsergebnisse, dass die Auseinandersetzung mit unseren Grundwerten und unserem Zweck das Gehirn auf eine Weise verändert, die dazu beiträgt, unsere Ängste zu überwinden und unsere Motivation und unser Durchhaltevermögen zu steigern. Es kann schon helfen, Ihren Zweck in Ihrem Sichtfeld zu haben und einen kurzen Blick darauf zu werfen, selbst wenn Sie ihn nicht vollständig verarbeiten können. Studien zeigen, dass unbewusst wahrgenommene visuelle Hinweisreize (die wir gar nicht einmal vollständig verarbeiten) unser subjektives Belastungsempfinden verändern können, sodass uns etwas, das sich objektiv anstrengend anfühlt, leichter fällt. Im vorigen Kapitel haben wir schon erwähnt, dass die bewusste Auseinandersetzung mit Ihrem Zweck – selbst wenn sie nur wenige Sekunden dauert – große Auswirkungen auf Ihr Gehirn und Ihre anschließende Motivation haben kann.

Schreiben Sie Ihren Zweck auf und hängen Sie ihn an Orten auf, an denen Sie einen Motivationsschub gebrauchen könnten.

Hier sind einige Beispiele dafür, wie große Performer visuelle Hinweisreize einsetzen, um sich an Ihren Zweck zu erinnern, wenn sie einen dringenden Motivationsschub brauchen:

- Ein Profi-Radrennfahrer hat sich einen laminierten Ausdruck seines persönlichen Leitbilds an das Lenkrad seines Fahrrads geklebt. Wenn das Tempo und das damit verbundene körperliche Unbehagen steigen, senkt er in der Regel seinen Kopf und blickt nach unten. Und dann sieht er seinen Zweck: *Andere Menschen zu inspirieren, ihre Komfortzone zu verlassen und ihr Leben auszukosten.* Das sorgt normalerweise dafür, dass er fester in die Pedale tritt und die Anstrengung etwas länger ertragen kann.
- Eine Managerin der mittleren Führungsebene, die für ein Gesundheitsunternehmen tätig ist, ärgert sich oft, wenn ihre Mitarbeiter ihr (wie sie findet) dumme Fragen über einen Bericht stellen, den ihre Abteilung regelmäßig veröffentlicht. Sie merkt selbst, dass sie am Telefon kurz angebunden ist und manche Anrufe nicht einmal entgegennimmt. Sie schreibt ihren berufsspezifischen Zweck – *das Leben anderer Menschen zum Positiven zu verändern* – auf einen Haftzettel, den sie ans Telefon klebt. Wenn es jetzt klingelt, verbindet sie selbst die banalsten Fragen über den Bericht mit seinem übergeordneten Zweck: die Behandlung von Patienten zu verbessern. Sie führt sich vor Augen, dass sie mit einer richtigen und mit Bedacht gewählten Antwort einen Beitrag dazu leistet, kranken Menschen zu helfen, gesund zu werden und *das Leben anderer Menschen zum Positiven zu verändern.*
- Eine Künstlerin hat ihren Zweck als WordArt aufbereitet, vergrößert und ausgedruckt. Der Ausdruck hängt allerdings nicht in ihrem Atelier, sondern in ihrem Büro. Wie Sie wissen, fällt es vielen Künstlern schwer, sich mit Dingen auseinanderzusetzen, die mit dem künstlerischen Schaffensprozess nicht direkt zu tun haben. Indem sie ihren Zweck gut sichtbar in ihrem Büro angebracht hat, kann sie sich ständig daran erinnern, warum sie sich mit den vielen nebensächlichen Dingen herumschlägt – *um Kunstwerke zu schaffen, die Menschen zum Denken und Fühlen anregen.*
- Wir (Steve und Brad) änderten die Startbildschirme unserer Computer so, dass sie unseren Zweck zeigten! Wenn wir anfingen zu schreiben, wurden wir daran erinnert, warum wir uns die Arbeit antaten. Wir sind davon überzeugt, dass das Endergebnis, das Sie in den Händen halten, dadurch besser geworden ist. Ohne unseren Zweck sind wir uns nicht sicher, ob dieses Buch überhaupt zustande gekommen wäre. Unsere ei-

gentlichen Jobs eine Zeitlang in Teilzeitarbeit zu bewältigen, um ein Buch zu schreiben, machte uns Angst. Der Status quo war in finanzieller Hinsicht wesentlich sicherer, aber damit halfen wir anderen Menschen nicht, *auf gesunde und nachhaltige Weise ihr Potenzial auszuschöpfen und Burnout, Unzufriedenheit und Unglücklichsein entgegenzuwirken.* Diese kleine Erinnerung gab uns den Mut und die Zuversicht weiterzumachen und das Buch fertigzustellen.

Wir hoffen, dass Ihnen diese Beispiele als Anregungen dienen, damit auch Sie gute Orte finden, an denen Sie Ihren Zweck mit der größtmöglichen Wirkung anbringen können: Orte, an denen Sie vielleicht eine Extraportion Mut gebrauchen könnten, um Ihre Angst zu überwinden, oder einen Motivationsschub, um durchzuhalten. Entscheidend ist, dass Sie Ihren Zweck an einem Ort anbringen, an dem Sie in belastenden Zeiten mit großer Wahrscheinlichkeit hinsehen. Wir empfehlen Ihnen auch, einen Zettel mit Ihrem Zweck an den Badezimmerspiegel zu kleben. So sehen Sie ihn gleich am Morgen, und das sollte Ihnen helfen, den Tag optimal zu nutzen.

Selbstgespräche

Das Merriam-Webster-Wörterbuch kennt verschiedene Definitionen für »Mantra«. Die gängigste Definition ist: »ein Wort oder eine Redewendung, die oft wiederholt wird oder die Grundüberzeugungen einer Person zum Ausdruck bringt«. Eine andere Definition ist: »eine mystische Beschwörungsformel«. Eine »Beschwörung« wird wiederum definiert als »Akt des Heraufbeschwörens eines Wesens oder Menschen, um von diesem Beistand zu erhalten; die Anrufung einer höheren Macht«. Nehmen wir diese Informationen zusammen, ergibt sich folgende Arbeitsdefinition des Wortes Mantra: »die Wiederholung eines einzelnen Wortes oder einer Formulierung, die bedeutsam ist und mystische, übernatürliche Kräfte zu besitzen scheint«.

Ein Zweck scheint das perfekte Mantra zu sein. Ein Zweck ist eine Aussage, die nicht einfach nur bedeutsam ist, sondern höchste Bedeutsamkeit hat. Und wie Sie im vorigen Kapitel erfahren haben, scheinen dem Zweck viele mystische, übernatürliche Kräfte innezuwohnen – er spendet nicht nur Mut und verringert Angst, sondern verleiht in Extremsituationen auch außergewöhnliche Körperkraft. Es sollte daher nicht verwunderlich sein, dass der Einsatz unseres Zwecks als Mantra in unseren (innerlich geführten) »Selbstgesprächen« eine signifikante leistungssteigernde Wirkung haben kann.

Es spricht vieles dafür, dass Selbstgespräche die Leistung steigern können. Studien haben gezeigt, dass Selbstgespräche die Motivation und Bereitschaft erhöhen können, unangenehme Situationen zu ertragen. Selbstgespräche sind besonders wirkungsvoll, wenn das, was wir uns sagen, kurz und konkret ist und vor allem immer gleich bleibt. Wenn Ihr persönliches Leitbild eher lang ist, sollten Sie es vielleicht im inneren Selbstgespräch auf einige Worte komprimieren, die seine Aussage auf den Punkt bringen. Selbstgespräche sind vor allem in Situationen hilfreich, in denen unser Körper und/oder unser Geist uns sagen, dass wir aufgeben sollen, wir aber weitermachen wollen. Besonders in solchen Momenten gilt es, Ruhe zu bewahren und die Kontrolle über die Amygdala zu behalten (siehe hierzu Kapitel 4). Und wenn der Inhalt des Selbstgesprächs einen selbst-transzendierenden Zweck widerspiegelt, kann es uns die Kraft geben, mehr zu tun, als wir für möglich gehalten haben.

Wie Sie sich vielleicht vorstellen können, kommt diese Strategie im Sport ziemlich häufig zum Einsatz. Jeder Athlet, mit dem wir uns im Rahmen unserer Arbeit an diesem Buch ausgetauscht haben, hat uns gesagt, dass er Selbstgespräche nutzt. Die Marathonläuferin und Olympia-Teilnehmerin Desiree Linden erzählte uns zum Beispiel, dass auf den letzten Kilometern eines Marathons Selbstgespräche mindestens genauso wichtig sind wie eine ausreichende Hydrierung. Aber Selbstgespräche leisten nicht nur im Sport gute Dienste, sondern auch in anderen Bereichen. Was Sie auch tun mögen – ob Sie Körper, Geist oder Seele beanspruchen –, es kann sehr vorteilhaft sein, ein Mantra mit Ihrem Zweck zu wiederholen, wenn Sie Ängste ausstehen, Schmerzen verspüren oder aufgeben wollen. Das Mantra erdet uns, hemmt negative Gefühle und bringt unser Ego zum Schweigen, das (wie Sie in Kapitel 8 erfahren haben) nichts lieber tut, als uns in der Komfortzone zu behalten.

Obwohl das Merriam-Webster die Vorteile eines Mantras als mystisch bezeichnet, sollten Sie mittlerweile wissen, dass es für sie logische, wissenschaftliche Begründungen gibt.

Abendliche Reflexion

Als es um die visuellen Hinweisreize ging, haben wir Ihnen geraten, den Zweck an Ihren Badspiegel zu kleben, damit Sie ihn jeden Morgen sehen. Nun schließen wir den Kreis und raten Ihnen außerdem, jede Nacht vor dem Schlafengehen über Ihren Zweck zu reflektieren. Wir fordern Sie speziell dazu auf, sich die folgende Frage zu stellen: Wie würden Sie auf einer Skala von 1 bis 10 (wobei 10 »trifft uneingeschränkt zu« und 1 »trifft überhaupt nicht zu« entspricht) bewerten, ob Sie heute im Einklang mit Ihrem Zweck gelebt haben? Nachdem Sie Ihre Bewertung abgegeben haben, sollten Sie ein oder zwei Minuten darüber nachzudenken, was Sie hätten tun können, um näher an die 10 Punkte zu kommen. Wenn Sie sich die volle Punktzahl gegeben haben, sollten Sie sich fragen, was Sie konkret getan haben, um diesen Maximalwert zu erreichen. Diese kurze und einfache Maßnahme hilft Ihnen, die nötigen Veränderungen vorzunehmen, um stärker im Einklang mit Ihrem Zweck zu leben, der – wie Sie bereits wissen – Ihre Leistung in so ziemlich jeder Hinsicht verbessert. Es ist zwar völlig akzeptabel, diese Übung mündlich bzw. gedanklich vorzunehmen, allerdings legt die Forschung nahe, dass es nicht nur leistungs-, sondern auch gesundheitsfördernd ist, diese Gedanken zu Papier zu bringen.

Es hat sich gezeigt, dass »expressives Schreiben« – eine Form des Tagebuchführens, in dem man Problemstellungen erkundet, die für das eigene Leben eine wichtige Rolle spielen – das Immunsystem stärkt. Außerdem wird expressivem Schreiben nachgesagt, Depressionen und Angstzustände zu lindern, den Blutdruck zu senken, die Anzahl der Arztbesuche zu reduzieren, die Lungen- und Leberfunktion zu stärken und zu einer positiven Lebenseinstellung und sozialen Verbundenheit beizutragen. Wissenschaftler nehmen an, dass expressives Schreiben zu diesen überzeugenden Ergebnissen führt, weil es uns einen sicheren Rahmen gibt, in dem wir über die Probleme nachdenken können, die uns am meisten beschäftigen. Viele von uns halten diese Gedanken und Gefühle sonst unter Verschluss. Aber jeder, der seine Gefühle jemals unterdrückt hat, weiß, dass oft eine größere Anspannung die Folge ist. Es kann allerdings auch eine sehr unangenehme Erfahrung sein, uns anderen mitzuteilen. Indem wir die Worte, die unsere tiefsten Werte und Gefühle zum Ausdruck bringen, aufschreiben, bauen wir

Spannungen ab und fördern unsere Gesundheit. Dr. James Pennebaker, Professor an der University of Texas und Vorreiter in der Erforschung des expressiven Schreibens, sagt: »Es ist wirklich wichtig, hin und wieder einen Schritt zurückzutreten und zu evaluieren, wo man gerade im Leben steht.« Und genau das tun wir, wenn wir am Abend darüber reflektieren, ob wir mit unserem Tun unserem Zweck näher gekommen sind.

Ein zweckgesteuertes Leben

Sie sollen sich natürlich vergegenwärtigen, dass Ihr Zweck große Vorteile mit sich bringt, aber eigentlich wollen wir, dass Sie aktiv werden und entsprechende Maßnahmen einleiten. Nichts verbessert die Leistung, Vitalität und Gesundheit mehr als ein Leben, das man im Einklang mit seinem Zweck führt. Das ist die eine große Erkenntnis, die Sie hoffentlich aus diesem Buch ziehen werden.

Sobald Sie einen Zweck entwickelt haben, müssen Sie alles daran setzen, Ihr Leben so zu gestalten, dass es Ihnen möglich ist, diesen Zweck zu erfüllen. Je näher Sie an die 10 Punkte kommen – ein Leben in völligem Einklang mit Ihrem Zweck –, umso besser, glücklicher und gesünder werden Sie sein. Um es mit den Worten Ryan Halls zu sagen, dem schnellsten amerikanischen Marathonläufer aller Zeiten: Seinen Zweck zu leben »ist das beste Gefühl, das es auf der Welt gibt«.

ZUSAMMENFASSUNG

Es gibt nichts Schöneres oder Befriedigenderes, als sich ein Ziel zu setzen, das knapp jenseits der Grenzen dessen liegt, was wir für machbar halten, und es systematisch zu verfolgen. Oft sind wir paradoxerweise dann am besten, wenn wir wissen, dass unser Können ausbaufähig ist, und wir alles daran setzen, besser zu werden. Alle großartigen Performer, über die Sie in diesem Buch gehört haben, arbeiten ständig an sich und ruhen sich nicht auf ihren Lorbeeren aus. Obwohl sie in ihrem Spezialgebiet vielleicht zu den Besten gehören, haben sie weiterhin den Anspruch, besser zu werden. Wir hoffen, dass Sie sich inspiriert fühlen, eine ähnliche Einstellung zu übernehmen, um Ihre eigenen Ziele zu verfolgen.

Im Laufe dieses Buches haben wir die Schlüsselprinzipien besprochen, die die Basis für eine gesunde, nachhaltige Spitzenleistung bilden:

- Belastung + Entspannung = Wachstum
- Die Kraft, die von der Entwicklung einer optimalen Routine und der Gestaltung Ihres Tagesablaufs ausgeht
- Zweck

Wir hoffen natürlich, dass Ihnen die Lektüre dieses Buchs Freude bereitet hat, aber der eigentliche Spaß geht los, wenn Sie dieses Buch schließen und die Theorie in die Praxis setzen.

Beachten Sie: Von den großen Performern, über die Sie in diesem Buch gelesen haben, folgte keine und keiner einem exakt vorgegebenen Plan. Vielmehr verwendeten sie die Grundprinzipien und entsprechenden Praxistipps und passten sie an ihre individuellen Bedürfnisse und Anforderungen an. Wir raten Ihnen dazu, dasselbe zu tun.

Um Ihnen den Einstieg zu erleichtern, haben wir auf den folgenden Seiten die wichtigsten Grundprinzipien und Praxistipps zusammengefasst. Betrachten Sie diese als Hauptzutaten für ein Rezept, das Sie im Laufe der Zeit modifizieren und nach eigenem Geschmack verfeinern. Wir würden gern erfahren, wie es Ihnen dabei ergangen ist. Bitte schreiben Sie uns Ihre persönlichen Erlebnisse und Einsichten an folgende Adresse: info@peak-performance.email. Wir senden Ihnen diese Geschichten sowie die neuesten wissenschaftlichen Erkenntnisse in unserem Newsletter zu, den Sie auf www.peakperformancebook.net abonnieren können. Wir hoffen, dass dieses Buch nur der Anfang ist und dass wir eine Gemeinschaft von Gleichgesinnten aufbauen können, die das gemeinsame Ziel verfolgen, voneinander zu lernen, an sich zu arbeiten und mit der Zeit immer besser zu werden.

Für uns stellte dieses Buchprojekt eine Spitzenleistung dar. Obwohl es nicht immer einfach war, taten wir unser Bestes, unseren Worten Taten folgen zu lassen. Wir wünschen Ihnen viel Erfolg auf Ihrer Reise und möchten Ihnen dafür danken, uns auf unserem Weg begleitet zu haben.

Wechseln Sie zwischen Stress und Entspannung ab, um systematisch zu wachsen

Setzen Sie sich unter Stress

Suchen Sie sich »gerade noch machbare Herausforderungen« in Lebensbereichen, in denen Sie sich weiterentwickeln wollen

- Gerade noch machbare Herausforderungen zeichnen sich dadurch aus, dass sie Ihre aktuellen Fähigkeiten knapp übersteigen.
- Sobald Sie das Gefühl haben, die Situation vollständig unter Kontrolle zu haben, gestalten Sie die nächste Herausforderung ein wenig schwieriger.
- Sobald Sie nervös werden oder sich vor innerer Anspannung nicht konzentrieren zu können, schalten Sie einen Gang herunter.

Kultivieren Sie tiefe Konzentration und perfektes Üben

- Definieren Sie jedes Mal, wenn Sie bedeutsame Arbeit verrichten wollen, den zugrunde liegenden Zweck und konkrete Ziele.
- Konzentrieren Sie sich tief, auch wenn das nicht immer Spaß macht.
- Beseitigen Sie Ablenkungen wie Smartphones, denn: aus den Augen, aus dem Sinn.
- Erledigen Sie immer nur eine Sache auf einmal. Sollte Ihnen das nächste Mal nach Multitasking zumute sein, sollten Sie an die zahlreichen Fakten denken, die wissenschaftlich belegen, dass ein solches Vorgehen ineffektiv ist.
- Qualität geht vor Quantität.

Arbeiten Sie in Blöcken

- Teilen Sie Ihre Arbeit in 50- bis 90-minütige Blöcke auf (die genaue Dauer kann je nach Aufgabe variieren). Fangen Sie noch kleiner an, wenn es Ihnen schwerfällt, über einen längeren Zeitraum hinweg aufmerksam zu bleiben.
- Wenn Ihnen das Arbeiten mit tiefer Konzentration noch neu ist, sollten Ihre Zeitblöcke nur 10 bis 15 Minuten lang sein. Mit zunehmender Gewöhnung an das fokussierte Üben können Sie die Blöcke ausdehnen.
- Für fast alle Aktivitäten gilt: Ein Arbeitsblock sollte eine Dauer von zwei Stunden nicht überschreiten.

Pflegen Sie ein dynamisches oder wachstumsorientiertes Selbstbild

- Vergessen Sie nicht: Ihre Einstellung verändert Ihre biologisch-körperliche Reaktion auf grundlegende Weise.
- Führen Sie sich in belastend empfundenen Situationen vor Augen, dass Stress eine natürliche Reaktion Ihres Körpers ist, um Sie auf eine Herausforderung vorzubereiten. Atmen Sie tief durch und richten Sie Ihre höhere Erregung und gesteigerte Wahrnehmung auf die bevorstehende Aufgabe.

- Zwingen Sie sich dazu, Stress produktiv zu betrachten und ihn sogar zu begrüßen. Sie werden nicht nur bessere Leistungen erzielen, sondern Ihre Gesundheit auch positiv beeinflussen.

Haben Sie Mut zur Entspannung

Stärken Sie Ihren Achtsamkeitsmuskel mit Meditation, damit es Ihnen leichter fällt, sich zu entspannen.

- Suchen Sie sich eine Uhrzeit aus, in der die Gefahr von Ablenkungen möglichst gering ist, zum Beispiel morgens nach dem Zähneputzen oder nachts vor dem Zubettgehen.
- Nehmen Sie eine bequeme Sitzhaltung ein, idealerweise an einem ruhigen Ort.
- Stellen Sie einen Wecker, damit Sie nicht darüber nachdenken müssen, wie viel Zeit verstrichen ist.
- Fangen Sie mit tiefen Atemzügen durch die Nase an.
- Konzentrieren Sie sich ausschließlich auf Ihre Atmung; lassen Sie eventuell aufkommende Gedanken vorbeiziehen. Kehren Sie mit Ihrer Aufmerksamkeit auf die Wahrnehmung Ihrer Atmung zurück.
- Fangen Sie mit nur einer Minute an und steigern Sie die Dauer allmählich, indem Sie im Abstand von einigen Tagen jeweils 30 bis 45 Sekunden anhängen.
- Es gilt die Devise: lieber öfter als länger. Versuchen Sie, täglich zu meditieren, auch wenn die einzelnen Sitzungen kurz sind.

Wenden Sie Ihren wachsenden Achtsamkeitsmuskel im Alltag an

- Führen Sie in stressreichen Phasen »ruhige Zwiegespräche«; vergessen Sie nicht, dass Sie unabhängig sind von Ihren Gefühlen und Empfindungen, die Sie gerade wahrnehmen.
- Sensibilisieren Sie sich dafür, wann der Stress Sie zu überwältigen droht, und treffen Sie die bewusste Entscheidung, Ihre körperliche Stressreaktion »abzuschalten«. Einige tiefe Atemzüge helfen, weil sie den präfrontalen Cortex aktivieren, die Schaltzentrale des Gehirns.

Machen Sie strategisch kluge Pausen und lassen Sie Ihr Unterbewusstsein die Arbeit erledigen

- Wenn Sie eine anstrengende Aufgabe verrichten und einen toten Punkt erreichen, müssen Sie den Mut aufbringen, eine Auszeit zu nehmen.
  - Lassen Sie Ihre Tätigkeit mindestens fünf Minuten ruhen.
  - Je belastender die Aufgabe ist, umso länger sollte die Pause sein.
  - Wirklich erschöpfende Aufgaben sollten Sie – sofern es sich einrichten lässt – bis zum nächsten Morgen ruhen lassen.

- Beschäftigen Sie sich in Ihrer Pause mit Dingen, die wenig bis gar keine Aufmerksamkeit in Anspruch nehmen.
  - Machen Sie einen kurzen Spaziergang.
  - Verweilen Sie in der Natur.
  - Meditieren Sie.
  - Hören Sie Musik.
  - Duschen Sie.
  - Spülen Sie Geschirr.

- Während der Pause kommt Ihnen vielleicht einen Geistesblitz. Falls ja, ist das prima. Auch wenn das nicht der Fall ist, arbeitet Ihr Unterbewusstsein trotzdem weiter. Wenn Sie zu der Tätigkeit zurückkehren, die Sie unterbrochen haben, ist die Wahrscheinlichkeit größer, dass Sie wieder Fortschritte machen.

Machen Sie Schlaf zu einer Priorität

- Sehen Sie Schlaf als etwas Produktives.
- Versuchen Sie mindestens 7 bis 9 Stunden pro Nacht zu schlafen. Für Personen, die intensive körperliche Aktivitäten ausüben, sind 10 Stunden nicht zu viel.
- Um die für Sie richtige Schlafdauer zu ermitteln, sollten Sie idealerweise 10 bis 14 Tage lang ins Bett gehen, wenn Sie müde sind, und für den nächsten Morgen keinen Wecker stellen, das heißt, Sie wachen von selbst auf. Ermitteln Sie die durchschnittliche Schlafzeit. Das ist die Dauer, die Sie brauchen.

- Halten Sie sich an folgende Tipps, um nachts besser zu schlafen:
  - Setzen Sie sich tagsüber natürlichem Licht (Sonnenlicht) aus. Das hilft Ihnen, einen gesunden zirkadianen Rhythmus aufrechtzuerhalten.
  - Treiben Sie Sport. Anstrengende körperliche Aktivitäten machen müde. Wenn wir müde sind, schlafen wir. Trainieren Sie aber nicht unmittelbar vor dem Zubettgehen.
  - Begrenzen Sie Ihren Koffeinkonsum und verzichten Sie 5 bis 6 Stunden vor dem Zubettgehen vollständig darauf.
  - Nutzen Sie Ihr Bett nur für Schlaf und Sex. Nicht zum Essen, Fernsehen, Arbeiten oder für andere Dinge. Die einzige Ausnahme ist die Lektüre eines traditionellen Buchs aus Papier.
  - Trinken Sie vor dem Zubettgehen keinen Alkohol. Obwohl Alkoholkonsum das Einschlafen erleichtern kann, wirkt er sich auf die späteren, wichtigeren Schlafphasen negativ aus.
  - Setzen Sie sich am Abend möglichst keinem blauen Licht mehr aus.
  - Führen Sie nach dem Abendessen keine anstrengenden, belastenden Aktivitäten aus – weder körperlich noch geistig.
  - Führen Sie vor dem Zubettgehen eine kurze Achtsamkeitsmeditation aus, wenn Sie innerlich nicht zur Ruhe kommen.
  - Kämpfen Sie nicht gegen die Schläfrigkeit an. Was Sie auch tun mögen – es kann bis zum nächsten Morgen warten.
  - Ihr Schlafzimmer sollte so dunkel wie möglich sein. Falls möglich sollten Sie Jalousien verwenden.
  - Verbannen Sie Ihr Smartphone aus dem Schlafzimmer. Schalten Sie es nicht auf stumm. Bewahren Sie es in einem anderen Raum auf.

- Versuchen Sie, 10 bis 30 Minuten Mittagsschlaf zu halten, um ihre Energie und Konzentration wiederherzustellen, wenn Sie in ein Mittagstief geraten.

Nehmen Sie sich längere Auszeiten

- Ganz gleich, welcher beruflichen Tätigkeit Sie nachgehen – nehmen Sie sich mindestens einen vollen Tag pro Woche frei.

- Stimmen Sie (so weit es Ihnen möglich ist) Ihre freien Tage und Urlaube so ab, dass sie auf stressreiche, hektische Phasen folgen.
- Je mehr Sie unter Stress stehen, umso mehr sollten Sie sich ausruhen.
- Sowohl an freien Tagen als auch in längeren Urlaubsphasen sollten Sie Ihre Arbeit wirklich komplett ruhen lassen. Schalten Sie körperlich und geistig ab und wenden Sie sich Aktivitäten zu, die Sie entspannen und erholsam finden.

Stellen Sie die Weichen für Leistung

Optimieren Sie Ihre Routinen

Entwickeln Sie Aufwärmstrategien für wichtige Aktivitäten/ Leistungen

- Legen Sie fest, in welchem körperlichen und geistigen Zustand Sie für Ihre Leistung sein müssen.
- Entwickeln Sie eine Aktivitätssequenz, die Sie jedes Mal zuverlässig in diesen Zustand versetzt.
- Bleiben Sie konsequent: Benutzen Sie jedes Mal dieselbe Routine, wenn Sie die Aktivität ausführen, an die sie gekoppelt ist.
- Bedenken Sie, dass sich Ihre Stimmung auf Ihre Leistung auswirkt; eine positive Grundhaltung ist also in jedem Fall hilfreich.

Erschaffen Sie sich Ihren »ganz persönlichen Platz«

- Suchen Sie sich Orte, an denen Sie spezielle Tätigkeiten verrichten.
- Umgeben Sie sich mit Dingen, die erwünschte Verhaltensweisen begünstigen.
- Arbeiten Sie konsequent am selben Platz und verwenden Sie dieselben Hilfsmittel.
- Mit der Zeit wird sich Ihre Umgebung auf einer tiefen neurologischen Ebene positiv auf Ihre Produktivität auswirken.

Konditionieren Sie sich selbst zur Leistung

- Verknüpfen Sie jedes Schlüsselverhalten mit einem spezifischen Hinweisreiz und/oder einer spezifischen Routine.
- Wiederholen Sie Hinweisreize/Routinen immer wieder auf dieselbe Weise; sie sollten standardmäßig dem Verhalten vorangestellt sein, an das sie gekoppelt sind.
- Falls möglich sollten Sie Schlüsselaktivitäten mit demselben Kontext verbinden (Uhrzeit, Umgebung und so weiter).
- Wenn Sie im Rahmen Ihrer Tätigkeit in verschiedenen Umgebungen agieren müssen, müssen Sie Hinweisreize/Routinen entwickeln, die übertragbar sind und sich überall ausführen lassen (tiefe Atemzüge, positive Selbstgespräche und so weiter).
- Beständigkeit ist Trumpf. Die beste Routine bringt nichts, wenn sie nicht regelmäßig angewendet wird.

Gestalten Sie Ihren Tag

Werden Sie ein Minimalist, um ein Maximalist zu sein

- Gehen Sie in Gedanken alle Entscheidungen durch, die Sie im Laufe des Tages treffen werden.
- Identifizieren Sie die Entscheidungen, die unwichtig und Ihnen »eigentlich egal« sind.
- Automatisieren Sie diese unwichtigen Entscheidungen, soweit es Ihnen möglich ist. Hierzu zählen zum Beispiel:
  - Kleidung
  - Mahlzeiten
  - Die Uhrzeit, zu der bestimmte tägliche Aktivitäten ausgeführt werden (legen Sie zum Beispiel eine feste Trainingszeit fest, damit Sie nicht darüber nachdenken müssen).
  - Die Wahrnehmung sozialer Verpflichtungen (es ist nicht immer empfehlenswert, Einladungen auszuschlagen, aber in wichtigen Arbeitsphasen sagen Spitzenperformer soziale Verpflichtungen aus Prinzip ab).

- Verschwenden Sie keine Energie mit Gerede über andere, Taktieren und der Sorge darüber, was andere vielleicht über Sie denken.
- Berücksichtigen Sie die Auswirkungen größerer Lebensentscheidungen, zum Beispiel die Wahl des Wohnorts (Pendelverkehr, Wohnkosten und so weiter).

Passen Sie Ihre Aktivitäten Ihrem aktuellen Energieniveau an

- Bestimmen Sie Ihren Chronotyp (das heißt, ob Sie eine Lerche oder Eule sind).
- Gestalten Sie Ihren Tag dementsprechend – verlegen Sie bestimmte Aktivitäten bewusst auf eine Uhrzeit, um die Anforderungen der Aktivität an Ihr Energieniveau anzupassen.
- Heben Sie sich die Zeit, in der Sie am aufmerksamsten sind, für Ihre »wichtigste Arbeit« auf.
- Erledigen Sie weniger anspruchsvolle Aufgaben in den Phasen, in denen Sie unkonzentrierter sind.
- Kämpfen Sie nicht gegen die Erschöpfung an! Nutzen Sie diese Zeit lieber, um sich zu erholen und kreative Ideen zu entwickeln, die Sie in Ihrer nächsten konzentrierten Arbeitsphase vertiefen können.
- Bedenken Sie, dass die Arbeit im Einklang mit Ihrem Chronotyp nicht nur Ihre Leistungsfähigkeit maximiert, sondern auch eine angemessene Balance zwischen Stress und Entspannung gewährleistet.

Wählen Sie Ihre Freunde mit Bedacht

- Die Menschen, mit denen Sie sich umgeben, üben einen enormen Einfluss auf Sie aus.
- Tun Sie alles, was in Ihrer Macht steht, um sich mit Menschen zu umgeben, die Sie unterstützen und genauso leistungsorientiert sind wie Sie. Positive Energie, Motivation und Antrieb wirken ansteckend.
- Indem Sie positiv sind und motiviert bleiben, helfen Sie nicht nur sich selbst, sondern auch allen anderen in Ihrem Leben.
- Geben Sie sich nicht mit zu viel Negativität oder Pessimismus ab. Eine Kette ist nur so stark wie ihr schwächstes Glied.

Tun Sie, was getan werden muss

- Es führt kein Weg daran vorbei: Wenn Sie Ihr Können perfektionieren wollen, müssen Sie jeden Tag zur Arbeit antreten.
- Bedenken Sie, dass Einstellungen oft das Resultat von Verhaltensweisen sind; manchmal ist das Beste, was Sie tun können, einfach mit einer Aufgabe anzufangen.

Nutzen Sie die Kraft Ihres Zwecks

Transzendieren Sie Ihr Selbst

Überwinden Sie Ihr Ego

- Ihr Ego, Selbst oder zentraler Regulator dient als Schutzmechanismus, der Sie davon abhält, an Ihre wahren Grenzen zu kommen. Wenn Sie vor großen Herausforderungen stehen, ist Ihr Ego biologisch darauf programmiert, Ihnen Einhalt zu gebieten und zu sagen, dass Sie in die andere Richtung gehen sollen.
- Indem Sie sich auf einen selbst-transzendierenden Zweck oder einen Grund konzentrieren, der über Sie und Ihre eigene Existenz hinausgeht, können Sie Ihr Ego außer Kraft setzen und Ihre selbst auferlegten Grenzen überwinden.
- Soweit es Ihnen möglich ist, sollten Sie Ihre Aktivitäten an einen höheren Zweck koppeln. Wenn Sie vor schier unüberwindlichen Herausforderungen stehen und Ihr Geist versucht, Sie zum Aufgeben zu bewegen, können Sie sich fragen, warum Sie die Strapazen überhaupt auf sich nehmen. Wenn »jemand oder etwas, das größer ist als ich selbst« dahinter steht, werden Sie vermutlich Ihre letzten Reserven mobilisieren können.
- Weniger über sich selbst nachzudenken zählt zu den besten Methoden, um besser zu werden.

Steigern Sie Ihre Motivation

- Führen Sie sich vor Augen, dass das subjektive Belastungsempfinden, also wie anstrengend sich eine Tätigkeit anfühlt, an Ihre Motivation gekoppelt ist. Je weniger motiviert Sie sind, eine bestimmte Herausforderung oder Aufgabe zu meistern, umso anstrengender wird Ihnen die damit verbundene Situation erscheinen. Umgekehrt gilt: Um eine größere Anstrengung zu ertragen, müssen Sie also Ihre Motivation steigern.
- Die Motivation lässt sich wirksam steigern, indem Sie Ihre Arbeit in Bezug zu einem größeren Zweck oder ein höheres Ziel setzen.
- Die Beschäftigung mit Aktivitäten, die anderen helfen, macht die Welt nicht nur zu einem besseren Ort, sie hilft Ihnen auch dabei, bessere Leistungen zu erzielen.
- Erinnern Sie sich an die Beweggründe für Ihr Handeln, vor allem wenn Sie erschöpft sind.

Geben Sie zurück, um Burnout zu vermeiden

- Suchen Sie Gelegenheiten, um Ihren Mitmenschen in einem arbeitsbezogenen Kontext etwas zurückzugeben. Je nachdem, wie viel Zeit und Energie Sie dafür aufwenden wollen, könnten Sie sich kleinen Gruppen oder Einzelpersonen als Coach oder Mentor zur Verfügung stellen, oder – mit geringerem Aufwand – in Onlineforen ehrliche Ratschläge erteilen.
- Das einzige Kriterium ist, dass Ihr Beitrag einen engen Bezug zu Ihrer Arbeit hat und nicht mit einer erwarteten Gegenleistung verbunden ist.
- Geben hilft besonders, um Burnout zu verhindern und zu verringern, aber Sie sollten trotzdem versuchen, es vollständig zu vermeiden, indem Sie auf Stress eine angemessene Entspannung folgen lassen.

Entwickeln und nutzen Sie Ihren Zweck

Entwickeln Sie Ihren Zweck mithilfe der Übungen auf den Seiten 219 bis 221

- Bestimmen Sie Ihre Grundwerte und personalisieren Sie diese anschließend.
- Sortieren Sie sie nach ihrer Wichtigkeit.
- Formulieren Sie Ihr persönliches Leitbild.

Berufen Sie sich strategisch auf Ihren Zweck

- Verwenden Sie visuelle Hinweisreize, um sich an Ihren Zweck zu erinnern, wenn Sie einen Motivationsschub benötigen.
- Entwickeln Sie auf der Grundlage Ihres Zwecks ein Mantra, und wiederholen Sie es gedanklich, wenn Sie vor einer Herausforderung stehen.
- Reflektieren Sie jeden Abend über Ihren Zweck (und praktizieren Sie gegebenenfalls expressives Schreiben). Fragen Sie sich, ob Sie im Einklang mit Ihrem Zweck gelebt haben, und arbeiten Sie darauf hin, ihm mit der Zeit immer näher zu kommen.

BIBLIOGRAPHIE UND QUELLENANGABEN

EINLEITUNG

Jim Clifton, *Der Kampf um die Arbeitsplätze von morgen* (München: Redline, 2012), 11–13.

Laura A. Pratt, Debra J. Brody und Qiuping Gu, »Antidepressant Use in Persons Aged 12 and Over: United States, 2005–2008«, *NCHS Data Brief*, Nr. 7 (Oktober 2011).

Matt Saccaro, »›I Think America is Out of Hand‹: The Shocking Numbers That Reveal Just how Burnt Out American Workers Are«, *Salon*, 29. Juni 2015, http://www.salon.com/2015/ 06/29/i_think_america_is_out_of_hand_the_shocking_numbers_that_reveal_just_how_burnt_out_american_workers_are/.

Julie Bosman und Michael J. De La Merced, »Borders Files for Bankruptcy«, *New York Times Dealbook*, 16. Februar 2011, http://dealbook.nytimes.com/2011/02/16/borders-files-for-bankruptcy/?_r=0.

Zeynep Tufekci, »The Machines are Coming«, *New York Times*, 18. April 2015, http://www. nytimes.com/2015/04/19/opinion/sunday/the-machines-are-coming.html?_r=0.

»An Open Letter: Research Priorities for Robust and Beneficial Artificial Intelligence«, Futureoflife.org, http://futureoflife.org/ai-open-letter/.

Rory Cellan-Jones, »Stephen Hawking Warns Artificial Intelligence Could End Mankind«, *BBC*, 2. Dezember 2014, http://www.bbc.com/news/technology-30290540.

Kevin Lynch »Introduction: 60 at 60«, http://www. guinnessworldrecords.com/news/60at60/2015/8/introduction-393032.

»Chronological Listing of U.S. Milers Who have Broken 4:00 in the Mile«, *Track & Field News*, letztes Update am 8. Oktober 2016, http://www.trackandfieldnews.com/index.php/ archivemenu/13-lists/1476-tafn-us-sub-400-milers.

Andrew Powell-Morse, »The Historical Profile of the NBA Player: 1947–2015«, *SeatSmart*, 4. März 2015, http://seatsmart.com/blog/history-of-the-nba-player/.

Addie Thomas, »Global Nutrition Supplements Market: History, Industry Growth, and Future Trends by PMR«, *Nasdaq Globe Newswire*, 27. Januar 2015, http://globenewswire.com/news-release/2015/01/27/700276/10117198/en/Global-Nutrition-and-Supplements-Market-History-Industry-Growth-and-Future-Trends-by-PMR.html.

Marika Beale et al., »Examining the Enhancement Drink NeuroBliss®: Lack of Effect on Mood and Memory in Late Adolescents«, *Impulse: The Premier Undergraduate Neuroscience Journal* (2014), 1–8, http://impulse.appstate.edu/sites/impulse.appstate.edu/files/Beale%20et %20al%20%282%29.pdf.

Stephen V. Faraone et al., »The Worldwide Prevalence of ADHD: Is It an American Condition?«, *World Psychiatry* 2, Nr. 2 (Juni 2003), 104–113.

»Attention-Deficit/Hyperactivity Disorder (ADHD)«, Centers for Disease Control and Prevention, letztes Update am 5. Oktober 2016, http://www.cdc.gov/ncbddd/adhd/data.html.

A. D. Desantis, E. M. Webb und S. M. Noar, »Illicit Use of Prescription ADHD Medications on a College Campus: A Multimethodological Approach«, *Journal of American College Health* 57, Nr. 3 (November–Dezember 2008), 315–324.

Arianna Yanes, »Just Say Yes? The Rise of ›Study Drugs‹ in College«, *CNN*, 18. April 2014, http://www.cnn.com/2014/04/17/health/adderall-college-students/.

Alan Schwarz, »Workers Seeking Productivity in a Pill are Abusing A.D.H.D. Drugs«, *New York Times*, 18. April 2015, http://www.nytimes.com/2015/04/19/us/workers-seeking-productivity-in-a-pill-are-abusing-adhd-drugs.html?_r=0.

Erik Parens, »A Symptom of Modern Life«, Room for Debate, *New York Times*, 21. April 2015, http://www.nytimes.com/roomfordebate/2015/04/21/using-adderall-to-get-ahead-not-to-fight-adhd/a-symptom-of-modern-life.

Olivier de Hon, Harm Kuipers und Maarten van Bottenburg, »Prevalence of Doping Use in Elite Sports: A Review of Numbers and Methods«, *Sports Medicine* 45, Nr. 1 (Januar 2015), 57–69.

Josie Feliz, »National Study: Teens Report Higher Use of Performance Enhancing Substances«, *Partnership for Drug-Free Kids*, 22. Juli 2014, http://www.drugfree.org/ newsroom/pats-2013-teens-report-higher-use-of-performance-enhancing-substances.

»Anti-Doping«, USA Triathlon, Zugriff am 20. November 2015, http://www.usatriathlon.org/ audience/athlete-resources/anti-doping.aspx.

David Epstein, »Everyone's Juicing«, *ProPublica*, 17. September 2015, http://www. propublica.org/article/raids-steroid-labs-suggest-market-for-steroids-beyond-elite-athletes.

Deloitte University Press, *Global Human Capital Trends 2014*, Zugriff am 15. November 2015, https://dupress.deloitte.com/dup-us-en/focus/human-capital-trends/2014.html?i-oid=hp ft:01.

LexisNexis, *The 2010 International Workplace Productivity Survey*, Zugriff am 16. November 2015, http://www.multivu.com/players/english/46619-lexisnexis-international-Workplace-productivity-survey/.

Jada A. Graves und Katy Marquardt, »The Vanishing Lunch Break«, *U.S. News & World Report*, 9. Oktober 2013, http://money.usnews.com/money/careers/articles/2013/10/09/the-vanishing-lunch-break-2.

Daniel Hamermesh und Elena Stancanelli, »Americans Work Too Long (and Too Often at Strange Times)«, *Vox*, 29. September 2014, http://www.voxeu.org/article/americans-work-long-and-strange-times.

Project: Time Off, *The Hidden Costs of Unused Leave*, Zugriff am 17. November 2015, http://www.projecttimeoff.com/sites/default/files/pto_hiddenCosts_report.pdf.

Lydia Saad, »The ›40-Hour‹ Workweek is Actually Longer – by Seven Hours«, *Gallup*, 19. August 2014, http://www.gallup.com/poll/175286/hour-workweek-actually-longer-seven-hours.aspx.

Staples Business Advantage, *2015 Workplace Index*, Zugriff am 17. November 2015, https://go.staplesadvantage.com/workplaceindex.

Ben Moshinsky, »Bank of America Intern's 5 a.m. E-Mail Before Death Worried Mom«, *Bloomberg*, 22. November 2013, http://www.bloomberg.com/news/articles/2013-11-22/bank-of-america-staff-quizzed-as-coroner-probes-intern-s-death.

Jackie Wattles, »Goldman Sachs Bans Interns from Staying Overnight at the Office«, *CNN Money*, 17. Juni 2015, http://money.cnn.com/2015/06/17/news/companies/goldman-limit-intern-hours/.

D. Smith Bailey, »Burnout Harms Workers' Physical Health Through Many Pathways«, *Monitor on Psychology* 37, Nr. 6 (Juni 2006), 11.

Shahm Martini et al., »Burnout Comparison Among Residents in Different Medical Specialties«, *Academic Psychiatry* 28, Nr. 3 (September 2004), 240–242.

Carol Peckham, »Physician Burnout: It Just Keeps Getting Worse«, *Medscape*, 26. Januar 2015, http://www.medscape.com/viewarticle/838437.

Joachim Bauer et al., »Correlation Between Burnout Syndrome and Psychological and Psychosomatic Symptoms Among Teachers«, *International Archives of Occupational and Environmental Health* 79, Nr. 3 (März 2006), 199–204.

Ji Hye Yu, Su Jin Chae und Ki Hong Chang, »The Relationship Among Self-Efficacy, Perfectionism, and Academic Burnous in Medical School Students«, *Korean Journal of Medical Education* 28, Nr. 1 (März 2016), 49–55.

Mark McGuinness, »The Dark Side of Creativity: Burnout«, *Lateral Action*, Zugriff am 17. November 2015, http://lateralaction.com/articles/the-dark-side-of-creativity-burnout/.

Simon Kyaga, *Creativity and Psychopathology* (Stockholm: Karolinska Institutet, 2014).

Eystein Enoksen, »Drop-out Rate and Drop-Out Reasons among Promising Norwegian Track and Field Athletes: A 25 Year Study«, *Scandinavian Sports Studies Forum*, Nr. 2 (2011), 19–43.

Jeffrey B. Kreher und Jennifer B. Schwartz, »Overtraining Syndrome«, *Sports Health* 4, Nr. 2 (2012), 128–138.

W. P. Morgan et al., »Psychological Characterization of the Elite Female Distance Runner«, *International Journal of Sports Medicine* 8, Nr. S2 (1987), 124–131.

John Raglin et al., »Training Practices and Staleness in 13-18-Year-Old Swimmers: A Cross-Cultural Study«, *Pediatric Exercise Science*, Nr. 12 (2000), 61–70.

KAPITEL 1

Matt Fitzgerald, »Deena Kastor's Comfort Zone«, competitor.com, 2. November 2009, http://running.competitor.com/2009/11/training/deena-kastors-comfort-zone_6616.

Stephen Seiler, »What is Best Practice for Training Intensity and Duration Distribution in Endurance Athletes?«, *International Journal of Sports Physiology and Performance*, Nr. 5 (2010), 276–291.

Mihaly Csikszentmihalyi, *Flow und Kreativität* (Stuttgart: Klett-Cotta, 2015), Kapitel 2–5.

Roy F. Baumeister et al., »Ego Depletion: Is the Active Self a Limited Resource?«, *Journal of Personality and Social Psychology* 74, Nr. 5 (1998), 1252–1265.

Mark Muraven, et al., »Self-Control as Limited Resource: Regulatory Depletion Problems«, *Journal of Personality and Social Psychology* 74, Nr. 3, 774–789.

Dylan D. Wagner et al., »Self-Regulatory Depletion Enhances Neural Responses to Rewards and Impairs Top-Down Control«, *Psychological Science* 24, Nr. 11 (November 2013), 2262–2271.

Malte Friese et al., »Suppressing Emotions Impairs Subsequent Stroop Performance and Reduces Prefrontal Brain Activation«, *PLoS ONE* 8, Nr. 4 (April 2013), e60385.

Michael Inzlicht und Jennifer N. Gutsell, »Running on Empty: Neural Signals for Self-Control Failure«, *Psychological Science* 18, Nr. 11 (2007), 933–937.

Kelly McGonigal, *Bergauf mit Rückenwind: Willenskraft effizient einsetzen* (München: Goldmann, 2012), Kapitel 3.

Josh Waitzkin, *The Art of Learning: An Inner Journey to Optimal Performance* (New York: Free Press, 2007), 181–182.

KAPITEL 2

David G. Myers, *Psychology*, 6. Auflage (Michigan: Worth, 2001), 604.

Manu Kapur, »Productive Failure in Learning the Concept of Variance«, *Instructional Science* 40, Nr. 4 (Juli 2012), 651–672.

Kurt Vanlehn et al., »Why Do Only Some Events Cause Learning During Human Tutoring?«, *Cognition and Instruction* 21, Nr. 3 (2003), 209–249.

Daniel Kahneman, *Schnelles Denken, langsames Denken* (München: Siedler, 2012), 13–44.

Ian a. McKenzie et al., »Motor Skill Learning Requires Active Central Myelination«, *Science* 346, Nr. 6207 (17. Oktober 2014), 318–322.

KAPITEL 3

Frederick Reif und Sue Allen, »Cognition for Interpreting Scientific Concepts: A Study of Acceleration«, *Cognition and Instruction* 9, Nr. 1 (1992), 1–44.

K. Anders Ericsson, »Deliberate Practice and the Acquisition and Maintenance of Expert Performance Medicine and Related Domains«, *Academic Medicine* 79, Nr. S10 (Oktober 2004), S70–81.

Robyn M. Dawes, *House of Cards: Psychology and Psychotherapy Built on Myth* (New York: Free Press, 1994), 55–56.

Richard Gawel, »The Use of Language by Trained and Untrained Experienced Wine Tasters«, *Journal of Sensory Studies* 12, Nr. 4 (Dezember 1997), 267—284.

D. Valentin et al., »What's in a Wine Name? When and Why Do Wine Experts Perform Better Than Novices?« *Abstracts of the Psychonomic Society* 5 (2000), 36.

K. Anders Ericsson, Ralf Th. Krampe und Clemens Tesch-Romer, »The Role of Deliberate Practice in the Acquisition of Expert Performance«, *Psychological Review* 100, Nr. 3 (1993), 363–406.

K. Anders Ericsson, »The Influence of Experience and Deliberate Practice on the Development of Superior Expert Performance«, in *The Cambridge Handbook of Expertise and Expert Performance*, hrsg. von K. Anders Ericsson et al. (New York: Cambridge University Press, 2006), 685–706.

K. Anders Ericsson, »The Acquisition of Expert Performance: An Introduction to Some of the Issues«, in *The Road to Excellence: The Acquisition of Expert Performance in the Arts and Sciences, Sports, and Games*, hrsg. von K. Anders Ericsson (Mahwah, NJ: Lawrence Erlbaum Associates, Inc., 1996), 1–50.

K. Anders Ericsson und A.C. Lehmann, »Expert and Exceptional Performance: Evidence of Maximal Adaption to Task Constraints«, *Annual Review of Psychology* 47 (1996), 273–305.

Christina Grape et al., »Does Singing Promote Well-Being? An Empirical Study of Professional and Amateur Singers During a Singing Lesson«, *Integrative Physiological & Behavioral Science* 38, Nr. 1 (Januar 2002), 65–74.

J. M. Watson und D. L. Strayer, »Supertaskers: Profiles in Extraordinary Multitasking Ability«, *Psychonomic Bulletin & Review* 17, Nr. 4 (August 2010), 479–485.

Gisela Telis, »Multitasking Splits the Brain«, *Science*, 15. April 2010, http://www. sciencemag.org/news/2010/04/multitasking-splits-brain.

Joshua S. Rubinstein, David E. Meyer und Jeffrey E. Evans, »Executive Control of Cognitive Processes in Task Switching«, *Journal of Experimental Psychology: Human Perception and Performance* 27, Nr. 4 (2001), 763–797.

»Injury Prevention & Control: Motor Vehicle Safety«, Centers for Disease Control and Prevention, letztes Update am 7. März 2016, http://www.cdc.gov/motorvehiclesafety/distracted_driving/.

Patrick Anselme und Mike J. F. Robinson, »What Motivates Gambling Behavior? Insight into Dopamine's Role«, *Frontiers in Behavioral Neuroscience* 7 (2013), 182.

Michelle Drouin, Daren H. Kaiser und Daniel A. Miller, »Phantom Vibrations among Undergraduates: Prevalence and Associated Psychological Characteristics«, *Computers in Human Behavior* 28, Nr. 4 (Juli 2012), 1490–1496.

Justin Worland, »How Your Cell Phone Distracts You Even When You're Not Using It«, *Time*, 4. Dezember 2014, http://time.com/3616383/cell-phone-distraction/.

Walter Mischel, *The Marshmallow Test: Mastering Self-Control* (New York: Little, Brown and Company, 2014), 233–273.

K. Anders Ericsson, »The Path to Expert Golf Performance: Insights from the Masters on How to Improve Performance by Deliberate Practice«, in *Optimising Performance in Golf*, hrsg. von Patrick R. Thomas (Brisbane: Australian Academic Press, 2001), 1—57.

K. Anders Ericsson, »Development of Elite Performance and Deliberate Practice: An Update From the Perspective of the Expert Performance Approach«, in *Expert Performance in Sports: Advances in Research on Sport Expertise*, hrsg. von Janet L. Starkes und K. Anders Ericsson (Champaign, Il.: Human Kinetics, 2003), 49–81.

Julia Gifford, »The Secret of the 10% Most Productive People? Breaking!«, *DeskTime*, 20. August 2014, http://blog.desktime.com/2014/08/20/the-secret-of-the-10-most-productive-people-breaking/.

Awwad J. Dababneh, Naomi Swanson und Richard L. Shell, »Impact of Added Rest Breaks on the Productivity and Well Being of Workers«, *Ergonomics* 44, Nr. 2 (2001), 164–174.

P. S. Tiwari und L. P. Gite, »Evaluation of Work-Rest Schedules During Operation of a Rotary Power Tiller«, *International Journal of Industrial Ergonomics* 36, Nr. 3 (März 2006), 203–210.

Wolfram Boucsein und Michael Thum, »Design of Work/Rest Schedules for Computer Work Based on Psychophysiological Recovery Measures«, *International Journal of Industrial Ergonomics* 20, Nr. 1 (Juli 1997), 51–57.

Traci L. Galinsky et al., »A Field Study of Supplementary Rest Breaks for Data-Entry Operators«, *Ergonomics* 43, Nr. 5 (2000), 622–638.

A. J. Crum et al., »Mind Over Milkshakes: Mindsets, Not Just Nutrients, Determine Ghrelin Response«, *Health Psychology* 30, Nr. 4 (Juli 2011), 424–429.

Lisa S. Blackwell, Kali H. Trzesniewski und Carol Sorich Dweck, »Implicit Theories of Intelligence Predict Achievement Across an Adolescent Transition: A Longitudinal Study and an Intervention«, *Child Development* 78, Nr. 1 (Januar/Februar 2007), 246–263.

Abiola Keller et al., »Does the Perception that Stress Affects Health Matter? The Association with Health and Mortality«, *Healthy Psychology* 31, Nr. 5 (September 2012), 677–684.

Lee J. Moore, et al., »The Effect of Challenge and Threat States on Performance: An Examination of Potential Mechanisms«, *Psychophysiology* 49, Nr. 10 (Oktober 2012), 1417–1425.

Alia K. Crum, Peter Salovey und Shawn Achor, »Rethinking Stress: The Role of Mindsets in Determining the Stress Response«, *Journal of Personality and Social Psychology* 104, Nr. 4 (April 2013), 716–733.

Graham Jones, Sheldon Hanton und Austin Swain, »Intensity and Interpretation of Anxiety Symptoms in Elite and Non-Elite Sports Performers«, *Personality and Individual Differences* 17, Nr. 5 (November 1994), 657–663.

Brad Stulberg, »Should I Give Whitewater Kayaking a Try?«, *Outside*, 9. November 2015, https://www.outsideonline.com/2034356/should-i-give-whitewater-kayaking-try.

KAPITEL 4

Sara W. Lazar et al., »Meditation Experience is Associated with Increased Cortical Thickness«, *Neuroreport* 16, Nr. 17 (28. November 2005), 1893–1897.

Amy F. T. Arnsten, »Stress Signalling Pathways that Impair Prefrontal Cortex Structure and Function«, *Nature Reviews Neuroscience* 10, Nr. 6 (Juni 2009), 410–422.

Antoine Lutz et al., »Altered Anterior Insula Activation During Anticipation and Experience of Painful Stimuli in Expert Meditators«, *NeuroImage* 64 (1. Januar 2013), 538–546.

Stephen Seiler, Olav Haugen und Erin Kuffel, »Autonomic Recovery after Exercise in Trained Athletes: Intensity and Duration Effects«, *Medicine & Science in Sports & Exercise* 39, Nr. 8 (August 2007), 1366–1373.

M. Tudor, L. Tudor und K. I. Tudor, »Hans Berger (1873–1941) – The History of Electroencephalography«, *Acta Medica Croatica* 59, Nr. 4 (2005), 307–313.

Susan Whitfield-Gabrieli und Judith M. Ford, »Default Mode Network Activity and Connectivity in Psychopathology«, *Annual Review of Clinical Psychology* 8 (April 2012), 49–76.

Marcus E. Raichle et al., »A Default Mode of Brain Function«, *Proceeding of the National Academy of Sciences of the United States of America* 98, Nr. 2 (16. Januar 2001), 676–682.

Mason Currey, *Musenküsse: Die täglichen Rituale berühmter Künstler* (Zürich: Kein und Aber, 2014), 121–122.

Frank Stewart, *A Natural History of Nature Writing* (Island Press, 1994), 4.

Jonathan Smallwood und Jonathan W. Schooler, »The Science of Mind Wandering: Empirically Navigating the Stream of Consciousness«, *Annual Review of Psychology* 66 (Januar 2015), 487–518.

Simone M. Ritter und Ap Dijksterhuis, »Creativity – The Unconscious Foundations of the Incubation Period«, *Frontiers in Human Neuroscience* 8 (2014), 215.

Shantanu P. Jadhav et al., »Awake Hippocampal Sharp-Wave Ripples Support Spatial Memory«, *Science* 336, Nr. 6087 (15. Juni 2012), 1454–1458.

KAPITEL 5

Steven Pressfield, *The War of Art: Winning the Inner Creative Battle* (New York: Rugged Land, LLC, 2002), 125.

Marily Oppezzo und Daniel L. Schwartz, »Give Your Ideas Some Legs: The Positive Effect of Walking on Creative Thinking«, *Journal of Experimental Psychology: Learning, Memory, and Cognition* 40, Nr. 4 (2014), 1142–1152.

Patti Neighmond, »Walking 2 Minutes an Hour Boosts Health, But It's No Panacea«, *NPR*, 1. Mai 2015, http://www.npr.org/sections/healthshots/2015/05/01/403523463/two-minutes-of-walking-an-hour-boosts-health-but-its-no-panacea.

Srinivasan Beddhu et al., »Light-Intensity Physic Alactivities and Mortality in the United States General Population and CKD Subpopulation«, *Clinical Journal of the American Society of Nephrology* 10 (Juli 2015), 1–9.

Marc G. Berman, John Jonides und Stephen Kaplan, »The Cognitive Benefits of Interacting with Nature«, *Psychological Science* 19, Nr. 12 (2008), 1207–1212.

J. E. Stellar, »Positive Affect and Markers of Inflammation: Discrete Positive Emotions Predict Lower Levels of Inflammatory Cytokines«, *Emotion* 15, Nr. 2 (April 2015), 129–133.

Lorenzo S. Colzato et al., »Prior Meditation Practice Modulates Performance and Strategy Use in Convergent- and Divergent-Thinking Problems«, *Mindfulness* (2014), 1–7.

C. J. Cook und B. T. Crewther, »The Social Environment During a Post-Match Video Presentation Affects the Hormonal Responses and Playing Performance in Professional Male Athletes«, *Physiology & Behavior* 130 (10. Mai 2014), 170–175.

Brad Stulberg, »Use Your Mind to Restore Your Body After a Run«, *Runner's World*, 28. Juni 2016, http://www.runnersworld.com/recovery/use-your-mind-to-restore-your-body-after-a-run.

Jeffrey M. Jones, »In U.S., 40% Get Less than Recommended Amount of Sleep«, *Gallup*, 19. Dezember 2013, http://www.gallup.com/poll/166553/less-recommended-amount-sleep.aspx.

Maria Konnikova, »Why Can't We Fall Asleep?«, *The New Yorker*, 7. Juli 2015, http://www.newyorker.com/science/maria-konnikova/why-cant-we-fall-asleep.

Anne-Marie Chang et al., »Evening Use of Light-Emitting eReaders Negatively Affects Sleep, Circadian Timing, and Next-Morning Alertness«, *Proceeding of the National Academy of Sciences of the United States of America* 112, Nr. 4 (27. Januar 2015), 1232–1237.

Maria Konnikova, »The Work We Do While We Sleep«, *The New Yorker*, 8. Juli 2015, http://www.newyorker.com/science/maria-konnikova/why-we-sleep.

Erin J. Wamsley und Robert Stickgold, »Memory, Sleep and Dreaming: Experiencing Consolidation«, *Sleep Medicine Clinics* 6, Nr. 1 (März 2011), 97–108.

S. Groch et al., »The Role of REM Sleep in the Processing of Emotional Memories: Evidence from Behavior and Event-Related Potentials«, *Neurobiology of Learning and Memory* 99 (Januar 2013), 1–9.

Matthew P. Walker und Els van der Helm, »Overnight Therapy? The Role of Sleep in Emotional Brain Processing«, *Psychological Bulletin* 135, Nr. 5 (September 2009), 731–748.

Juni J. Pilcher et al., »Interactions Between Sleep Habits and Self-Control«, *Frontiers in Human Neuroscience* (11. Mai, 2015).

Gary Wittert, »The Relationship Between Sleep Disorders and Testosterone in Men«, *Asian Journal of Andrology* 16, Nr. 2 (März-April 2014), 262–265.

P. T. Res, »Protein Ingestion Before Sleep Improves Postexercise Overnight Recovery«, *Medicine & Science in Sports & Exercise* 44, Nr. 8 (August 2012), 1560–1569.

Cheri D. Mah et al., »The Effects of Sleep Extension on the Athletic Performance of Collegiate Basketball Players«, *Sleep* 34, Nr. 7 (1. Juli 2011), 943–950.

Kathleen McCann, »Ongoing Study Continues to Show that Extra Sleep Improves Athletic Performance«, *American Academy of Sleep Medicine*, 4. Juni 2008, http://www.aasmnet.org/ articles.aspx?id=954.

Mark R. Rosekind et al., »Alertness Management: Strategic Naps in Operational Settings«, *Journal of Sleep Research* 4, Nr. 2 (1995), 62–66.

Michael J. Breus, »Nap vs. Caffeine vs. More Nighttime Sleep?«, *Psychology Today*, 20. Juli 2009, https://www.psychologytoday.com/blog/sleep-newzzz/200907/nap-vs-caffeine-vs-more -nighttime-sleep.

Clifford B. Saper, Thomas C. Chou und Thomas E. Scammell, »The Sleep Switch: Hypothalamic Control of Sleep and Wakefulness«, *Trends in Neurosciences* 24, Nr. 12 (1. Dezember 2001), 726–731.

»Sleep Hygiene Tips«, Centers for Disease Control and Prevention, 10. Dezember 2014, http://www.cdc.gov/sleep/about_sleep/sleep_hygiene.html.

»What is Sleep Hygiene?«, National Sleep Foundation, Zugriff am 17. November 2015, https://sleepfoundation.org/ask-the-expert/sleep-hygiene.

»Sleep Hygiene Tips«, American Sleep Association, Zugriff am 17. November 2015, https://www.sleepassociation.org/patients-general-public/insomnia/sleep-hygiene-tips/.

Scott Cacciola, »The Secret to Running: Not Running«, *The Wall Street Journal*, 20. September 2012, http://www.wsj.com/articles/sB10000872396390444032404578006274010745406.

Carmen Binnewies, Sabine Sonnentag und Eva J. Mojza, »Daily Performance at Work: Feeling Recovered in the Morning as a Predictor of Day-Level Job Performance«, *Journal of Organizational Behavior* 30, Nr. 1 (2009), 67–93.

Carmen Binnewies, Sabine Sonnentag und Eva J. Mojza, »Recovery During the Weekend and Fluctuations in Weekly Job Performance: A Week-Level Study Examining Intra-Individual Relationships«, *Journal of Occupational and Organizational Psychology* 83, Nr. 2 (Juni 2010), 419–441.

Jessica de Bloom, *How Do Vacations Affect Workers' Health and Well-Being?* (Oisterwijk: Uitgeverij BOXPress, 2012).

Dalia Etzion, »Annual Vacation: Duration of Relief from Job Stressors and Burnout«, *Anxiety, Stress, & Coping* 16, Nr. 2 (2003), 213–226.

Leslie A. Perlow und Jessica L. Porter, »Making Time Off Predictable – and Required«, *Harvard Business Review*, Oktober 2009, https://hbr.org/2009/10/making-time-off-predictable -and-required.

KAPITEL 6

Kim Constantinesco, »Olympic Hopeful and Filmmaker Alexis Pappas Churns Miles and Words for the Perfect Mix«, *Purpose2Play*, 17. Dezember 2015, http://purpose2play.com/ olympic-hopeful-and-filmmaker-alexi-pappas-churns-miles-and-words- for-the-perfect-mix/.

John Kounious und Mark Beeman, »Aha! The Cognitive Neuroscience of Insight«, *Current Directions in Psychological Science* 18 (2009), 210–216.

Sheena Lewis, Mira Dontcheva und Elizabeth Gerber, »Affective Computational Priming and Creativity«, *CHI 2011 Conference on Human Factors in Computing Systems* (2011).

Anthony Blanchfield, James Hardy und Samuele Marcora, »Non-Conscious Visual Cues Related to Affect and Action Alter Perception of Effort and Endurance Performance«, *Frontiers in Human Neuroscience* 8 (11. Dezember 2014), 967.

Travis Proulx und Steven J. Heine, »Connections from Kafka: Exposure to Meaning Threats Improves Implicit Learning of an Artificial Grammar«, *Psychological Science* 20, Nr. 9 (September 2009), 1125–1131.

Stephen King, *Das Leben und das Schreiben* (München: Ullstein, 2000), 173, 175.

Silvano Zipoli Caiani, »Extending the Notion of Affordance«, *Phenomenology and the Cognitive Sciences* 13, Nr. 2 (Juni 2014), 275–293.

Mihaly Csikszentmihalyi, *Dem Sinn des Lebens eine Zukunft geben: Eine Psychologie für das 3. Jahrtausend* (Stuttgart: Klett-Cotta, 2005), 187–192.

Mason Currey, *Musenküsse: Die täglichen Rituale berühmter Künstler* (Zürich: Kein und Aber, 2014), 121–122.

A. M. Graybiel, »Habits, Rituals, and the Evaluative Brain«, *Annual Review of Neuroscience* 31 (2008), 359–387.

O. Beauchet, »Testosterone and Cognitive Function: Current Clinical Evidence of a Relationship«, *European Journal of Endocrinology* 155, Nr. 6 (Dezember 2006), 773–781.

KAPITEL 7

Drake Baer, »The Scientific Reason Why Barack Obama and Mark Zuckerberg Wear the Same Outfit Every Day«, *Business Insider*, 28. April 2015, http://www.businessinsider.com/ barack-obama-mark-zuckerberg-wear-the-same-outfit-2015-4.

Michael Lewis, »Obama's Way«, *Vanity Fair*, Oktober 2012, http://www.vanityfair.com/news /2012/10/michael-lewis-profile-barack-obama.

Neil Vidmar, »The Psychology of Trial Judging«, *Current Directions in Psychological Science* 20 (2011), 58–62.

Ed Yong, »Justice is Served, But More So After Lunch: How Food-Breaks Sway the Decisions of Judges«, *Discover*, 11. April 2011, http://blogs.discovermagazine.com/ notrocketscience/2011/04/11/justice-is-served-but-more-so-after-lunch-how-food-breaks-sway-the-decisions-of-judges/#.VplKhvher40.

Nicholas Bakalar, »Doctors and Decision Fatigue«, *New York Times*, 27. Oktober 2014, http://well.blogs.nytimes.com/2014/10/27/doctors-and-decision-fatigue/?_r=0.

Kathleen D. Vohs et al., »Making Choices Impairs Subsequent Self-Control: A Limited-Resource Account of Decision Making, Self-Regulation, and Active Initiative«, *Journal of Personality and Social Psychology* 94, Nr. 5 (2008), 883–898.

Joseph Tzelgov, »Automaticity and Processing Without Awareness«, *Psyche* 5, Nr. 3 (April 1999).

Till Roenneberg, *Wie wir ticken: Die Bedeutung der Chronobiologie für unser Leben* (Köln: DuMont, 2010).

Brigitte M. Kudielka et al., »Morningness and Eveningness: The Free Cortisol Rise after Awakening in ›Early Birds‹ and ›Night Owls‹«, *Biological Psychology* 72, Nr. 2 (Mai 2006), 141–146.

J. A. Horne und O. Ostberg, »A Self-Assessment Questionnaire to Determine Morningness-Eveningness in Human Circadian Rhythms«, *International Journal of Chronobiology* 4, Nr. 2 (1976), 97–110.

Mareike B. Wieth und Rose T. Zacks, »Time of Day Effects on Problem Solving: When the Non-Optimal is Optimal«, *Thinking & Reasoning* 17, Nr. 4 (2011), 387–401.

Scott E. Carrell, Mark Hoekstra und James E. West, »Is Poor Fitness Contagious? Evidence from Randomly Assigned Friends«, *Journal of Public Economics* 95 (August 2011), 657–663.

Ron Friedman et al., »Motivational Synchronicity: Priming Motivational Orientations with Observations of Others' Behaviors«, *Motivation and Emotion* (März 2010), 34–38. doi: 10.1007/s11031-009-9151-3.

Paula M. Niedenthal, »Embodying Emotion«, *Science* 316, Nr. 5827 (18. Mai 2007), 1002–1005.

Philip L. Jackson, Andrew N. Meltzoff und Jean Decety, »How Do We Perceive the Pain of Others? A Window into the Neural Processes Involved in Empathy«, *NeuroImage* 24, Nr. 3 (1. Februar 2005), 771–779.

Emma Seppälä, *The Happiness Track: How to Apply the Science of Happiness to Accelerate Your Success* (New York: HarperCollins, 2016), 162.

Nicholas A. Christakis und James H. Fowler, »The Spread of Obesity in a Large Social Network Over 32 Years«, *The New England Journal of Medicine* 357 (2007), 370–379.

Nicholas A. Christakis und James H. Fowler, »Quitting in Droves: Collective Dynamics of Smoking Behavior in a Large Social Network«, *The New England Journal of Medicine* 358, Nr. 21 (22. Mai 2008), 2249–2258.

James Clear, »What is Actually Required for Success?«, *James Clear (Blog)*, Zugriff am 13. Dezember 2015, http://jamesclear.com/required-for-success.

Jocelyn K. Glei und Scott Belsky, Manage Your Day-to-Day, *Build Your Routine, Find Your Focus, and Sharpen Your Mind* (Amazon Publishing, 2013), 103.

KAPITEL 8

Alexis Huicochea, »Man Lifts Car Off Pinned Cyclist«, Tuscon.com, 28. Juli 2006, http://tucson.com/news/local/crime/article_e7f04bbd-309b-5c7e-808d-1907d91517ac.html.

Julie Halpert, »On Purpose«, *Michigan Today*, 5. März 2014, http://michigantoday.umich. edu/on-purpose/.

T. D. Noakes, »Time to Move Beyond a Brainless Exercise Physiology: The Evidence for Complex Regulation of Human Exercise Performance«, *Applied Physiology, Nutrition, and Metabolism* 36, Nr. 1 (Februar 2011), 23–35.

T. D. Noakes, »J. B. Wolffe Memoiral Lecture. Challenging beliefs: ex Africa semper aliquid novi«, *Medicine & Science in Sports & Exercise* 29, Nr. 5 (Mai 1997), 571–590.

Brad Stulberg, »What's the Point?«, *Blue Ridge Outdoors Magazine*, 22. Juli 2015, http://www.blueridgeoutdoors.com/go-outside/whats-the-point/.

Emily B. Falk et al., »Self-Affirmation Alters the Brain's Response to Health Messages and Subsequent Behavior Change«, *Proceedings of the National Academy of Sciences of the United States of America* 112, Nr. 7 (17. Februar 2015), 1977–1982.

Stephen E. Humphrey, Jennifer D. Nahrgang und Frederick P. Morgeson, »Integrating Motivational, Social, and Contextual Work Design Features: A Meta-Analytic Summary and Theoretical Extension of the Work Design Literature«, *Journal of Applied Psychology* 92, Nr. 5 (September 2007), 1332–1356.

T. D. Shanafelt et al., »Career Fit and Burnout Among Academic Faculty«, *Archives of Internal Medicine* 169, Nr. 10 (25. Mai 2009), 990–995.

P. R. Harris et al., »Self-Affirmation Reduces Smokers' Defensiveness to Graphic On-Pack Cigarette Warning Labels«, *Health Psychology* 26, Nr. 4 (Juli 2007), 437–446.

A. M. Grant und D. A. Hofmann, »It's Not All About Me: Motivating Hand Hygiene Among Health Care Professionals by Focusing on Patients«, *Psychological Science* 22, Nr. 12 (Dezember 2011), 1494–1499.

Adam Grant, »How Customers Can Rally Your Troops«, *Harvard Business Review*, Juni 2011, https://hbr.org/2011/06/how-customers-can-rally-your-troops.

Samuele M. Marcora, »Do We Really Need a Central Governor to Explain Brain Regulation of Exercise Performance?«, *European Journal of Applied Physiology* 104 (2008), 929–931.

Daniel Pink, *Drive: The Surprising Truth About What Motivates Us* (New York: Riverhead Books, 2012), 145; dt.: *Drive: Was Sie wirklich motiviert* (Salzburg: Ecowin Verlag, 2010).

David S. Yeager et al., »Boring But Important: A Self-Transcendent Purpose for Learning Fosters Academic Self-Regulation«, *Journal of Personality and Social Psychology* 107, Nr. 4 (Oktober 2014), 559–580.

Viktor E. Frankl, … *trotzdem Ja zum Leben sagen: Ein Psychologe erlebt das Konzentrationslager* (München: dtv, 1984), 129.

Shelley E. Taylor, »Tend and Befriend Theory«, in *Handbook of Theories of Social Psychology*, hrsg. von Paul A. M. van Lange, Arie W. Kruglanski und E. Tory Higgins (London: Sage, 2012).

David Conrad und Yvonne Kellar-Guenther, »Compassion Fatigue, Burnout, and Compassion Satisfaction among Colorado Child Protection Workers«, *Child Abuse & Neglect* 30, Nr. 10 (Oktober 2006), 1071–1080.

Adam M. Grant, *Give and Take: Why Helping Others Drives Our Success* (New York: Viking, 2013), 166; dt.: *Geben und Nehmen: Erfolgreich sein zum Vorteil aller* (München: Droemer Knaur, 2013).

Brad Stulberg, »The Cure for Fitness Burnout«, *Men's Fitness*, 15. Oktober 2014, http://www.mensfitness.com/training/pro-tips/cure-fitness-burnout.

Viktor E. Frankl, *Der Mensch vor der Frage nach dem Sinn* (München: Piper, 2011), 147.

KAPITEL 9

Anthony Blanchfield, James Hardy und Samuele Marcora, »Non-Conscious Visual Cues Related to Affect and Action Alter Perception of Effort and Endurance Performance«, *Frontiers in Human Neuroscience* 8 (11. Dezember 2014), 967.

Antonis Hatzigeorgiadis, Nikos Zourbanos, Evangelos Galanis und Yiannis Theodorakis, »Self-Talk and Sports Performance: A Meta-Analysis«, *Perspectives on Psychological Science* 6, Nr. 4 (Juli 2011), 348–356.

Karen A. Baikie und Kay Wilhelm, »Emotional and Physical Health Benefits of Expressive Writing«, *Advances in Psychiatric Treatment* 11, Nr. 5 (August 2005), 338–346.

DANKSAGUNG

Die Arbeit an diesem Buch war das ultimative Gemeinschaftsprojekt, an dem nicht nur wir Autoren beteiligt waren, sondern auch viele andere Personen, die alle auf ihre einzigartige Weise dazu beigetragen haben. Wenn Ihnen *Peak Performance* gefallen hat, nehmen Sie sich bitte einen Augenblick Zeit, um mit uns die folgend genannten Beteiligten zu würdigen. Ihr Einfluss ist auf allen Seiten, die Sie soeben gelesen haben, spürbar.

Zuallererst wollen wir unserem engsten Kreis danken, der maßgeblich mitgewirkt hat, dieses Buch zu realisieren – ohne ihn wären unsere Ideen immer noch in unseren Köpfen und nicht auf Papier. Danke an Caitlin Stulberg, Brads unglaubliche Ehefrau, die zugleich unsere unglaubliche Lektorin war. Wir haben das Manuskript in weniger als drei Monaten fertiggestellt und wurden oft gefragt, wie wir nur so schnell arbeiten konnten. Die Antwort ist: Caitlin hat es möglich gemacht. Sie korrigierte unsere Kapitel schneller als jede Lektorin, mit der wir je zusammengearbeitet haben, und das neben ihrer hauptberuflichen Tätigkeit als Anwältin. Sie hat jede Seite dieses Buchs besser gemacht – nicht nur durch ihre zahlreichen Korrekturen, sondern vor allem durch ihre unermüdliche Unterstützung.

Unser Dank gilt auch unserem Agenten Ted Weinstein, der das Risiko eingegangen ist, auf zwei junge, unerfahrene Autoren zu setzen. Ted spielte eine entscheidende Rolle darin, unser Konzept und damit das gesamte Buch zu gestalten. Er ist die Verkörperung von Professionalität. Es war eine Freude, mit ihm zu arbeiten und, was vielleicht noch wichtiger ist, von ihm zu lernen.

Wir möchten uns außerdem bei dem wundervollen Team von Rodale Books bedanken, unter anderem bei Aly Mostel, Angie Giammarino und vor allem unserem Herausgeber Mark Weinstein, der immer an unser Buchkonzept geglaubt hat. Mark bot uns die Freiheit, das Buch zu schreiben, das wir schreiben wollten, und machte es dann besser. Als Autor kann man sich von einem Herausgeber nichts Besseres wünschen.

Wir wollen auch den Lesern unserer ersten Entwürfe danken, deren Feedback dieses Buch entscheidend verbessert hat. Sie haben weder Zeit noch Mühe gescheut, das Manuskript zu lesen, als es noch aus einer Reihe von Microsoft-Word-Dokumenten bestand. Jeder von ihnen gab uns wertvolle Anregungen, die wir oft in stundenlangen Gesprächen – telefonisch, per Skype-Chat oder persönlich bei einer Tasse Kaffee – gesammelt und verarbeitet haben. Unser Dank gilt Sarah Baum, Mark Davies, Cally Macumber, Jonathan Marcus, Alan McClain, Hillary Montgomery, Alan Penskar, Melissa Stern, Eric Stulberg, Linda Stulberg, Phoebe Wright und den Mitgliedern des Crosslaufteams der University of Houston, wie es in der Saison 2015 zusammengesetzt war (Caleb Beacham, Nikita Prasad, Mackenzie Ilari, Cam Laverty, Maria Gonzales, Rick Hawley, Kody Anderson, Jennifer Dunlap, Matt Parmley, Justin Barrett, Gabe Lara, Brian Barraza, Meredith Sorensen, GJ Reyna und Trevor Walker). Besonderer Dank geht an Emily Magness, die bewiesen hat, dass sie die bessere Autorin in der Magness-Familie ist. Ihre Korrekturen und Anmerkungen waren eine wertvolle Ergänzung für dieses Buch.

Es wäre nachlässig, wenn wir unsere Mentoren nicht erwähnen würden, die uns zu diesem Buch ermutigt und durch ihren langjährigen Einfluss dessen Botschaft maßgeblich geprägt haben. Wir haben das große Glück, sie als lebenslange Lehrer an unserer Seite zu wissen, die uns mit ihrer Weisheit, Güte und Fürsorglichkeit wahre Vorbilder sind. Unser besonderer Dank gilt in diesem Zusammenhang David Epstein, Mario Fraioli, Vern Gambetta, Adam Grant, Bruce Grierson, Alex Hutchinson, Mike Joyner, Bob Kocher und Kelly McGonigal.

Wir möchten uns auch bei den Zeitschriften bedanken, für die wir regelmäßig Beiträge verfassen, darunter *Blue Ridge Outdoors* (insbesondere bei Brads Herausgeber Will Harlan), *New York Magazine* (vor allem bei Brads Herausgeberin Melissa Dahl), *Outside Magazine* (insbesondere bei Brads Herausgebern Erin Beresini, Meaghen Brown und Wesley Judd), *Running Times* (insbesondere bei Steves Herausgebern Jonathan Beverly, Scott Douglas und Erin Strout) und *Runner's World* (insbesondere bei Brads Herausgebern Katie Neitz and Meghan Kita). Ein ganz besonderes Dankeschön an *Outside Magazine, New York Magazine* und *Runner's World*, in denen einige der Geschichten und Erkenntnisse, die in diesem Buch beschrieben werden, erstmals in Brads Kolumnen erschienen sind. Es ist wirklich eine Ehre, für diese Zeitschriften zu schreiben.

Und natürlich bedanken wir uns bei allen großartigen Performern, die wir in diesem Buch vorgestellt haben. Es sind zu viele, um sie alle namentlich zu erwähnen, aber wir möchten trotzdem einige Personen hervorheben, mit denen wir während der Interviews Freundschaft geschlossen haben. Sie gaben sich große Mühe, uns Einblicke in ihr Leben zu gewähren: Emil Alzamora, Matt Billingslea, Matt Dixon, Megan Gaurnier, David Goss, Dave Hamilton, Mike Joyner, Bob Kocher, Jennifer Pharr Davis, Brandon Rennels, Darren Smith und Vic Strecher.

Zu guter Letzt möchten wir uns bei unseren Familien bedanken, die uns immer unterstützt haben, damit wir unsere eigenen Spitzenleistungen erreichen konnten. Ohne sie wäre nichts von alledem möglich gewesen. Caitlin. Linda und Bob Stulberg. Eric Stulberg. Lois Stulberg. Bob und Elaine Appel. Randee und Bob Bloom. William und Elizabeth Magness. Phillip und Emily Magness.

ÜBER DIE AUTOREN

© Sherman Chu

BRAD STULBERG schreibt über Gesundheit und die Wissenschaft der menschlichen Leistungsfähigkeit. Er ist Kolumnist für die Zeitschriften *Outside* und *New York Magazine* und hat bereits Beiträge für *Forbes, NPT, Los Angeles Times, Runner's World* und *The Harvard Public Health Review* verfasst. Brad ist bekannt für seine Fähigkeit, die neuesten Forschungsergebnisse durch praktische Beispiele und Anekdoten zu veranschaulichen, die den Lesern eine Hilfestellung bieten, die sie auf ihr eigenes Leben anwenden können.

Zuvor war Brad als Berater für McKinsey & Company tätig, und in jener Zeit hat er einige der weltbesten Manager zu den verschiedensten Themen und Fragestellungen beraten. Er ist ein begeisterter Sportler und Outdoorfan. Brad lebt mit seiner Frau Caitlin und zwei Katzen in Nordkalifornien. Sie können ihm auf Twitter unter @Bstulberg folgen.

© Drevan Anderson-Kaapa

STEVE MAGNESS betreut einige der besten Langstreckenläufer der Welt und hat zahlreiche Sportler trainiert, die gute Platzierungen bei Olympia-Qualifikationen, Weltmeisterschaften und den Olympischen Spielen erzielten. Er trainiert zurzeit die Athleten der University of Houston.

Steve ist bekannt dafür, die Theorie mit der Praxis zu verbinden, und ist stets darum bemüht, auf dem neuesten Forschungsstand zu sein. Er ist außerordentlicher Professor für Kraft- und Ausdauertraining an der St. Mary's University und trat bereits als Experte für Medien wie *Runner's World*, *New York Times*, *New Yorker*, *BBC*, *Wall Street Journal* und *ESPN The Magazine* in Erscheinung. Sein erstes Buch, *The Science of Running*, erschien 2014. In seiner aktiven Sportlerkarriere lief Steve die Meile in 4:01 Minuten. Er lebt in Houston, Texas. Sie können ihm auf Twitter unter @SteveMagness folgen.

Weitere Informationen finden Sie unter www.peakperformancebook.net.

SACHREGISTER

Seitenangaben mit Unterstreichung beziehen sich auf Praxistipps.

H

I

J

K

L

M

N

O

P

R

S

T

Tools der Titanen

Tim Ferris

»Ich habe dieses Buch, mein ultimatives Notizbuch voller nützlicher Werkzeuge, für mich selbst kreiert. Es hat mein Leben verändert und ich hoffe, dir wird es genauso helfen.« TIM FERRISS

Was das Buch so außergewöhnlich macht, ist der unablässige Fokus auf leicht umsetzbare Details:
- Was tun diese Titanen in den ersten 60 Minuten an jedem Morgen?
- Wie sieht ihre Trainingsroutine aus und warum?
- Welches Buch haben sie am öftesten an andere Menschen verschenkt?
- Was betrachten sie als die größten Zeitverschwender?
- Welche Nahrungsergänzungsmittel nehmen sie täglich?

736 Seiten | Hardcover | 29,99 € (D) | ISBN 978-3-95972-046-5

Tools der Mentoren

Tim Ferris

Wer sich mit den wichtigsten Fragen des Lebens auseinandersetzt, sucht oftmals nach Rat – gerade in Situationen, wo alles gegen einen zu laufen scheint. Tim Ferriss, viermaliger #1-Bestsellerautor, hat mehr als 100 Mentoren ausfindig gemacht, die ihm geholfen haben und jedem helfen können, dem eigenen Leben die richtige Richtung zu geben.
In kurzen, energiegeladenen Porträts enthüllt Ferriss die Geheimnisse der Mentoren für Erfolg, Glück und den Sinn des Lebens. Nach »Die 4-Stunden-Woche« und »Tools der Titanen« erscheint mit »Tools der Mentoren« der neue Bestseller von Silicon-Valley-Legende Tim Ferriss.

640 Seiten | Hardcover | 29,99 € (D) | ISBN 978-3-95972-108-0

Finding my Virginity

Richard Branson

Mit Finding My Virginity folgt 20 Jahre nach Erscheinen des Millionen-Bestsellers Losing My Virginity der zweite Teil der Autobiografie von Ausnahme-Unternehmer Sir Richard Branson.
Am Silvesterabend 1998, an der Schwelle zum neuen Millennium, beginnt nicht nur der zweite Teil seiner Biografie sondern auch Bransons zweites Leben. Branson gewährt dem Leser einen intimen Einblick in sein Leben jenseits von Weltrekorden und Weltraumflügen, ein Leben, das nicht frei war von Misserfolgen, Rückschlägen und Krisen, dem schon sein damaliger Schuldirektor prophezeite: „Entweder du landest im Gefängnis oder wirst Millionär".

ca. 480 Seiten | Hardcover mit Schutzumschlag | 24,99 € (D) | ISBN 978-3-95972-126-4

Shoe Dog

Phil Knight

Als junger, abenteuerlustiger Business-School-Absolvent auf der Suche nach einer Herausforderung lieh Phil Knight sich von seinem Vater 50 Dollar und gründete eine Firma mit einer klaren Mission: qualitativ hochwertige, aber preiswerte Laufschuhe. 1963, verkaufte Knight Laufschuhe aus dem Kofferraum seines Plymouth Valiant und verdiente 8000 Dollar. Heute liegen die Jahresumsätze von Nike bei über 30 Milliarden Dollar.
En détail beschreibt Knight die vielen unberechenbaren Risiken, mit denen er sich auf seinem Weg konfrontiert sah, die niederschmetternden Rückschläge, die skrupellosen Konkurrenten, die zahllosen Zweifler und Widersacher, die abweisenden Banker, die etlichen Male, wo er knapp einer Katastrophe entging, ebenso wie seine vielen triumphalen Erfolge.

448 Seiten | Hardcover mit Schutzumschlag | 19,99 € (D) | ISBN 978-3-89879-992-8

Unangreifbar

Tony Robbins

Mit »UNANGREIFBAR« kehrt Tony Robbins mit einer Schritt-für-Schritt-Anleitung zurück, die es jedem ermöglicht, endlich selbst finanzielle Freiheit zu erreichen. Egal welches Einkommen, Alter oder Lebenssituation, er gibt dem Leser praktische Tools an die Hand, mit denen jeder seine finanziellen Ziele schneller erreichen kann. Tony Robbins hat bereits mehr als 50 Millionen Menschen aus mehr als 50 verschiedenen Ländern erfolgreich gecoacht. Für »UNANGREIFBAR« hat er sich mit Peter Mallouk zusammengetan, dem einzigen Finanzberater, der vom Magazin Barron's in drei aufeinanderfolgenden Jahren zur absoluten Nr. 1 gewählt wurde. Zusammen zeigen sie, wie man wirklich unangreifbar wird und selbst in einer Welt voller Unsicherheit, ökonomischer Schwankungen und unvorhersehbarer Veränderungen ruhig und gelassen bleibt.

256 Seiten | Hardcover | 19,99 € (D) | ISBN 978-3-95972-059-5